ALLIANCE DES MAISONS D'ÉDUCATION CHRÉTIENNE

LA PRATIQUE

DU

RATIO STUDIORUM

POUR LES COLLÈGES

PAR

LE P. F.-X. PASSARD, S. J.

NOUVELLE ÉDITION

PARIS
LIBRAIRIE CH. POUSSIELGUE
RUE CASSETTE, 15

1896

LA PRATIQUE

DU

RATIO STUDIORUM

POUR LES COLLÈGES

APPROBATION DU R. P. PROVINCIAL

Cum opus, cui titulus est *La Pratique du Ratio Studiorum pour les Collèges*, a P. F.-X. PASSARD, nostræ Societatis Sacerdote, compositum, aliqui ejusdem Societatis, quibus id commisimus, recognoverint ac in lucem edi posse probaverint, facultatem concedimus ut typis mandetur.

In cujus rei fidem has litteras manu nostra subscriptas et sigillo Societatis nostræ munitas dedimus.

Lugduni, die 10 Junii 1895.

P. ROULLEAU, S. J.

PROPRIÉTÉ DE

ALLIANCE DES MAISONS D'ÉDUCATION CHRÉTIENNE

LA PRATIQUE

DU

RATIO STUDIORUM

POUR LES COLLÈGES

PAR

LE P. F.-X. PASSARD, S. J.

NOUVELLE ÉDITION

PARIS
LIBRAIRIE CH. POUSSIELGUE
RUE CASSETTE, 15

1896

AVANT-PROPOS

Le *Ratio studiorum* n'est ni un traité, ni une théorie de l'éducation ; c'est, sous la forme de règles, un exposé des méthodes et des pratiques en usage dans les collèges de la Compagnie de Jésus pendant trois siècles.

Saint Ignace lui-même, dans la 4° partie des *Constitutions*, en posa le fondement dès l'année 1558. Au commencement du généralat du P. C. Aquaviva (1581-1615), une commission fut nommée, qui, après avoir reçu la bénédiction de Sa Sainteté Grégoire XIII, travailla tous les jours, pendant neuf mois, à élaborer, sur les données de saint Ignace et les résultats de l'expérience, une méthode d'enseignement. Ce premier travail fut ensuite soumis à l'examen d'une seconde commission ; en 1586 seulement le *Ratio* fut imprimé pour la première fois et envoyé dans tous les collèges et universités, « pour y subir la rude épreuve de l'expérience, » dit le P. C. de Rochemonteix[1], auquel nous empruntons

---

1. *Un collège de Jésuites aux XVII° et XVIII° siècles*, par le P. C. de Rochemonteix, Le Mans, Leguicheux, imprimeur-libraire, 1889.

…s renseignements historiques. Ordre en effet avait été …onné de faire parvenir à Rome toutes les observations à ce sujet. La cinquième Congrégation générale (1599) examina, avec le plus grand soin, les remarques faites, et arrêta le texte définitif du *Ratio studiorum* S. J. Cette nouvelle édition ne fut toutefois publiée qu'en 1603, et devint le code accepté partout en Europe. « S'il a soulevé des critiques, dit le P. de Rochemonteix (*loco citato*) il n'en a pas moins été, aux xviie et xviiie siècles, le guide le plus parfait du pédagogue chrétien. Les grands éducateurs s'en sont servis; Rollin et quelques autres écrivains se le sont approprié en plus d'un endroit, sans le citer, dans leurs traités de pédagogie. »

De nos jours encore, s'il est loué par les uns, il est violemment attaqué par les autres. Au moment où tout le monde se plaint de l'affaiblissement des études et en rejette la faute sur la multiplicité des changements de programmes, on fait au *Ratio* le singulier reproche de n'avoir pas changé depuis des siècles. C'est une petite erreur, car, en 1832, on[1] apporta au règlement de 1603 quelques modifications jugées nécessaires au temps présent. Mais à supposer que le *Ratio* soit resté ce qu'il était [et nous avouons sans peine que (sauf quelques points de détail) il n'a guère changé], dira-t-on que cette obstination dans l'immutabilité est un défaut pire que les perpétuelles et journalières transformations de l'enseignement moderne ?

L'Université, de l'aveu de ses membres les plus en crédit, a fonctionné longtemps en suivant à peu près le

---

1. La 23e congrégation générale.

Ratio[1] ; et cette période n'est pas la moins brillante de son enseignement.

M. Bréal (dans son livre *Quelques mots sur l'instruction publique en France*, p. 403) a dit : « Une fois *délivrée* des Jésuites, l'Université s'installa dans leurs maisons et *continua* leur enseignement. » Il est vrai que M. Compayré blâme à ce sujet M. Bréal; cependant il n'a trouvé à reprendre que ce mot *continua*. Nous serons moins sévère encore. Il nous a semblé que M. Bréal regrette un peu les anciennes méthodes, mais il n'ose l'avouer ouvertement. Quoi qu'il en soit, ses ouvrages pédagogiques sont pleins de judicieux aperçus qui nous ont vivement intéressé ; un grand nombre reproduisent, jusque dans les plus menus détails, les prescriptions du *Ratio* ou les idées du P. Jouvency. C'est pourquoi nous l'avons cité quelquefois ; nous aurions pu le faire plus souvent peut-être et surtout plus longuement. Le cadre de notre travail ne nous le permettait pas.

Qu'on nous pardonne ce long préambule : il fallait faire connaissance avec le *Ratio studiorum*, dont nous avons essayé, malgré les sifflets universitaires, de commenter l'esprit et la méthode, du moins en ce qui regarde les études classiques. L'ouvrage que nous publions a été composé *par obéissance*. On sait que les fameux décrets de 1880 nous ont forcés d'abandonner les collèges où nous

---

[1]. Témoin Rollin, auquel nous avons renvoyé quelquefois, et que nous aurions pu citer presque à chaque page : « Un avantage des collèges, dit-il (je les suppose tels qu'ils doivent être), et le plus grand de tous, c'est d'apprendre à fond la religion,... d'en connaître le véritable esprit et la véritable grandeur, et de se prémunir par de solides principes contre les dangers que la foi et la piété ne rencontrent que trop dans le monde. » (*Traité des Études*, livre VIII, Avant-propos). Ainsi parlait, en 1728, celui que nous appellerions aujourd'hui le grand Maître de l'Université de France. *O tempora ! o mores !*

enseignions. Des prêtres nombreux et zélés, des laïcs non moins dévoués se sont offerts pour continuer notre œuvre, en maintenant les traditions de notre enseignement. C'est surtout pour eux, et en quelque sorte à leur demande, que ce travail a été entrepris.

La première édition, suivant nous, devait subir (à bien plus juste titre que le *Ratio* lui-même) l'épreuve de l'expérience ; elle s'est donc écoulée sans bruit entre les mains de ceux auxquels elle était destinée, et nous avons été heureux de donner satisfaction à toutes les observations tendant à rendre ce manuel moins imparfait et plus pratique.

Bien persuadé qu'un ouvrage de ce genre ne peut se perfectionner qu'à la longue et d'après l'expérience, nous prions les professeurs de continuer à nous aider de leurs bons avis ; nous recevrons avec reconnaissance toutes les communications qu'on voudra bien nous adresser à ce sujet. Sans trop nous préoccuper de l'élégance de la forme, nous avons visé surtout à la clarté. On nous dira si nous y avons réussi.

Un mot maintenant sur le plan que nous avons suivi. Il nous était tracé par le *Ratio* même, qui donne d'abord les *règles communes* à tous les professeurs, et ensuite celles qui sont *particulières* à chaque classe.

Pour l'interprétation de ces règles, nous nous sommes souvent servi du *Ratio discendi et docendi* du P. Jouvency. Nous ne pouvions suivre un guide plus sûr et plus autorisé ; son ouvrage a reçu une consécration en quelque sorte officielle par le décret X[e] de la quatorzième congrégation générale.

« Ce livre, dit Rollin (*Traité des études*, t. I), est écrit avec une pureté, une élégance, avec une solidité de jugement et de réflexion, avec un goût de piété qui ne laissent rien à désirer. »

Et Voltaire (*Siècle de Louis XIV*), après avoir fait observer assez malignement que « Joseph Jouvency a eu le mérite obscur d'écrire en latin aussi bien qu'on le puisse de nos jours, » ajoute :

« Son livre *de Ratione discendi et docendi* est un des meilleurs qu'on ait en ce genre et des moins connus depuis Quintilien. »

En dehors de l'interprétation des règles, ce que nous avons dit est moins le résultat de notre expérience personnelle que les notes prises, pendant une assez longue carrière, sur la manière d'enseigner de nos meilleurs professeurs. A l'exemple du *Ratio* nous sommes descendu même aux détails les plus minutieux, toutes les fois qu'ils nous paraissaient utiles. En matière d'enseignement et d'éducation les détails ont leur prix.

Dans cette nouvelle édition, nous avons esssayé de supprimer autant que possible, les *redites*, qui étaient fort nombreuses, précisément à cause de la forme du *Ratio*, où les règles importantes sont répétées quelquefois à chacune des classes.

A la demande de quelques maîtres, des exemples d'explication latine et française ont été ajoutées pour les humanités.

Enfin, sous la forme d'appendice, on trouvera les règles sur les *examens*, les *compositions*, les *académies*, etc.

On constatera que nous n'avons rien dissimulé. Il y a des

taches même dans le soleil. Le *Ratio*, pour être suivi fidèlement exige des maîtres un travail sérieux et persévérant; or, parmi les hommes instruits et dévoués qui nous prêtent généreusement leur concours, il peut s'en rencontrer qui se lassent de ce pénible labeur au bout de quelques mois ; c'est ce que nous avons dit franchement, trop franchement peut-être. Nous n'admettons pas comme une vérité cette boutade de M. Bréal : « Les professeurs ne se remettent pas sur la forme, comme les chapeaux; ils ont leurs idées et leurs habitudes, dont ils peuvent vouloir se défaire à certains moments, mais auxquelles ils ne tardent pas à revenir. » (2ᵉ conférence sur les langues anciennes.)

Grâces à Dieu, nous avons eu la joie de rencontrer souvent et nous connaissons bon nombre de prêtres fort instruits, de laïcs éminents, qui ont blanchi dans l'enseignement et n'hésitent pas à abandonner leurs *idées* et leurs *habitudes* pour suivre la règle de ceux qu'ils remplacent.

L'abnégation et le dévouement seront toujours l'honneur du clergé français et des vrais chrétiens, en attendant la récompense promise. *Qui ad justitiam erudiunt multos (fulgebunt) sicut stellæ in perpetuas æternitates* (Dan. xii, 3).

TABLE ANALYTIQUE DES MATIERES

	Pages
Avant-propos	v
Table analytique des matières	xi

PREMIÈRE PARTIE. — RÈGLES COMMUNES

But.. 1

Article premier. — *La piété.* — Efficacité de l'exemple et de la prière pour former les élèves à la piété. — Avis à donner en public, industries; citations du P. Judde. — S'appliquer à bien connaître ses élèves, avant de leur donner des avis en particulier; et surtout se les attacher par l'intérêt et la bienveillance qu'il faut leur montrer en toute occasion............................. 2

Article II. — *L'enseignement religieux.* — Conseils du P. Judde à cet égard : bien préparer les catéchismes à faire aux enfants; expliquer le sens des demandes et des réponses; donner des développements suivant les classes. Faire répéter les explications. Insister sur la confession et la manière de s'y préparer. — Résumé.. 6

Article III. — *Formation de l'homme bien élevé.* — L'instruction, la vertu même, ne suffisent pas pour réussir et exercer un ascendant sur ses semblables. Il faut y joindre les qualités extérieures, la bonne tenue, la politesse surtout qui exige l'oubli de soi. L'enfant naturellement égoïste, doit, pour y parvenir, se montrer généreux; on ne l'élèvera jamais malgré lui. La rigueur de la discipline est impuissante sous ce rapport. Nécessité de la franchise et de l'ouverture avec les maîtres. — Il faut faire appel à la religion, étudier les caractères et ne point se décourager... 9

Article IV. — *Enseignement classique.* — § 1. Direction. Le Préfet des études. — Il faut obéir au Préfet des études et suivre sa direction. — Nécessité d'une préparation immédiate à la classe. — Rendre compte des difficultés que l'on rencontre. — Observer avec fidélité le *Ratio*. Préparer les matières de l'enseignement pendant les vacances; alors cet enseignement sera sûr et méthodique. 15

§ 2. Étude des langues. — Pour apprendre une langue, il faut étudier les *mots*, la *grammaire*, les *locutions particulières* et la *littérature*. — Une première leçon de mots. Exercices oraux et écrits de lexicologie. Il y faut de la suite et de la méthode... 18

ARTICLE V. — *Les grammaires.* — Manière de les enseigner d'après le *Ratio* et l'expérience. — Aller lentement, faire apprendre avec intelligence; appliquer immédiatement la règle apprise. — Nombreux exercices oraux et écrits. — Tableaux synoptiques pour la récapitulation. — Usage du tableau noir pour certaines parties des grammaires 21

ARTICLE VI. — *Les tournures ou locutions particulières.* — Ouvrages à consulter pour la propriété des termes, l'élégance et les locutions diverses. — Dans les explications de chaque jour, attirer l'attention des élèves sur les idiotismes (gallicismes, latinismes et hellénismes).. 25

ARTICLE VII. — *Parler latin dans les classes.* — Le *Ratio studiorum* demande qu'on exerce les élèves à parler latin. On apprend plus vite une langue en la parlant. — Perte de temps à feuilleter les dictionnaires. — En classe, parler tantôt français, tantôt latin.. 29

ARTICLE VIII. — *Explication des auteurs.* — L'explication des auteurs, d'après le *Ratio.* — La *prélection* du professeur; citation du P. Jouvency. — Manière d'expliquer, dans les différentes classes, les auteurs latins, grecs et français. — Répétition de la *prélection* du professeur.. 32

ARTICLE IX. — *Leçons.* — Leçons à donner et à expliquer. — Manière expéditive de les faire réciter. — Quelques règles du *Ratio* à ce sujet. — Occuper les élèves pendant la récitation des leçons.. 42

ARTICLE X. — *Les devoirs.* — Principaux devoirs à donner dans les différentes classes et manière de les corriger. — Compositions hebdomadaires. — Exiger que ces devoirs soient bien écrits, avec l'orthographe et la ponctuation........ 45

ARTICLE XI. — *Enseignement des langues vivantes.* — Dans cet enseignement, on suit la même méthode que pour le français, le latin et le grec. — Programme détaillé pour les classes de quatrième, troisième, seconde et rhétorique. — Habituer peu à peu les élèves à parler la langue qu'ils apprennent. — Manière d'expliquer les auteurs surtout en seconde et en rhétorique. — Divers moyens d'apprendre les mots et la grammaire. — Usage du guide de conversation. — Exercices qui semblent plus utiles.. 57

ARTICLE XII. — *L'histoire.* — Importance de l'histoire, d'après le P. Jouvency. — Insister surtout sur les grands faits, les institutions, les traités importants, etc. — Se faire un plan : diviser d'abord et subdiviser l'histoire à apprendre en époques, afin d'avoir un tracé à suivre et de donner aux élèves une vue d'ensemble... 63

ARTICLE XIII. — *La géographie.* — Même méthode que pour l'histoire : Tracer d'abord les grandes lignes, avant de descendre aux détails. — Ne pas négliger, dans les explications latines et grecques, l'enseignement de la géographie ancienne... 64

ARTICLE XIV. — *Les mathématiques.* — Importance des mathématiques. — Dans les classes de grammaire se borner surtout à la pratique et y exercer les élèves. En seconde et en rhétorique, répéter le cours en donnant la théorie. Nombreux exercices d'application.. 65

ARTICLE XV. — *Les Industries*. — Ce que le *Ratio* entend par *concertation*. Diverses méthodes pour cet exercice. — Autres industries pour habituer les enfants au latin, leur apprendre à travailler, diminuer le nombre des paresseux, exciter l'émulation ; la louange ou le blâme, d'après le P. Jouvency ; le cahier d'*honneur* et le cahier d'*horreur*. — Usage du tableau noir, pour occuper les élèves à des devoirs supplémentaires. — Méthode expéditive pour préparer l'historien latin ou un auteur grec ; manière de répéter les matières d'un examen.. 67

ARTICLE XVI. — *La discipline*. — La discipline d'après le *Ratio* ; sans discipline, pas d'éducation possible. — Moyens de l'obtenir. — Organisation matérielle d'une classe. — Observer exactement l'horaire approuvé par le Préfet des études. — Trois moyens d'acquérir l'autorité, d'après le P. Jouvency. — Prévenir le mal par une vigilance de tous les instants. — Quelques défauts des maîtres. — Ce que doit être la répression : règle du *Ratio* à ce sujet. — Moyens d'obtenir l'attention en classe. — Conclusion. — Les qualités d'un bon maître, d'après Fénelon... 76

DEUXIÈME PARTIE. — LES CLASSES

CLASSE DE SEPTIÈME. — But et programme de cette classe. — Horaire à établir avec le Préfet des études. — Quelques conseils du P. Jouvency. — Enseignement du catéchisme et de la grammaire française. — Explication de l'auteur français, avec un exemple. — Exercices de lecture, d'écriture, d'orthographe, de lexicologie, d'analyse grammaticale et logique. — Enseignement de l'histoire, de la géographie et de l'arithmétique. — *Discipline*. — Quelques conseils aux jeunes professeurs. — Règles du *Ratio* et recommandations du P. Jouvency. — *Industries* particulières aux basses classes........................... 89

CLASSE DE SIXIÈME. — Programme de cette classe. — Horaire et distribution des devoirs pour chaque semaine. — Enseignement du catéchisme et des grammaires française, latine et grecque. — Explication des auteurs, avec des exemples. — Devoirs : thème latin et version latine. — Exercices d'orthographe, d'analyse et de lexicologie. — L'histoire, la géographie et l'arithmétique.... 105

CLASSE DE CINQUIÈME. — Programme et horaire de cette classe. — Distribution des devoirs pour chaque semaine. — Enseignement du catéchisme et des trois grammaires, française, latine et grecque. — Explication des auteurs, avec des exemples. — Devoirs : thème latin, version latine, version grecque. — Exercices d'orthographe, d'analyse et de lexicologie. — Exercice grec ou premières leçons de langue grecque. — Concertations et exercices divers. — Enseignement de l'histoire, de la géographie et de l'arithmétique............. 119

CLASSE DE QUATRIÈME. — Programme et horaire de la classe. — Distribution des devoirs pendant la semaine. — Enseignement du catéchisme et des trois grammaires française, latine et grecque et de la prosodie latine. — Explication des auteurs français, latins et grecs, avec des exemples. — Devoirs : thème latin, version latine, version grecque, thème grec. — Exercices d'orthographe, d'analyse, de lexicologie et de versification latine. — Concertations et exercices divers. — Enseignement de l'histoire, de la géographie et des mathématiques.. 137

CLASSE DE TROISIÈME. — Programme et horaire de la classe. — Distribution des devoirs pendant la semaine. — Enseignement du catéchisme, des trois grammaires française, latine et grecque, et prosodie latine. — Explication des auteurs français, latins et grecs, avec des exemples. — Devoirs : Thème latin, version latine, version grecque, thème grec; vers latins. — Compositions latines et françaises. — Concertations et exercices divers. — Enseignement de l'histoire, de la géographie et des mathématiques... 154

CLASSE D'HUMANITÉS. — Programme et horaire de la classe. — Distribution des devoirs pendant la semaine. — Enseignement du catéchisme, de la littérature. — Histoire littéraire. — Grammaires et prosodie. — Explication des auteurs, avec des exemples. — Devoir latin. — Devoirs français. — Version latine. — Version grecque. — Vers latins. — Thème grec. — Exercices divers. — Concertation. — Histoire. Géographie. Mathématiques............................. 173

CLASSE DE RHÉTORIQUE. — Programme de cette classe. — Enseignement du catéchisme, des préceptes de rhétorique et de l'histoire littéraire. — Explication des auteurs, avec des exemples. — Devoir latin. — Devoir français. — Vers latins. — Thème grec. — Exercices divers. — Concertation. — Baccalauréat (1ʳᵉ partie). — La version latine. — La composition française. — Explication des auteurs exigés par le programme. — Histoire et géographie. — Mathématiques et cosmographie.. 200

APPENDICES. — Examens, Compositions, Académies........................ 205

PLAN D'ÉTUDES... 221

LA

PRATIQUE DU RATIO

—

PREMIÈRE PARTIE

—

RÈGLES COMMUNES

LA PRATIQUE
DU
RATIO STUDIORUM
DES COLLÈGES

PREMIÈRE PARTIE

RÈGLES COMMUNES

But. — Les *règles communes* du *Ratio studiorum* regardent tous les Professeurs. La première indique *le but* qu'ils doivent se proposer : *Adolescentes, qui in Societatis disciplinam traditi sunt, sic magister instituat, ut una cum litteris mores etiam christianis dignos in primis hauriant* (Reg. comm. 1).

Le P. Jouvency l'explique ainsi dans son *Ratio discendi et docendi* : *Duo docere debet christianus magister : pietatem ac litteras; quorum primas cum facile pietas obtineat, de illa priore loco dicemus (De ratione doc.* c. 1). Il y a donc un double but à atteindre : Former les enfants à la piété, et en faire des hommes véritablement élevés et instruits[1].

---

[1] « Pour peu qu'on fasse usage de la raison, on reconnaît aisément que le but des maîtres n'est point d'apprendre à leurs disciples seulement du grec et du latin, ni de leur enseigner à faire des thèmes, des vers, des amplifications, etc... Ces connaissances sont utiles et estimables, mais comme moyens et non comme fin... Le but des maîtres est de leur former l'esprit et le cœur, de leur inspirer des principes d'honneur et de probité, etc. »

(ROLLIN, *Traité des études*, liv. VIII, première partie [*Vide locum*]).

« Nos pères, qui nous valaient bien, écrivait récemment M. Brunetière, n'auraient pas compris que l'on prétendît *élever* un enfant sans *l'instruire*, c'est-à-dire et de mot à mot, sans le fournir,

ARTICLE PREMIER

LA PIÉTÉ

<small>Efficacité de l'exemple et de la prière pour former les élèves à la piété. — Avis à donner en public; industries; citation du P. Judde. — S'appliquer à bien connaître ses élèves, avant de leur donner des avis en particulier; et surtout se les attacher par l'intérêt et la bienveillance qu'il faut leur montrer en toute occasion.</small>

Discipulorum pietas promovetur primum ipsius magistri pietate; tum serendis in loco, sive privatim, sive publice, piis sermonibus; postremo variis artibus ad fovendum in teneris mentibus virtutis studium idoneis (Rat. doc. cap. 1).

1° **L'exemple.** — C'est par l'exemple surtout que le maître chrétien formera ses élèves à la piété. *Qualis pater, talis filius;* plus le modèle sera parfait, plus la copie sera parfaite aussi. Les enfants ont les yeux sur lui; s'ils le voient recueilli dans la prière, fidèle observateur des moindres devoirs religieux et préoccupé avant tout de leur avancement dans la piété, ils subiront son ascendant. Les enfants, dit le P. Judde, apprennent plus par les yeux que par les oreilles.

Si, au contraire, ils constatent dans le maître de la négligence, ou même s'ils peuvent le surprendre en défaut sous ce rapport, c'est en vain qu'il demandera d'eux la fidélité. Pour ne pas prêcher dans le désert, il faut ici prêcher par l'exemple. *Discipulos religiosæ suæ vitæ exemplis ædificet.* (Reg. comm. 10). Le P. Jouvency ajoute : *Usus docet, ipsaque ratio confirmat, magistrorum mores a discipulis, ut a liberis ora parentum, exprimi, nec facile videas ex improbi doctoris schola prodire insigniter probos; pietatem vita persuadere prius debet quam verba. Quales igitur fingere discipulos præceptor amat, talis ipse sit, ac multo etiam præstantior, siquidem archetypas*

<small>sans le munir, sans l'armer — *instruere* — des connaissances indispensables pour se conduire dans la vie; mais ils n'auraient pas davantage admis que l'on se proposât de *l'instruire* sans *l'élever,* c'est-à-dire qu'on lui mît une arme dans la main, sans l'avertir à quelle occasion, dans quel cas, et surtout avec quelles précautions il en pourrait user. C'est ainsi qu'autrefois *l'éducation* et *l'instruction,* si elles se distinguaient l'une de l'autre, ne se séparaient pourtant pas, se soutenaient ou s'entr'aidaient, et finalement se rejoignaient dans l'unité d'un même résultat. »
(*Revue des Deux-Mondes*, 15 février 1895, article *Éducation et instruction.*)</small>

tabulas, unde reliquæ ducuntur imitando, esse oportet perfectissimas (*Rat. doc.* cap. I, art. 1).

[Conf. etiam *Quintilianum*, l. I et II, c. II, et Senecam, *Epist.* 6 et 52].

Caveat igitur imprimis religiosus magister, ne quid de solito piarum exercitationum penso detrahi sibi patiatur, aut excidere studiorum causa. Satis superque temporis ei suppetit ad litterarum studia, si nihil temporis male conterat (*Ibidem*).

2° **La Prière.** — A l'exemple, un maître pieux doit joindre la prière pour ses élèves, les bons avis et l'enseignement religieux. *Oret sæpe Deum pro suis discipulis* (Reg. comm. 10). Qu'il prie souvent pour tous, et surtout pour ceux qui lui donnent le moins de contentement. Ce que nous ne pouvons pas faire, Dieu le peut. — Quand bien même, dit le P. Judde, sans un secours particulier de la grâce, vous pourriez faire avancer vos écoliers dans les sciences, jamais vous ne ferez rien de solide pour les former à la piété, si vous n'êtes beaucoup aidé de Dieu. *Deum sæpe pro discipulis oret; eos Beatissimæ Virgini, custodibus ipsorum Angelis ac D. Josepho... diligenter commendet. Nunquam ludum ineat litterarium, quin aliquid piæ precationis, ac ferme in templo, coram augustissimo Sacramento fuderit.* (*Vide locum et pia seq.* cap. I, art. 1, *De Rat. doc.*)

3° **Bons avis.** — Ces avis peuvent être donnés *en public* ou *en particulier*. Nous ne ferons qu'indiquer brièvement les principaux.

En public. — Profiter de toutes les occasions pour rappeler nos devoirs envers Dieu et la fin pour laquelle nous sommes créés. *Captanda ubique solerter occasio, accersenda etiam longius, si ultro se non offerat, eos docendi quemadmodum erga Deum habere se debeant, quem ad finem procreatus homo sit; admonendi ut illum finem sibi proponant in omnibus.* (*Rat. doc.* cap. I, art. 2.)

Insister sur la prière, et surtout revenir souvent sur les petites prières d'usage au commencement et à la fin des études et des classes[1], le signe de la croix, etc., où la routine se glisse facilement

---

1. *Orationem brevem, ante scholæ initium, dicat aliquis ad id institutam ; quam præceptor et discipuli omnes, aperto capite, et flexis genibus, attente audient ; ante lectionis vero initium, ipse præceptor signo crucis se muniat aperto capite et incipiat.* (Reg. comm. 2.)

Il est d'usage de réciter, au commencement des classes, le *Veni Sancte Spiritus* avec le verset (car la routine est la plaie des enfants plus encore que la nôtre).

Nécessité d'étudier, et d'étudier pour Dieu et en vue de Dieu, ou plutôt **AD MAJOREM DEI GLORIAM**; consacrer son travail à la Très Sainte Vierge ou à quelque saint.

Recommander les bonnes lectures et détourner de toutes celles qui sont mauvaises ou même dangereuses. Donner comme *règle* de ne jamais lire un livre inconnu, sans avoir consulté une personne prudente et instruite. — *Lectionem spiritualem, præsertim de Sanctorum vitis, vehementer commendet; contra vero non solum ipse ab impuris scriptoribus, et omnino in quibus sit aliquid quod bonis moribus nocere queat, juventuti prælegendis abstineat, sed ab iisdem etiam extra scholam legendis discipulos quam maxime potest deterreat* (Reg. com. 8).

Fuite des occasions de pécher; se relever immédiatement après une chute, etc.

Fréquentation des sacrements, dispositions à y apporter.

Utiliser les mois consacrés à l'Enfant Jésus, à saint Joseph, à la Très Sainte Vierge, au Sacré-Cœur, à saint Ignace, et les six dimanches de saint Louis de Gonzague, pour promouvoir ces dévotions.

Profiter d'une explication d'auteur, d'un événement, etc., pour dire un mot pieux, qui sera d'autant mieux écouté qu'il viendra plus naturellement et n'aura point l'air d'avoir été préparé. *Feratur autem ejus peculiaris intentio, tam in lectionibus, cum se occasio obtulerit, quam extra eas, ad teneras adolescentium mentes, obsequio et amori Dei ac virtutum, quibus ei placere oportet, præparandas* (Reg. com. 1).

« S'il est arrivé dans la ville, dit le P. Judde, s'il y a dans les nouvelles publiques quelque événement tragique, on fait réflexion sur les jugements de Dieu, prenant toujours garde de n'insulter jamais au malheur, ni à la mémoire de personne. — Un de vos écoliers est mort... vous l'apprenez; autre matière de réflexion : *Soyons toujours prêts... Le sommes-nous?*

« Vous trouvez dans l'auteur que vous expliquez un beau sentiment... *Hélas! nous autres chrétiens, pensons-nous de même...* Vous expliquez un

---

Emitte Spiritum, l'oremus *Deus qui corda fidelium*, et l'*Ave Maria*. Au milieu de la classe, on dit encore l'*Ave Maria*, et à la fin le *Sub tuum*. Le samedi soir, on remplace l'*Ave Maria* du milieu de la classe par les litanies de la T. S. Vierge. *Litanias B. Virginis sabbato sub vesperum in sua classe recitari jubeat, vel, si moris sit, in templum ad easdem cum cæteris audiendas ducat; pietatem vero in eamdem Virginem et Angelum custodem discipulis diligenter suadeat.*

(Reg. comm. 7.)

point de mythologie... *Quel aveuglement d'avoir cru de pareilles sottises!* etc. Un enfant est surpris à mentir... un petit mot contre les menteurs ; un autre a été dissipé à l'église... une sortie contre ceux qui violent le temple de Dieu, où Notre-Seigneur est présent... » *Inter docendum et explicandum,* dit aussi le P. Le Gaudier, *data vel captata occasione, Magister pii quidpiam subinde inspergat, qualia sunt apti textus S. Scripturæ, sententiæ S. S. Patrum, dicta et facta Sanctorum, variaque salubria monita et documenta. Idem præstandum in pensis quotidianis,... aliquoties, quæ pietatem redoleant.*

Avis en particulier[1]. — Avant tout, s'étudier à bien connaître ses élèves et les traiter ensuite chacun selon son caractère, son âge, ses goûts même, se les attacher par l'intérêt et la bienveillance qu'on leur montre, pour les gagner plus facilement à Jésus-Christ. Quand on les connaîtra bien, quand on aura leur confiance, on pourra peu à peu attaquer leurs petits défauts. Mais il ne faut pas les leur montrer tous à la fois : on n'aboutirait à rien. Et notez de plus que dans ce cas on ne doit jamais oublier l'exorde insinuant : Mon enfant, vous avez de bonnes qualités, mais permettez-moi de vous signaler un point faible. *Publicis privatisque reprehensionibus aspergenda modica laus aliquando erit* (Rat. doc. cap. II, art. 1).

Ce point gagné, on attaquera ensuite de la même manière, et l'un après l'autre, chacun des autres défauts.

Il faut aussi promouvoir les Congrégations de la Très Sainte Vierge. *Curandum ut in Sodalitia B. Virginis adsciscantur ii qui maxime omnium videbuntur idonei* (Rat. doc. cap. I, art. 3). Dans les entretiens particuliers avec les élèves, on les exhortera à se rendre dignes d'y être admis ; s'ils sont déjà congréganistes, on leur répétera souvent : *Noblesse oblige. Privatis etiam colloquiis eadem ad pietatem pertinentia inculcabit, ita tamen, ut nullum ad religionem nostram videatur allicere; sed si quid hujus modi cognoverit, ad confessarium rejiciat* (Reg. comm. 6).

---

1. C'est pendant l'étude de 11 heures tous les jours (et jamais en d'autre temps sans la permission du Préfet des études) que les professeurs peuvent faire appeler leurs élèves, pour des répétitions, des corrections de devoirs, etc., etc. Quelle occasion plus favorable de faire connaissance avec eux, de leur montrer de la bienveillance et de leur donner tous les avis qu'on jugera utiles ou nécessaires. Mais notons ici, en passant, qu'il faut éviter, avec grand soin, de perdre le temps à des causeries insignifiantes, et de voir toujours les mêmes enfants.

(Confer ROLLIN, *Traité des études,* liv. VIII, première partie, art. 2.)

On gagne beaucoup à voir les élèves en particulier : on apprend à les connaître, on les habitue à s'ouvrir, et on peut leur faire un très grand bien. Souvent une recommandation affectueuse, ou, au besoin, une menace sévère leur épargneront bien des ennuis (mauvaises notes ou punitions).

Mais n'oublions pas que, par ce temps de négation universelle et de matérialisme (pour ne rien dire de plus), une piété faite de sentiments mal raisonnés et de pratiques multiples et peu comprises ne saurait suffire. Il faut, surtout à l'heure actuelle, une éducation religieuse solide; il faut que nos élèves emportent de chez nous des convictions arrêtées et fermes. De là, la nécessité d'un catéchisme bien complet et parfaitement raisonné.

ARTICLE II

L'ENSEIGNEMENT RELIGIEUX

Conseils du P. Judde à cet égard : bien préparer les catéchismes à faire aux enfants; expliquer le sens des demandes et des réponses; donner des développements suivant les classes. Faire répéter les explications. Insister sur la confession et la manière de s'y préparer. Résumé.

« C'est une pitié, écrivait autrefois le P. Judde, de voir sortir du Collège, quelquefois après sept ou huit ans, des écoliers mal instruits des premiers principes de notre religion! Ce n'est pas toujours la faute des maîtres; quelquefois aussi c'est leur faute. Les uns supposent trop aisément que leurs écoliers savent ce qu'il faut; les autres regardent le catéchisme comme une préparation pour eux à la prédication; ils veulent faire des discours; c'est bien de quoi il est question! Quelques-uns disent tout ce qui leur vient dans la tête, sans aucune préparation, sans arrangement, quelquefois sans principes, et sans savoir bien eux-mêmes ce qu'ils doivent enseigner.

« Sacrifiez volontiers l'entre-deux des classes.... s'il est nécessaire, à bien préparer votre catéchisme. Mettez par écrit, en peu de mots, mais avec beaucoup d'ordre ce que vous voulez dire; lisez dans deux ou trois bons catéchismes, ce qui s'y trouve sur la matière que vous devez traiter.

« Dans les premières classes... après avoir bien expliqué le sens de l'interrogation et de la réponse, l'avoir tourné en diverses manières[1] pour que les enfants comprennent la chose, et n'en

---

1. Le P. Mach, dans son *Trésor du prêtre*, explique parfaitement ceci : Un élève a dit par exemple : Le baptême efface le péché originel... On lui pose une nouvelle question : Y a-t-il un

demeurent pas aux simples paroles comme les oiseaux qu'on a sifflés[1], après avoir établi la doctrine de l'Église par quelques raisonnements aisés, et surtout par des comparaisons tirées des choses propres de leur âge et qui frappent leurs sens, je viendrais à en tirer quelque petit point de morale, où entrerait la condamnation de leurs fautes les plus ordinaires ; je finirais par une vive exhortation à mieux faire, ou par quelques histoires... en confirmation de l'instruction que je viendrais de donner.

« Vous voyez que tout ceci demande de la préparation et de la méditation, du moins jusqu'à ce que l'on possède bien les matières et que l'on ait acquis de la facilité et de l'habitude à les bien développer.

« Cette méthode peut s'observer, même dans les hautes classes, excepté qu'à proportion que les écoliers sont plus instruits et plus formés, il faut aussi que les raisonnements soient plus forts, les explications plus étendues, les comparaisons plus à la portée de leur esprit, de leurs connaissances, de leur expérience, les exhortations plus pressantes, et les histoires plus sérieuses et plus choisies. »

C'est l'explication de la règle suivante du *Ratio* : *Doctrina christiana in omnibus classibus ediscatur ;... pro quovis autem scholæ gradu explicationes ampliores tradantur atque exigantur* (Reg. comm. 4).

« Dans les premières classes (après un quart d'heure de catéchisme), il est bon de faire répéter dans l'autre quart d'heure ce qu'on a dit. S'il n'y a pas assez de temps, alors il n'y faut pas manquer au catéchisme suivant ; et de même que, quand on a expliqué quelque règle de grammaire, on la fait revenir en toute occasion dans les thèmes, dans les explications, dans les disputes ; aussi la bonne manière de former à la piété et à la science du salut, c'est, après qu'on a enseigné quelques articles, de trouver le moyen de les rappeler à l'esprit et au cœur. *In tradenda porro doctrina christiana curabis, ut discipuli audita repetant, quod in scholis inferioribus nunquam est omittendum* (Rat. doc. cap. I, art. 2).

« Enfin dans vos catéchismes et dans toutes les instructions que

---

péché dans l'âme d'un enfant non baptisé ? — Oui. — Lequel ? — Le péché originel. — Ce procédé peut varier, comme on le voit indéfiniment ; et, c'est un excellent moyen pour s'assurer que l'enfant a compris.

1. *Nec recitent catechismum* (dit le P. Le Gaudier) *more psittacorum, sed ita intelligenter, ut interrogati... rem ipsam, licet non ad verbum, declarare possint, et lingua vernacula exprimere.*

vous ferez à vos écoliers, accoutumez-vous à leur parler toujours d'une manière naturelle et attachante... On les enchaîne, pour ainsi dire, lorsqu'on leur dit des choses intéressantes et qu'on les dit comme venant de source et sans qu'il y paraisse aucun art[1]. »

Insistez particulièrement sur la confession.

Instruat eos in modo peccata rite expiandi, quoad numerum et speciem peccatorum tam internorum, quam externorum, prudenter tamen et pro capacitate discipulorum, nec eos doceat quæ nescire præstat. Doceat quoque illos praxim eliciendi attritionem, contritionem, propositum emendationis, cum iis quæ ante et post exomologesim in tribunali sacro a pænitente dicenda sunt (P. Le Gaudier).

Les enfants ne savent généralement pas se préparer à la confession ; ils passent leur temps à s'examiner vaguement et s'accusent ensuite de quelques peccadilles dont ils ne se repentent guère. Ils ne comprennent pas même pourquoi on leur demande l'accusation de quelque faute plus grave de la vie passée. Le ferme propos est par eux presque toujours plus ou moins négligé. On attirera donc tout particulièrement leur attention sur ces points importants.

In tradenda catechesi, caveat ne majorem horæ partem in recitando... sed potius explicandis clare fidei nostræ mysteriis et dogmatibus diutius inhæreat, eaque exemplis, rationibus et similibus illustret, ac plures examinet, num bene percepta fuerint... — Tandem magister... discipulis... profectum in litteris plurimum a pietate pendere ostendat, exemplo D. Thomæ Aquinatis, sancti Alberti Magni, sancti Stanislai et aliorum. Pietas ad omnia utilis est (P. Le Gaudier).

En résumé donc : catéchismes préparés avec soin. S'assurer avant tout que les élèves savent et comprennent le sens des demandes et des réponses.

Dans les classes inférieures, il faudra se borner à une simple explication du texte et à quelques exemples bien choisis.

Dans les classes supérieures, on donnera des développements plus amples, des preuves de raison ou des raisonnements théologiques (Reg. comm. 4).

C'est surtout dans les catéchismes qu'on trouvera de nombreuses occasions d'exciter la piété des élèves, en les éclairant pour la conduite de la vie. Il n'est

---

1. Il faut exiger que les élèves prennent des notes, afin de pouvoir répondre au questionnaire-résumé qui leur est dicté avant ou après chaque catéchisme. (Voir deuxième partie, art. Catéchisme.)

aucun point de la doctrine catholique qui ne fournisse matière à un enseignement pratique : (v. g. l'immensité de Dieu amènera nécessairement à parler de sa présence, et à redire après saint Augustin : Cherchez un endroit où Dieu ne vous voit pas,... et vous pourrez pécher. — De même, la création, les milliers de mondes comparés à *notre terre*, *grain de sable*, l'homme sur ce grain de sable, etc., font ressortir la grandeur de Dieu, et la petitesse horrible de l'homme révolté, etc., etc.)

Si l'on prépare sérieusement les catéchismes, on n'aura pas de peine à en tirer des conclusions intéressantes et vraiment pratiques pour la formation des enfants.

Tout en revenant fréquemment, comme il a été dit plus haut, sur la nécessité de la prière, la dévotion à la Très Sainte Vierge, etc., la fuite du péché, la pratique de l'examen général et de l'examen particulier : la fréquentation des sacrements, etc.[1], en un mot, la vie de foi, on n'oubliera pas de prémunir les enfants contre les fausses maximes du monde et de leur fournir des armes pour combattre les erreurs modernes. C'est dans les hautes classes surtout qu'on traitera ces questions, mais rien n'empêche d'en dire un mot, en passant, quand l'occasion s'en présente, même dans les classes inférieures. (*Juxta scholæ cujusque gradum.*)

Au commencement de l'année scolaire, on s'assurera que tous les élèves savent par cœur les vérités essentielles au salut, les prières usuelles et même les réponses de la Sainte Messe. Au besoin, on les donnera à apprendre.

ARTICLE III

FORMATION DE L'HOMME BIEN ÉLEVÉ

L'instruction, la vertu même ne suffisent pas pour réussir, et exercer un ascendant sur ses semblables. Il faut y joindre les qualités extérieures, la bonne tenue, la politesse surtout qui exige l'oubli de soi. L'enfant naturellement égoïste, doit, pour y parvenir, se montrer généreux ; on ne l'élèvera jamais malgré lui. La rigueur de la discipline est impuissante sous ce rapport. Nécessité de la franchise et de l'ouverture avec les maîtres. — Il faut faire appel à la religion, étudier les caractères et ne point se décourager.

A l'instruction religieuse qui forme le cœur à la vertu solide, en montrant la voie à suivre, nous devons joindre l'éducation *civile*. « La science, le talent, les succès littéraires, la vertu même, dit le

---

1. *Hortetur autem potissimum ad orandum Deum quotidie, præcipue ad coronam B. Virginis,... ad examinandam conscientiam vesperi, ad sacramenta pœnitentiæ et Eucharistiæ frequenter ac rite obeunda, ad Sacratissimum Cor Jesu devote colendum, ad vitandas noxias consuetudines, ad vitiorum detestationem, ad virtutes denique colendas christiano homine dignas.*

(Reg. comm. 5.)

R. P. Gautrelet, ne suffisent pas toujours pour couronner le front du jeune étudiant de cette auréole lumineuse qui fait présager un avenir brillant. Il faut donner du relief à ses talents. Comme la pierre précieuse a besoin d'être convenablement enchâssée pour paraître avec avantage, sa science doit être relevée par certaines qualités extérieures.

« La vertu doit tirer un nouvel éclat de la perfection des formes. C'est là une vérité trop souvent mise en oubli dans le travail de l'éducation, au grand détriment de l'élève.

« Ce jeune homme a du talent, mais il n'a jamais su s'astreindre à rien de gênant... Il a même (si vous le voulez) un heureux caractère, des sentiments nobles peut-être; mais il n'a pas de manières; il n'a pas de tenue; il ne sait se présenter; on sent un vide dans son éducation. Avec toutes ses qualités, il ne réussira que médiocrement et difficilement. »

— Mais comment parviendrons-nous à donner à nos élèves ce je ne sais quoi de fini, ces qualités extérieures si propres à relever en eux les dons de la nature et de la grâce?

Il faudrait un livre pour traiter à fond ce sujet si complexe. Et le cadre de notre travail nous impose des bornes. Nous en dirons cependant assez, croyons-nous, pour mettre sur la voie.

Le petit enfant, tel qu'on nous le confie d'ordinaire, est naturellement égoïste. Il faut ouvrir son âme neuve aux idées grandes et généreuses, en un mot l'élever. Oui, élever l'âme de l'enfant, élever son esprit, c'est-à-dire élever ses sentiments et ses pensées, élever son caractère, affermir sa volonté dans le bien, tel est le but de l'éducation, qui ne comprend pas seulement l'instruction, mais la formation de l'homme tout entier.

Former l'homme tout entier, c'est former le chrétien (nous en avons parlé dans les deux articles précédents); c'est former le littérateur et le savant (nous en parlerons dans tout le reste de ce travail); c'est aussi former l'homme destiné à exercer un ascendant sur ses semblables dans la société. Toutes ces éducations partielles s'enchaînent et se prêtent un mutuel appui. La piété, c'est-à-dire la formation du cœur, comme aussi l'instruction, servent beaucoup à la formation de l'homme bien élevé. On ne saurait donc les séparer ici complètement; et c'est pour cela que nous reviendrons souvent sur les grands principes de devoir, de conscience, etc., dans cet article sur l'éducation, c'est-à-dire la formation de l'homme bien élevé.

Cette formation, c'est l'affaire du surveillant, dira-t-on. — Sans doute, mais c'est aussi le devoir du professeur et de tous ceux qui, à un titre quelconque, travaillent dans un collège à la grande œuvre de l'éducation des enfants. Nous parlerons surtout ici du rôle du professeur.

La tenue, la politesse, la générosité, la franchise, l'ouverture avec les maîtres, etc., sont autant de points qu'il aura souvent l'occasion de toucher avec fruit.

La tenue[1] peut laisser à désirer sous bien des rapports et en bien des circonstances. Il suffira souvent d'un avis charitable, donné à propos et toujours en particulier, pour corriger un défaut. On n'en viendra jamais à un avertissement public, et humiliant par cela même, avant d'avoir employé tous les autres moyens de persuasion.

Il faut en dire autant de la politesse, à laquelle on doit tenir plus encore, en raison de son importance.

Nous ajouterons que ces formes extérieures seules ne sauraient suffire. Un jeune homme peut être à la rigueur irréprochable extérieurement par respect humain. Mais ce n'est pas une politesse de convention et de commande que nous désirons pour nos élèves; ce que nous voulons, c'est cette politesse, fille de la charité, qui n'est, après tout, que l'épanouissement des vertus intérieures. D'ailleurs, pour réussir dans cette éducation même purement civile, pour obtenir peu à peu de nos enfants cette formation aux bonnes

---

1. « Il est des enfants, ajoute le R. P. Gautrelet, qui peuvent compromettre assez gravement leur poitrine par un excès de travail, ou une *tenue* habituellement défectueuse, soit en se tenant trop penchés sur leur table, soit autrement. D'autres peuvent aussi porter une atteinte sérieuse à l'organe de la vue... Le Préfet, qui comprend bien son devoir, saura se préoccuper de ces détails ; le professeur en tiendra compte; le surveillant surtout en fera l'objet de ses soins. C'est un excellent moyen pour les uns et les autres de prouver à leurs élèves qu'ils les aiment, de gagner leur confiance et de se faire pardonner, dans l'observation de la discipline, une sévérité qui se justifie facilement à leurs yeux, quand ils nous voient aussi soigneux de leur santé que désireux de leurs progrès.

« A la tenue des élèves, se rattache le soin de la propreté dans leur personne, et dans les objets affectés à leur usage : leurs vêtements, leurs livres, leurs cahiers, etc., etc.

« Il est très important de leur faire prendre des habitudes d'ordre et de les accoutumer à une décence extérieure qui réagira plus ou moins sur l'intérieur.

« Qu'ils se montrent toujours convenables dans leur maintien, et s'efforcent d'acquérir les bonnes manières et une tenue irréprochable. »

manières, il est hors de doute qu'il faudra souvent faire appel à tous leurs bons sentiments, et surtout à leur bonne volonté, à leur générosité.

La générosité! Que d'occasions un professeur n'a-t-il pas d'en montrer tout l'honneur et le mérite! Dans les catéchismes, dans les explications, dans les avis publics et privés, etc., il aura soin de l'inculquer aux enfants. Comme nous le disions tout à l'heure, ils sont naturellement égoïstes, mais ils sont aussi très accessibles aux nobles sentiments.

Si le maître se montre humain et plein de commisération pour les fautes de pure fragilité, s'il pardonne facilement aux enfants qui avouent leurs manquements et n'hésitent point à s'en accuser ouvertement, si surtout il est discret et garde un religieux silence sur les secrets défauts que ses écoliers ont pu lui découvrir, il n'aura pas de peine à obtenir d'eux la *franchise* et l'*ouverture*. Et cela est d'autant plus nécessaire que, quoi qu'on fasse, on n'élèvera jamais un enfant sans lui ou malgré lui ; car, sous des dehors apparents de régularité, il peut se cacher tant de défauts, qui iront en grandissant avec l'âge et étoufferont tout le reste !

Concluons donc et tirons de là ce *grand principe* : c'est qu'il faut faire vouloir aux élèves leur éducation; il faut la leur faire faire à eux-mêmes et par eux-mêmes.

Oui, l'éducation de l'enfant exige son concours actif et docile, personnel et généreux, dit Mgr Dupanloup.

L'habileté principale du maître consiste à faire entrer courageusement son élève dans la voie du travail et de l'application personnelle. Sous ce rapport, ce que nous faisons par nous-mêmes est peu de chose; ce que nous faisons faire, ce que nous obtenons de l'activité libre, de la bonne volonté de l'enfant est tout.

Assurément, avec une discipline sévère et rigoureuse, on obtiendra l'observation extérieure du règlement, un certain ordre matériel, mais ce genre de discipline ou plutôt cette police de *caserne* n'aboutira jamais qu'à faire des esclaves *ad oculum servientes*.

La discipline sans doute est nécessaire. Elle est, comme l'a si bien dit Mgr Dupanloup, « la protectrice des mœurs et la gardienne de l'innocence, le gage des fortes études, l'inspiratrice du bon esprit, la conservatrice du respect, la maîtresse, la dispensatrice et la trésorière du temps, le nerf du règlement intérieur et le ressort puissant de l'éducation tout entière. » Mais pour qu'elle soit tout cela, il faut qu'elle soit librement et généreusement acceptée. Car, dans l'éducation, il ne suffit pas qu'on obéisse matériellement, il faut qu'on soit convaincu de la nécessité de l'obéissance, il faut qu'on aime à obéir et que la volonté s'y porte librement. Or, il n'y a que la religion qui puisse obtenir ce résultat.

L'enfant est d'abord instruit de ses devoirs : il en est convaincu. C'est l'éducation de l'intelligence ou l'instruction, nécessaire sans doute, mais qui n'est qu'un moyen, un acheminement vers le but. Combien de fois, en effet, la volonté libre de l'enfant reculera devant cette vision claire d'un devoir pénible à accomplir ! Combien de fois, il dira pratiquement : *Video meliora proboque... deteriora sequor!* C'est alors qu'un maître dévoué sait faire appel à la conscience et au cœur et triompher de toutes les répugnances et de toutes les lâchetés, en montrant Dieu au-dessus de tout cela, Dieu rémunérateur et vengeur.

Un professeur zélé ne se laissera pas décourager, s'il ne réussit pas, au gré de ses désirs, à vaincre toutes les répugnances. Il faut avec l'enfant, dit Fénelon, beaucoup de douceur, de patience et de fermeté; il est certain qu'il cherche naturellement ceux qui le flattent (sauf à les mépriser quelquefois plus tard) et qu'il tend à échapper à ceux qui, pour son bien, demandent de lui des efforts. N'importe, tôt ou tard, ces semences de vertu, jetées dans son âme, germeront et produiront leurs fruits. Semons toujours. *Prædica verbum, insta opportune, importune : argue, obsecra, increpa in omni patientia et doctrina (Saint Paul ad Tim.).* L'expérience ne confirme-t-elle pas tous les jours ce que nous venons de dire? Tel enfant a semblé résister pendant des mois et des années qui, un beau jour, prend son essor vers le bien et devient en peu de temps un élève modèle. Il y a des fruits qui mûrissent tard et qui n'en sont ni moins savoureux ni moins bons.

Notons cependant ici qu'il ne faut pas décourager l'enfant, en lui demandant trop à la fois. L'important est d'obtenir de lui un premier effort; la joie qu'il éprouvera, au fond de son âme, de ce triomphe, ne contribuera pas peu à le faire avancer. C'est dans ce sens que Fénelon a dit : L'éducation doit suivre la nature et l'aider, mais en la dirigeant et en la fortifiant.

Avant tout, un maître intelligent et habile tiendra un grand compte des différents caractères et des diverses natures. Comme nous l'avons dit en commençant, il doit s'étudier à bien connaître ses élèves, avant d'agir sur chacun d'eux. Il serait absurde de vouloir absolument les modeler ou les fondre, en quelque sorte, dans un même moule : on n'aboutirait à rien.

Il y a des enfants secs, durs, hautains en apparence. Ce ne sont pas ordinairement les plus à craindre dans l'éducation et l'on s'y trompe quelquefois. Sous cet extérieur raboteux, on trouve souvent un bon cœur et une rare énergie. Il y a aussi les enfants tendres, insinuants, souples et caressants; et ce sont, ajoute Fénelon, ceux dont on tirera quelquefois le moins ; ils sont exposés à la mollesse, à la sensualité, à l'hypocrisie. Enfin, il y a ceux qui passent pour de *petites perfections*, qui n'ont jamais été punis, jamais repris; ceux-là sont grandement sujets à l'orgueil et grandissent quelquefois avec leurs petits défauts, qui deviennent grands aussi, et souvent sans presque aucun remède. Si, un jour, il leur arrive de faiblir, ils ont besoin de tous les ménagements et de toute la délicatesse d'un maître habile et intelligent, autrement, ils se rebutent, et l'on n'obtient d'eux que le silence de l'orgueil froissé. (Voir l'article *discipline*, à la fin de la 1re partie.)

Enfin, redisons, en terminant cet article (où nous n'avons pu que tracer les grandes lignes) : c'est par son exemple surtout que le professeur remplira cette tâche aussi importante que difficile de l'éducation; c'est dans sa personne que chaque jour les enfants doivent étudier les qualités et les vertus dont il leur recommande la pratique. *Qualis pater, talis filius.*

(*Confer* FÉNELON, DUPANLOUP. *Le surveillant dans les collèges catholiques*, par le P. A. DE DAMAS; *La discipline dans quelques écoles libres*, par le P. E. BARBIER.)

ARTICLE IV

ENSEIGNEMENT CLASSIQUE

§ 1. DIRECTION. LE PRÉFET DES ÉTUDES

Il faut obéir au Préfet des études et suivre sa direction. — Nécessité d'une préparation immédiate à la classe. — Rendre compte des difficultés que l'on rencontre. — Observer avec fidélité le *Ratio*. Préparer les matières de l'enseignement pendant les vacances ; alors cet enseignement sera sûr et méthodique.

Præfecto studiorum obtemperabit (magister) in iis quæ ad studia et scholæ disciplinam pertinent; quo inconsulto, neque ullum in scholam admittet, aut dimittet; nec librum ullum suscipiet explicandum, nec ullam cuivis a communibus scholæ exercitationibus immunitatem dabit. (Reg. comm. 11.)

Il y a, dans tous les collèges, un Préfet chargé de la direction générale des études, et en même temps de la discipline. Il est, pour ainsi dire, l'interprète et le gardien des règles du *Ratio*; il doit l'expliquer aux Professeurs et le faire observer le plus fidèlement possible. Tâche facile sans doute, avec le concours de toutes les bonnes volontés, quand chacun se dévoue à préparer et à faire sa classe suivant la méthode qu'on lui a tracée ; mais tâche ingrate et ardue, pour peu que la négligence se glisse dans l'observation des règles. Or, cette exacte observation des règles demande certainement de la part des maîtres un travail journalier, une préparation immédiate, même pour les classes inférieures.

Rollin écrivait à J.-B. Rousseau : « Si je devais expliquer Phèdre à un enfant, je me croirais obligé de consulter auparavant un bon commentaire, pour l'entendre bien moi-même, avant que d'entreprendre de le faire entendre aux autres. Il en est ainsi de tous les auteurs, qui ont chacun leurs difficultés particulières. » (Opuscules, Lettres diverses).

Assurément, si Rollin, un des meilleurs latinistes de son temps, déclare avoir besoin d'un bon commentaire pour expliquer Phèdre, personne ne saurait prétendre qu'en lisant simplement une traduction juxtalinéaire quelconque, on arrivera au même résultat.

D'ailleurs ce procédé, assez commode pour la paresse, n'est guère mis en usage que par les incapables; et l'on sait ce qu'en retirent de profit maîtres et élèves... Et puis, ce n'est pas seulement l'explication des auteurs latins et grecs qu'il s'agit de préparer; ce sont aussi les auteurs français, les grammaires, les préceptes de littérature, l'histoire, la géographie, les devoirs à donner, etc., etc.

Sur tous ces points, on pourra trouver dans le présent ouvrage d'utiles conseils; mais c'est au Préfet des études que chaque professeur doit s'adresser pour recevoir une direction; c'est à lui aussi que tous doivent rendre compte, soit de la manière dont il font la classe, soit des difficultés qu'ils rencontrent pour la discipline.

Il n'est pas inutile peut-être de noter ici que le manque d'ouverture de la part des maîtres peut compromettre gravement leur œuvre. Nous ne savons quelle crainte puérile empêche quelquefois les jeunes professeurs de découvrir au Préfet tel ou tel abus qui les paralyse et qu'ils s'efforcent vainement d'extirper seuls; de là des situations fort embarrassées, des insuccès et même des échecs complets.

Principiis obsta: sero medicina paratur,
Cum mala per longas invaluere moras.

Sans doute le Préfet des études visite le plus souvent possible les classes, et assiste aux leçons des professeurs; mais s'il peut par là constater, jusqu'à un certain point, le travail et le dévouement de chacun, il lui est impossible de tout voir : en sa présence, on s'observe, on se surveille; et ce n'est qu'après son départ que la classe reprend sa physionomie ordinaire et véritable. Et s'il ne connaît pas cette physionomie, ou s'il ne la connaît qu'imparfaitement, comment pourra-t-il diriger les maîtres et les aider, suivant le *Ratio : Magistros... singulos audiat docentes;.. ipsos juvet ac dirigat?..*

Il doit particulièrement veiller à ce que tous les professeurs aient la même méthode d'enseignement, et suivent en tout les règles et les usages établis. *Magnopere caveat præfectus, ut novi præceptores decessorum suorum docendi morem, et alias consuetudines, a nostra tamen ratione non alienas, sedulo retineant... Observet, an doctrinæ christianæ debitum tempus atque operam tribuant; an, quantum satis est, in suo penso tum persolvendo, tum recolendo progrediantur... Historiam, geographiam, matheseos elementa, et si qua alia in his scholis tradi solent,... ita distribuat, ut unusquisque magister materiam sibi assignatam... possit absolvere.* — Telles sont quelques unes des règles les plus importantes du Préfet des études. Lorsque tous les maîtres lui prêtent généreusement leurs concours, ainsi que nous l'avons dit plus haut, sa tâche devient facile; l'harmonie est parfaite; tout marche et le bien se fait.

Mais si, au risque de scandaliser les élèves (qui sont clairvoyants), un professeur se contente d'observer le *Ratio*, quand le Préfet visite sa classe; si, les jours suivants, il ne suit, à proprement parler, aucune méthode; si, faute d'un travail préparatoire nécessaire, il improvise vaille que vaille; si l'histoire, la géographie, les mathématiques, etc., sont négligées; s'il perd le temps à des lectures inutiles que le Préfet n'a pas autorisées; si pour acquérir une popularité de mauvais aloi, il ne cherche qu'à plaire aux enfants, laissant de côté les devoirs et les parties de l'enseignement qui leur répugnent; si enfin cet état de choses ne vient à être découvert qu'au bout de plusieurs mois (car tout finit par se savoir), comment remédier à une telle situation?..

Pour observer fidèlement le *Ratio*, il faut qu'un professeur sache parfaitement toutes les matières de sa classe, de façon à n'avoir presque pas besoin de livres. Or, il n'est pas possible de faire cela au jour le jour. C'est pendant les vacances surtout qu'il faut se préparer à tel ou tel enseignement. Après cette préparation *éloignée* viendra la préparation *prochaine* pour chaque classe, sous la direction du Préfet des études.

Les bons maîtres, au lieu de perdre le temps à des lectures frivoles, profitent des jours de congé pour revoir les matières qu'ils vont enseigner pendant la semaine.

A notre humble avis, on ne saurait trop insister sur la **nécessité d'un enseignement bien préparé, suivi et surtout méthodique dans toutes les classes.** C'est la condition *sine qua non*, et comme la garantie des fortes études. Les élèves eux-mêmes s'en rendent parfaitement compte plus tard. Qui n'a pas entendu ces

jeunes gens après un succès ou un ajournement au baccalauréat?
— Si j'ai réussi, dit l'un, je le dois d'abord à mon professeur de rhétorique, mais aussi à tous mes maîtres.

Si j'ai échoué, dit un autre, ce n'est point la faute de mon professeur de cette année; nous avons bien travaillé avec lui. Mais il y avait tant de lacunes à combler! Dans telle ou telle classe, sous tel ou tel, nous n'avions absolument rien fait.

§ 2. ÉTUDE DES LANGUES.

Pour apprendre une langue, il faut étudier les *mots*, la *grammaire*, les *locutions particulières* et la *littérature*. — Une première leçon de mots. Exercices oraux et écrits de lexicologie. Il y faut de la suite et de la méthode.

Tout le monde convient que pour apprendre une langue, il faut étudier : 1° les *mots* dont elle se compose; 2° la *grammaire* ou les règles, qui enseignent la correction; 3° les *tournures* ou *locutions particulières*. La littérature vient ensuite qui s'occupe du style et de la composition.

Les mots. — C'est par là que l'enfant commence à apprendre sa langue maternelle. Il entend des mots, dont il saisit peu à peu le sens; il les redit, il arrive même à comprendre de petites phrases qu'il répète également. L'étude de la grammaire, la lecture, la conversation, la pratique de la vie, etc., lui fournissent ensuite chaque jour des mots nouveaux et des locutions qu'il ne connaissait pas... Telle est la voie naturelle. Telle fut aussi toujours la méthode suivie dans les collèges de la Compagnie de Jésus pour l'enseignement des langues[1].

Voyez, par exemple, ce qui se pratique au commencement de

---

1. (*Rat. discendi*, art. I, § 1.) Cette méthode est conforme à la nature et au développement progressif de l'enfant. Chez lui la faculté dominante est la mémoire. N'est-il pas naturel de lui proposer tout d'abord des mots à retenir, et ensuite des phrases très simples? C'est la pratique avant la théorie, l'exercice avant la règle... Sans doute, mais la règle elle-même sera mieux comprise, si elle a été d'abord pratiquée. Durant ces dernières années surtout, on a répété en tête d'une foule d'ouvrages élémentaires ce mot de Herder cité par M. Bréal : *Il faut apprendre la grammaire par la langue, et non la langue au moyen de la grammaire.* Longtemps avant eux, le P. E. Alvarez avait dit : *Neque sit magister sollicitus de nominativi et verbi consensu; priusque, si fieri poterit, discipulos doceat bene latine loqui quam causas bene loquendi.*

la sixième. Les élèves ont à peine appris les déclinaisons latines régulières, qu'ils vont refaire méthodiquement pour cette langue ce qu'ils ont fait, sans réflexion, pour leur langue maternelle.

Le Professeur est au tableau ; en montrant sa tête, il prononce et écrit lentement, et tous ses élèves écrivent aussi :

Tête, *caput, pitis, (n.)* d'où capital, capitale, capitaux, capitaine, chapitre, etc.
Cerveau, *cerebrum, i, (n.)* d'où cérébral (fièvre cérébrale), etc.
Œil, *oculus, i. (m.)* d'où oculiste, oculaire.
Front, *frons, tis, (f.)* d'où frontal, fronton, frontispice, fronteau, etc.
Nez, *nasus, i, (m.)* || nasal, nasalité, naseau, nasillard, nasiller, nasilleur, nasard, nasarde, nasarder.
Langue, *lingua, œ. (f.)* || lingual, linguiste, linguistique.
Dent, *dens, tis, (m.)* || dentiste, dentition, dentier, dentaire, dental, dentelé, dentelle, etc.
Barbe, *barba, œ, (f.)* || barbier, barbu, barbiche, barbifier, barbet, etc.
Cou, *collum, i, (n)* || collier, collet, collerette, colleter.
Épaule, { *humerus, i, (m)* || humerus, huméral.
{ *scapulœ, arum, (f. pl.)* || scapulaire.
Côté, *latus, teris, (n.)* || latéral, latéralement.
Poitrine, *pectus, oris, (n.)* || pectoral.
Estomac, *stomachus, i, (m.)* || stomachique, stomacal.
Cœur, *cor, cordis, (n.)* || cordial, cordialité, cordialement.
Sang, *sanguis, inis, (m)* || sanguin, sanguinaire, sangsue, sanglant, sanguine.
Chair, *caro, carnis (f.)* || carnaval, carnassier, carnivore, carnation, etc.
Main, *manus, us, (f.)* || manuscrit, manœuvre, manœuvrer, manuel, manufacture, manutention.
Pied, *pes, pedis, (m.)* || pédale.

N. B. On peut partager cette liste en deux leçons de six ou sept mots chacune, et omettre les dérivés trop savants.

On donne ce devoir à reproduire par écrit exactement, et l'on fait décliner oralement quelques-uns des noms. Le lendemain, les élèves doivent répéter la même leçon de mémoire, et s'exercer encore à la déclinaison, si besoin est. Ensuite, nouvelle nomenclature de noms de la même famille[1].

---

[1]. On trouvera ce travail à peu près tout fait dans l'*Indiculus* du P. Pomey ou dans le *Guide de conversation latine*. (Petite lexicologie française, latine et grecque, en préparation.)

MM. Bréal et Bailly ont donné sous le nom générique de leçons de mots : *Les mots latins et les mots grecs*. Le premier cours (pour le latin) n'est guère que la reproduction partielle de l'*Indiculus* du P. Pomey.

Dans sa préface du deuxième cours, M. Bréal dit : *Quelques maîtres, partisans des pratiques consacrées par l'expérience, se défieront peut-être d'un livre qu'ils considéreront comme une nouveauté,*

Qui ne voit que cette méthode est en même temps plus attrayante pour l'enfant, et plus expéditive que des exercices monotones de déclinaison de noms pris au hasard et sans ordre? Quand on a épuisé les mots d'une même famille, on passe à une autre, n'importe laquelle, (v. g. Dieu, les habitants du ciel, les animaux, etc.).

En donnant chaque fois les principaux dérivés français, l'enfant apprendra facilement les mots d'origine savante qu'il ignore d'ordinaire; l'enseignement primaire sera ainsi complété et continué.

Pour graver davantage dans la mémoire cette nomenclature des noms latins, on les fera décliner oralement, ou bien l'on dictera quelques petits thèmes, dès que les élèves auront vu les principaux adjectifs, v. g. le nez est (*est*) long; les cheveux sont (*sunt*) noirs; les oreilles sont rouges. (Voir 2º partie, classe de sixième). Plus tard on prendra les verbes simples, et l'on montrera de même la formation des composés avec les prépositions, v. g. ducere : abducere, *emmener* (mener de); adducere, *amener*; circumducere, *conduire autour*; conducere, *conduire, mener ensemble*; deducere, *faire sortir de, escorter*; diducere, *conduire d'ici et de là*; educere, *tirer de, élever*; inducere, *conduire dans, introduire*; obducere, *conduire devant, opposer*; perducere, *conduire jusqu'au bout*; producere, *conduire en avant, produire*; reducere, *ramener*; seducere, *conduire à l'écart*; subducere, *retirer de dessous, soustraire*; transducere et traducere, *conduire au delà*.

Ces exercices de lexicologie peuvent et doivent même être variés; c'est pour cela qu'on étudiera les mots, tantôt par les suffixes tantôt par les préfixes ou les synonymes comme nous le dirons plus loin (Voir 2º partie, classes de 5º, 4º et 3º). Si les mots de la langue grecque sont appris suivant la même méthode, si dans les explications d'auteurs latins et grecs, on multiplie chaque jour ces exercices lexicologiques[1], si par des interrogations fréquemment renouvelées, on oblige les élèves à revenir sur ce qui a été vu, n'est-il pas évident qu'au bout de deux ans les parties importantes des dictionnaires seront connues[2]?

mais en le composant, nous n'avons fait que renouer une des traditions de l'enseignement français. Des ouvrages de ce genre existaient dans les collèges au XVIIº siècle... Comme sur beaucoup d'autres points de notre éducation, il ne s'agit que de ressaisir une tradition trop longtemps négligée... Inutile de rien ajouter à cette citation. Après bien des essais infructueux, voilà donc qu'on en revient, même dans l'Université, aux traditions du XVIIº siècle. Abstraction faite de l'expérience que nous avons de nos méthodes, n'est-ce pas pour nous un témoignage précieux de leur valeur?

1. Vous rencontrez, par exemple, un mot qui en rappelle d'autres, dit le P. Jouvency, v. g. Cerebrum : *ea vox præbebit occasionem explicandi, et latine suggerendi varias capitis partes; sic discunt pueri.* (Rat. doc. cap. 2, art. 4, § 3.) Et ailleurs : *Quid vetat propria nautica rei vocabula, vestiaria, bellica, domesticæ puerulis sensim cognoscenda subjicere, unde copia et ubertas latini sermonis efflorescat?* (Rat. doc. cap. 2, art. 3.)

2. Le but que nous nous proposons n'est point précisément de supprimer les Dictionnaires (ce qui est difficile) mais d'éviter les pertes de temps. Je voudrais, disait Rollin, qu'on accoutumât les enfants à se passer de dictionnaires, parce que l'habitude de les feuilleter entraîne une perte

On ne se fait pas une idée de ce que peut, sous ce rapport, la mémoire d'un enfant. Mais l'important en cela, comme en toute autre chose, c'est qu'il y ait unité et entente dans la méthode. Si le professeur de cinquième, par exemple, se contente d'expliquer ses auteurs vaille que vaille, ou plutôt de faire un insipide et monotone mot à mot, s'il ne continue pas le travail commencé en sixième; s'il ne revient pas même sur les mots déjà appris, voilà une lacune qu'il sera difficile de combler en quatrième et en troisième.

Le *Ratio* détermine d'une manière précise et le degré de chaque classe et le mode d'enseignement; il exige même que chaque professeur se borne aux matières qui lui sont assignées. *Scholæ omnes in suo se gradu contineant... prout in cujusque magistri regulis indicabitur.* (Reg. comm. 12.) [Voir 2ᵉ partie, classes.]

Si cet ordre est exactement suivi, est-il possible qu'en cinq années (les élèves apprenant tous les jours quelque chose de nouveau)[1] on n'arrive pas à des résultats satisfaisants? (Voir art. 10, la note 1, Devoirs de lexicologie.)

ARTICLE V

LES GRAMMAIRES

Manière de les enseigner d'après le Ratio et l'expérience. — Aller lentement; faire apprendre avec intelligence; appliquer immédiatement la règle apprise. — Nombreux exercices oraux et écrits. — Tableaux synoptiques pour la récapitulation. — Usage du tableau noir pour certaines parties des grammaires.

Quelles sont les meilleures grammaires? Ce sont les plus simples; et l'on pourrait dire aussi : ce sont les plus courtes. Néanmoins

de temps considérable. L'élève copie les mots et ne les apprend pas; le dictionnaire fermé, il n'en sait souvent pas plus qu'auparavant.

On peut feuilleter pendant des années le dictionnaire français-latin, dit aussi M. Bréal, on ne le retient pas... La seule manière d'apprendre une langue, c'est d'apprendre cette langue en elle-même... Outre le vocabulaire qu'il a pu se former lui-même, à l'aide de ses auteurs, à l'aide des mots appris, l'élève pourra recourir à un de ces recueils, comme nous en avions autrefois en France, avant que les dictionnaires eussent tout remplacé... C'est ainsi que la mémoire se garnit, et que l'abondance du discours, cette *copia verborum*, tant vantée par les anciens, se nourrit et s'accroît peu à peu (5ᵉ conférence). [Voir la note 1, p. 20.]

1. *Pauca singulis scholis pueri doceantur, sed accurate, et ita ut hæreant in mentibus* (Rat. doc., cap. II, art. 3.) — Qu'on remarque bien ces deux mots : *pauca sed accurate.*

quelque longue que soit la grammaire, un maître intelligent saura insister sur les points importants, les mettre en lumière. Il passera rapidement sur le reste, ce que les grandes lignes soient parfaitement connues. (*Rat. sg.* 8. Prof. inf. gr.) Quand on veut graver quelque chose, on d'abord fortement les traits d'ensemble, et l'on trace ensuite peu à peu les détails.

L'étude des grammaires est due dans toutes les classes, jusqu'en rhétorique comme nous dirons plus loin (2º partie, classes). Au commencement de l'scolaire, chaque professeur fait répéter les matières de l'antécédente. *Quæ in schola proxime inferiore tradita sunt, recu* (Reg. comm. 12.)

Dans les classes élémentaires, les apprennent généralement sans réflexion. Faites réciter, en une ou en *cinquième* par exemple, une déclinaison ou un ver élèves les plus diligents débiteront, sans broncher : *dies, di diei, diem, die*, etc.; de même pour les verbes, s'ils ont le b de *décrocher* tout de suite la première personne d'un temps, les autres suivront encore plus vite que les moutons de Panurge porte d'éveiller de bonne heure l'attention des enfants. C'est i, après qu'ils ont appris une déclinaison ou une conjugaison suite, comme dans la grammaire, il sera bon et même ne de les faire commencer par la traduction française et d'introduire l'ordre des cas, des personnes, des temps, des modes et m voix, *interrupto casuum ac temporum ordine.* (Reg. 9, prof.

On interrogera donc ainsi : Des — R. *rosarum* (gen.) ou *rosis* (abl.) des roses ou par les roses qu'il ait aimé? — R. *amaverit;* — Qu'il ait été averti? — R. *sit* ou *fuerit;* — et pour le grec : aux corps? (dat. pl.) —κοι; — devant être? — R. ἐσόμενος; — avoir délié? — R. λελυκέναι[1]; — s'étant délié; — R. λυσάμενος, η, ον; — ils auront? — R. λελύσονται, etc.

Que d'élèves de rhétorique seraient capables (faute d'avoir suivi cette prescription du *Ratio*) de donner de sorte, nous ne dirons pas les déclinaisons et les conjugaisons grecques, mais les verbes de la langue latine! Savent-ils bien partie de la grammaire? Évidemment non. Et c'est pour cela tant de peine à parler

---

[1] Profiter de cette interrogation pour donner brièvement la différence entre l'aoriste et le parfait.

et à écrire en latin; c'est la raison pour laquelle on rencontre çà et là dans leurs comp[ositions] des solécismes et des barbarismes énormes.

Pour qu'une déclinais[on ou] conjugaison soit bien sue, il faut qu'on puisse répondre [immédi]atement à n'importe quelle interrogation, soit qu'on inter[roge sur] les cas, les modes, les temps et les personnes, soit que l'on [commen]ce par le français.

Si l'on procède ainsi [pour tou]te partie de la grammaire, les élèves n'arriveront pas en hu[manités] et même en rhétorique, sans savoir les éléments.

Les exercices publ[ics appe]lés *concertations* seront très utiles pour aiguillonner les [élève]s à ce sujet dans les classes de grammaire[1]. Nous [en parl]erons plus longuement à l'article *Industries*.

Pour soulager la mémo[ire, on aur]a soin de faire remarquer aux enfants les ressemblances et les diff[érences q]ui existent entre les divers cas, entre les déclinaisons latines et g[recques, e]ntre les conjugaisons grecques, latines et françaises, etc., etc.

Quant à la syntaxe (fra[nçaise, lat]ine et grecque) après avoir vu un chapitre, règle par règle, comme [nous le d]irons plus tard (2ᵉ partie, classes) on le résumera clairement en [peu de m]ots, et l'on proposera des phrases d'application. Ces petits exerci[ces] permettront de s'assurer par des interrogations nombreuses et va[riées si l]es élèves ont bien compris. Vers la fin de l'année, on récapitulera t[oute la syn]taxe apprise.

Pour le latin et le gre[c, on pourr]a prendre, par exemple, les cas, et dire : On met au nominatif : [1° tout n]om ou pronom qui est sujet d'un verbe au mode personnel, etc.; on [met au gé]nitif : 1° tout nom qui est régi par un autre nom; 2° le nom régi[et l'adj]ectif exprimant, etc. — Après avoir ainsi récapitulé, on obligera l[es élèves à] répéter le résumé, en donnant quelques petites phrases d'applica[tion. Il s]era bon aussi de faire mettre tout cela en tableaux synoptiques. La [langue]grecque sera renfermée en trois colonnes : la première contenant l[es cas s]emblables à celles du latin; la deuxième celles qui n'en diffèrent [que par le] génitif ou le datif à la place de l'ablatif; et la troisième renfermant [les cas] particulières à la langue grecque. Excellent devoir de récapitulation [pour éve]iller l'attention des enfants, les habituer à réfléchir, et non à se cha[rger de mo]ts vides de sens dont ils ne savent se servir, faute d'avoir compris.

---

1. Nous nommons *concertatiflio*) une lutte à laquelle on invite souvent les maîtres et où les élèves s'interrogent [les] uns les autres sur des matières déterminées par le professeur.

In prælegenda tum rhetorica, tum arte metrica, tum latina, vernacula græcave grammatica, et horum similibus ad præcepta spectantibus, res ipsæ potius quam verba perpendenda sunt. Locutiones vero brevissimæ ab optimis scriptoribus proponendæ et statim reddendæ. In grammaticæ vero præsertim inferioribus classibus, cum incidit aliquid difficilius, illud ipsum uno aut pluribus diebus recolatur, aut faciliora quædam ex aliis grammatices partibus interponantur repetanturve. (Reg. commun. 29.)

Comme on le voit, le *Ratio* veut qu'on insiste sur le sens des préceptes plutôt que sur les mots. C'est toujours la même préoccupation : faire apprendre avec intelligence; et, pour cela, appliquer immédiatement la règle apprise, en proposant des exemples courts tirés des meilleurs auteurs. Quand on rencontre quelque chose de difficile, on s'y arrête pour l'explication plusieurs jours de suite, si c'est nécessaire, ou bien on le laisse pour plus tard (v. g. durant le 2⁰ semestre).

Le *Ratio* suppose que la partie de la grammaire assignée à chaque classe est apprise à peu près *en entier* avant Pâques, et revue ensuite durant les derniers mois. Il faut donc que le professeur calcule, dès le commencement de l'année scolaire, le nombre de classes sur lequel il peut compter, et divise les matières en conséquence. Bien entendu, il réservera plus de temps pour les endroits difficiles, qui doivent être appris à loisir. Si l'on ne s'est pas tracé d'avance un programme détaillé à parcourir, on sera surpris par le temps, avant d'avoir achevé; et il restera des lacunes fort regrettables dans l'instruction des enfants.

Il y a dans les grammaires, comme nous l'avons dit, des parties importantes qu'il faut faire apprendre nécessairement en leçons, et il y a des choses moins importantes. Pour celles-ci, on peut les donner à résumer par écrit, soit en dictant un questionnaire, soit en indiquant les points à noter.

Cette méthode sera aussi utilement suivie pour la répétition des grammaires dans la préparation des examens. Il faut alors engager les élèves à mettre en tableaux synoptiques la syntaxe des adjectifs français, latins et grecs, celle des verbes dans les trois langues également, celle des participes français, la prosodie latine, etc. C'est un excellent moyen d'avoir une idée d'ensemble et de retenir. On indiquera la manière de faire ces tableaux, et l'on récompensera les élèves qui présenteront le meilleur travail.

Enfin, dans les grammaires, il y a aussi beaucoup d'articles que les élèves n'apprennent presque jamais en leçons, et qu'ils sont exposés à ignorer toujours; tels sont les verbes irréguliers français, latins et grecs, les suffixes, les gallicismes, les latinismes, les hellénismes, les locutions latines, et, en général, tout ce qui ressemble à une nomenclature.

Il est un moyen très simple de voir tout cela, sans perte de temps : c'est d'écrire chaque jour, ou même chaque classe, sur le tableau noir, quelques-unes de ces notions, et d'obliger les élèves à les reproduire par écrit dans leur devoir du lendemain, et, de mémoire, à la récitation des leçons.

ARTICLE VI

LES TOURNURES OU LOCUTIONS PARTICULIÈRES

Ouvrages à consulter pour la propriété des termes, l'élégance et les locutions diverses. — Dans les explications de chaque jour, attirer l'attention des élèves sur les idiotismes (gallicismes, latinismes et hellénismes).

In legendo tria... observentur : verba singula, eorum nexus et coagmentatio (seu syntaxis), demum vis, proprietas et elegantia universæ dictionis (Rat. disc. cap. 1, art. 1). Comme on le voit, la correction grammaticale ne suffit pas. Le P. Jouvency ajoute : *Observare quinque licet: proprietatem, elegantiam, nexum collocationemque verborum et copiam (Ratio discendi cap. 1, art. 2.)*

Pour la propriété des termes dans les trois langues classiques, on consultera avec fruit les grands dictionnaires de Littré, de Forcellini ou de Freund, d'H. Etienne ou de Scapula, les dictionnaires des synonymes de Lafaye, de Gardin Dumesnil et de Pillon.

Laurent Valla (*de latini sermonis elegantia*), Ant. Schorus (*de verbis Ciceronianis*)[1], Nizolius (*apparatus latinus in Ciceronem*), et surtout

---

1. Alias, *De phrasibus linguæ latinæ*, Ant. Schori. — On peut consulter aussi : *De modis latine loquendi* Hadriani Cardinalis, *observationes linguæ latinæ* G. Scioppii, *observationes in linguam latinam* Ob. Gifanii; *De vi et usu quorumdam verborum*, F. Tarassoris, S. J., *de Particulis linguæ latinæ*, G. Stewechii. Ces divers ouvrages se trouvent réunis dans un fort volume in-8o intitulé *De elegantiori latinitate comparanda, opera et studio Richardi Ketelii*. Amsterdam, apud Wetstenios, 1713.

la lecture attentive des meilleurs auteurs français, latins et grecs fourniront d'abondantes remarques d'élégance.

Quant à l'élocution proprement dite, rien ne saurait remplacer l'étude des bons écrivains : (nos classiques français, Cicéron, Xénophon, Démosthène, etc.) Cependant les *Particules* du P. Pomey, celles de Tursellin seront d'un grand secours dans la composition latine. Consulter, pour l'arrangement des mots, les divers traités d'élégance et surtout les *Progymnasmata latinitatis* qui se trouvent d'ordinaire à la fin de l'*Apparatus* de Nizolius.

Le P. Jouvency, à qui nous empruntons quelques-uns de ces renseignements, termine ainsi : *Copia verborum facile comparabitur multum legendo, nonnihil ex iis quæ lecta fuerint excerpendo, latine crebro ac diligenter loquendo, rem unam et sententiam variis locutionibus quam lectissimis efferendo.* Le traité *De rerum et verborum copia* d'Erasme, Nizolius et surtout les *Elégances* d'Alde Manuce seront très utiles aux maîtres (Ce dernier ouvrage a été réédité à l'usage des élèves, sous forme de *petit dictionnaire de locutions latines* (2ᵉ édition, Briguet, Lyon).

Pour la langue grecque, voir l'ouvrage intitulé : *De præcipuis græcæ dictionis idiotismis Fr. Vigeri, S. J. cum animadversionibus Henrici Hoogeveen.*

Toutes ces notions trouveront leur place, soit dans l'explication des auteurs, soit dans la correction des devoirs. Bien qu'en général elles soient plutôt du domaine des classes de troisième, d'humanités et de rhétorique, il ne faudrait pourtant pas les proscrire dans les classes inférieures. Il en est, parmi elles, qui sont bien élémentaires : les unes se rapportent à la propriété des termes tirée de l'étymologie v. g. *meminisse* (de *memor?*) *recordari* (de *cor, cordis*); *diligere* (de *legere*), *amare*; *sentire, intelligere* (*intus legere*); *attendere, animadvertere;* *adspicere, conspicere, despicere, inspicere, introspicere, respicere*, etc., etc.; les autres indiquent la disposition des mots dans la phrase : v. g., *en grec*, on intercale d'ordinaire le régime du nom entre l'article et le nom dont ce régime dépend : τὰ τῶν ἀνδρῶν ἔργα; l'emploi fréquent des participes, la conjugaison de l'infinitif avec l'article, etc., etc. — *En latin* les verbes à un mode autre que l'infinitif se placent élégamment au commencement ou à la fin des phrases ; en général, les mots de plusieurs syllabes, les composés, les superlatifs, les participes en *dus, da, dum* se mettent aussi d'ordinaire au commencement ou à la fin de la phrase ; les bons auteurs aiment à rapprocher les pronoms et les adjectifs pronominaux, etc., etc. Voilà des règles très simples, qu'on peut donner certainement dès la cinquième ou la quatrième ; et il y en a bien d'autres.

Les locutions particulières doivent être abordées dans les classes inférieures, non seulement pour le français, v. g. *dévorer une injure, essuyer un refus, gonflé d'orgueil, affronter les dangers,* mais aussi pour la langue latine. On en trouve plusieurs même dans l'*Epitome historiæ sacræ*, v. g. *morem gerere alicui.*

N'est-il pas évident qu'un maître doit appeler tout particulièrement l'attention de ses élèves sur ces idiotismes, qui constituent sans contredit la partie la plus difficile des langues? Si, dans les explications des auteurs, on a soin de faire remarquer dès le commencement soit les latinismes, soit les gallicismes et plus tard les hellénismes les plus ordinaires, on aura beaucoup moins de peine : 1º en rhétorique à traduire les versions du baccalauréat à l'aide du petit lexique ; 2º en quatrième et en troisième à faire un thème ; 3º à comprendre un texte grec.

1º *Latinismes.* Un élève rencontre, par exemple, cette expression : *Operæ pretium est,* il est utile, à propos, important de... S'il ne sait pas le sens de cette locution, il cherchera en vain chacun des mots dans son petit lexique ; et il traduira sottement suivant le contexte : *c'est le prix du travail,* ou *c'est le salaire du travailleur,* ou bien encore *c'est le mérite de l'ouvrier...* Les latinismes sont fort nombreux et les candidats au baccalauréat doivent, sinon les connaître tous, au moins les plus usités, sous peine d'échouer misérablement à la version, ou de ne pouvoir expliquer un texte latin.

2º *Gallicismes.* La connaissance des gallicismes facilitera les thèmes en quatrième et en troisième, et il faut y exercer les élèves. Les grammaires latines renferment les plus importants et les plus usités ; il y en a d'autres dans les *Particules* du P. Pomey. L'étude de ces gallicismes servira aussi à la version.

3º *Hellénismes.* Il faut également signaler aux enfants les hellénismes les plus usités. On en trouve quelques-uns dans la syntaxe de certaines grammaires ; mais il serait ridicule d'attendre qu'un élève fût en troisième pour apprendre que τὸ Σωκράτους signifie le *mot de Socrate*; τὰ τοῦ γήρως — *les incommodités de la vieillesse*; οὕτως ἔχοντος — *la chose étant ainsi*. On aura donc soin de faire remarquer, dans l'explication des auteurs grecs, les idiotismes que l'on rencontrera; et cela, dès la cinquième et la quatrième. Les professeurs de troisième et de seconde continueront ce travail. De la sorte, les textes grecs ne seront plus de l'hébreu pour les jeunes candidats au baccalauréat.

On néglige en effet beaucoup trop, dans les explications, de signaler, et de faire noter même, les idiotismes qui se présentent à chaque instant; dès lors, les élèves arrivent souvent dans les hautes classes sans en avoir la moindre idée.

Si, dès le commencement de l'année scolaire, chaque professeur, après avoir étudié avec soin les règles qu'il doit suivre dans son enseignement et le but qu'il doit atteindre, se traçait un programme détaillé, il n'oublierait point une foule d'observations très importantes pour l'avancement et la formation de ses élèves.

Il y a surtout une règle du *Ratio* que l'on n'observe pas assez : *Scribendi argumentum non dictandum ex tempore, sed meditato et fere de scripto... Dictatum porro statim magister jubeat recitari, explicet, si quid forte difficilius; vocabula, phrases aliaque præsidia subministret* (Reg. comm. 30).

Il faut donc bien choisir les thèmes que l'on dicte. Après avoir fait lire le texte français, le maître explique les difficultés, suggère des *locutions* et facilite le travail de l'élève. Si l'on était bien fidèle à suivre cet esprit du *Ratio*, les enfants, au lieu de se dégoûter du latin et du grec, y trouveraient au contraire du plaisir, parce qu'ils y réussiraient; et les *locutions* qu'ils auraient employées dans leurs devoirs leur resteraient.

ARTICLE VII

PARLER LATIN DANS LES CLASSES[1]

Le *Ratio studiorum* demande qu'on exerce les élèves à parler latin. On apprend plus vite une langue en la parlant. — Perte de temps à feuilleter les dictionnaires. — En classe, parler tantôt français, tantôt latin.

Les élèves, formés ainsi depuis la sixième, n'auront pas beaucoup de peine à s'exprimer en latin, comme le recommande le *Ratio*. *Curandum imprimis est ut discipuli loquendi consuetudinem acquirant* (Reg. comm. 18).

« Tel est, dit le P. Desjacques, le but marqué à *tous* les régents des classes inférieures : habituer les élèves à parler latin d'une manière pure et élégante : *Magister a suprema saltem grammatica latine loquatur, et ut latine discipuli loquantur, exigat.* (Reg. comm. 18). Le professeur en rhétorique, en seconde et en troisième doit parler latin et exiger que les élèves parlent aussi latin : donc les professeurs de quatrième, de cinquième et de sixième doivent les rendre peu à peu capables de comprendre ce qui leur est dit en latin et de parler eux-mêmes latin[2].

« On a tort de dire que nous décourageons les enfants, en leur parlant tout d'abord une langue inconnue. Il n'en est pas ainsi ; nous arrivons au but par degrés et les exercices qui y mènent, lorsqu'on a soin de les rendre faciles et de ne pas les prolonger outre mesure, ont beaucoup d'attrait pour les commençants et stimulent vivement leur émulation.

---

1. *Hac methodo neglecta, factum est, ut exiguus nunc temporis sit numerus eorum qui, absolutis gymnasii studiis, non dicam cogitata sua scripto vel voce latine exprimendi, sed etiam latinos auctores intelligendi aliqua facilitate polleant* (R. P. BECKX, *De usu linguæ latinæ*).

2. Vous direz, peut-être : *On apprend les langues modernes pour les parler, les langues anciennes pour les comprendre.* M. Bréal répond : Sous sa forme dogmatique, cette maxime cache une double erreur ; l'antithèse d'abord est boiteuse, puisqu'il serait difficile de parler une langue sans la comprendre. Ensuite... cela ne s'appelle pas posséder une langue que de ne l'avoir pas à sa disposition... L'axiome cité plus haut signifierait, si l'on en pressait le sens, que les langues anciennes sont faites pour être mal sues. La chose peut bien arriver dans la pratique ; mais elle ne devrait pas être érigée en principe (5ᵉ conférence).

« D'ailleurs, même dans les classes supérieures, il n'est pas nécessaire de parler toujours latin. La règle 18 ajoute : *Præsertim in præceptorum explicatione*[1], *in corrigendis scriptionibus latinis, in concertationibus atque etiam in colloquiis.* — Ainsi, à partir de la troisième, le latin sera employé, pour l'explication des préceptes, la correction des devoirs latins, pour les luttes entre émules, pour les discours que les élèves échangent entre eux ou avec le maître, dans le courant de la classe... Mais si, en développant... le sens ou les beautés d'un auteur ancien, il se rencontre un détail qu'il soit malaisé de faire comprendre ou de rendre intéressant, sans le secours du français, rien n'empêche de se servir de cette langue. Tous les autres exercices et leçons se font en français. — Nos classes d'aujourd'hui ne peuvent pas être absolument ce qu'elles étaient il y a deux siècles. Alors notre langue n'était pas entièrement fixée ; on n'étudiait que les lettres anciennes. Les chefs-d'œuvre enfantés par cette mâle éducation n'étaient pas devenus classiques, ou même n'avaient pas encore vu le jour. A présent, nous avons une magnifique littérature nationale, et l'étude de la langue française est d'une incontestable importance. L'examen du baccalauréat doit aussi nous préoccuper : il faut que nos élèves soient préparés de longue main à cette difficile épreuve[2]. »

Dans une note du troisième article (les mots) nous avons dit que nos anciens Pères faisaient passer la pratique avant la théorie dans l'étude des langues. Le P. Perpinien voulait que les enfants apprissent à s'exprimer en latin dès le début de leurs études. Parlant des exercices qu'on doit leur faire exécuter de vive voix en sixième sur les déclinaisons et les verbes, il dit qu'il faut commencer dès lors à les faire décliner et conjuguer par phrases, comme *Ego lego Ciceronem, tu legis Ciceronem*, etc., et il ajoute : *Sed danda est opera, ut hæc omnia et pura sint,... eorumque significatio intelligatur, ut,*

---

1. Cette règle commune 18 ne parle pas de l'explication en latin des auteurs anciens, et pourtant le P. Desjacques l'entend ainsi, soit dans l'interprétation qu'il donne de la règle, soit dans l'article suivant (Explication des auteurs.) Y a-t-il ici un oubli, ou bien faut-il lire dans la règle : *in auctorum veterum explicatione*, au lieu de *in præceptorum explicatione*? Ce n'est point à nous qu'il appartient de résoudre cette difficulté. Il nous suffit de constater que d'après la règle commune 27, d'après la règle 5 du professeur de troisième et d'après l'usage, l'explication des auteurs anciens se fait en rhétorique, en seconde et en troisième, comme il sera dit à l'article 8.

2. L'habitude de parler latin, quand elle est accompagnée d'une étude solide, peut servir à faciliter l'intelligence de cette langue, en la rendant plus familière et comme naturelle ; et elle peut aussi aider pour la composition, en fournissant des expressions avec une plus grande et plus riche abondance. (ROLLIN, *Traité des études*, livre II, ch. III, art. 3.)

etiamsi nulla didicerunt adhuc præcepta, tamen, ut aves nonnullas facere ridemus, imitatione jam assuescant latine loqui[1].

Le P. Pomey s'exprime ainsi à ce sujet : « Tout le monde convient que le moyen le plus court pour apprendre une langue, c'est de la parler ; et que, dans peu de mois, l'on fait par cette voie plus de progrès qu'on n'en saurait faire en plusieurs années par celle de l'étude des préceptes. L'expérience fait toucher du doigt cette vérité. Qu'on envoie un jeune enfant en pays étranger ; il est constant qu'il apprendra la langue de ce pays dans moins d'un an (de manière à pouvoir parler) quelque grossier que soit son esprit et quelque bizarre que soit cette langue.

Mais qu'on envoie cet enfant à l'école, pour y étudier la même langue (par les préceptes). Qu'arrivera-t-il ? Sans doute, ce que nous voyons tous les jours : il passera cinq et six années à l'étudier sans la bien entendre... D'où vient cette différence, si ce n'est qu'en un lieu, il parle toujours cette langue, et qu'en l'autre, il ne la parle presque jamais. C'est pourquoi les maîtres de la langue latine ne sauraient rendre à leurs disciples un office plus considérable que de leur imposer une douce, mais indispensable nécessité de parler latin.

Aussi dans le règlement des pensionnaires du Collège de Clermont, il est prescrit aux élèves de parler latin en dehors des récréations : *Loquantur omnes in Collegio latine, et quoad fieri potest eleganter.*

Toutes les lettres de Condé (qui était élevé au collège de Bourges) sont en latin. A quinze ans seulement, il obtint de son père l'autorisation de lui écrire en français. « C'était, dit l'historien des Princes de Condé, *une nuance d'émancipation.* » — Mgr le Duc d'Aumale ajoute : « C'est en maniant et en remaniant de mille manières cette langue mâle et nerveuse, c'est dans le commerce des immortels écrivains de l'antiquité, que cette brillante intelligence s'ouvrit, acquit la force et la souplesse, devint un puissant instrument de travail. Le résultat fut la culture exquise d'une intelligence d'élite. »

(*Études classiques* de M. Sicard).

Vouloir apprendre une langue à force de feuilleter des livres et des dictionnaires, dit Pluche, est une voie si longue et traversée de tant d'embarras et d'incertitudes, que quand on a en mains un autre moyen sûr et prompt, c'est-à-dire l'usage, on peut dire qu'il est l'unique.

Du reste, en parlant tantôt latin, tantôt français, comme l'indique le *Ratio*[2], on maintiendra en éveil l'attention des enfants, qui aiment

---

1. « Dès que je sais dix mots d'un idiome, me disait un savant qui en connaît beaucoup, je me mets à le parler. (Citation de M. Bréal, 5e conférence).

2. Il faut que le maître lui-même dans ses explications mêle la langue latine à la française... si elles se faisaient purement en latin... ils (les élèves) écouteraient avec moins de plaisir, moins d'attention, et par conséquent avec moins de fruit (Rollin, *Traité des études*, liv. II, chap. III, art. 3).

la variété. Ceci est un fait d'expérience ; tel élève qui était distrait et n'écoutait plus, est subitement réveillé par ce changement.

Le Guide de la conversation latine servira beaucoup à préparer les enfants dans les classes de sixième, cinquième et quatrième. On leur donnera souvent, dans ces classes, des exercices variés sur la première partie du *Guide*. Quand ils sauront s'interroger et se répondre en latin, on leur racontera (de même en un latin très simple), une petite historiette qu'ils devront répéter ; ou bien, après l'explication d'un passage intéressant d'auteur, on les obligera à le redire en latin, sans les astreindre bien entendu, à reproduire exactement le texte, pourvu qu'ils s'expriment purement et correctement[1].

ARTICLE VIII

EXPLICATION DES AUTEURS

L'explication des auteurs, d'après le *Ratio*. — La *prélection* du professeur ; citation du P. Jouvency. — Manière d'expliquer, dans les différentes classes, les auteurs latins, grecs et français. — Répétition de la *prélection* du professeur.

In prælectionibus, veteres solum auctores, nullo modo recentiores explicentur ; multum autem proderit, si magister non tumultuario ac subito dicat, sed quæ domi cogitate scripserit, totumque librum, vel orationem, quam præ manibus habet, ante perlegerit. — Forma autem prælectionis, hæc ferme erit :

1° *Totam continenter pronuntiet, nisi longior esse debeat.*

2° *Brevissime argumentum exponat, et connexionem, ubi erit opus, cum iis quæ antecesserant.*

3° *Unamquamque periodum prælegens, si quidem latine interpretetur, obscuriores explanet ; unam alteri nectat ; ac sententiam non quidem inepta metaphrasi unicuique verbo latino verbum latinum reddendo, sed eamdem sententiam, si quidem sit obscurior, apertiori-*

---

1. Nous pouvons assurer qu'en trois années, un professeur dévoué et fidèle au *Ratio* donnera ainsi à ses élèves une connaissance du latin qu'on acquiert à grand'peine en six ou sept ans par toute autre méthode.

bus phrasibus declarando aperiat. Si vero vulgi sermone, servet, quoad fieri potest, collocationem verborum; sic enim numero assuescent aures. Quod si sermo patrius non patitur, prius ad verbum fere omnia, postea lingua vernacula explicet.

4° *A capite recurrens, nisi malit ipsi explicationi inserere, observationes tradat cuique scholæ accommodatas : quas vero excipiendas censuerit, quæ multæ esse non deberent, vel interrupte inter explicandum, vel seorsim, prælectione jam habita, dictet : utile autem solet esse, ut grammatici nihil scribant, nisi jussi* (Reg. comm. 27.)

Ce que le *Ratio* appelle *prælectionem* est l'explication d'un texte français, latin ou grec faite par le maître et répétée ensuite par les élèves. On n'expliquera ainsi, dans la langue grecque et la langue latine que les auteurs anciens et non les modernes[1]. Cette *prélection* doit être préparée avec soin; il s'agit en effet non seulement de faire comprendre l'auteur, mais d'embrasser, selon le degré de la classe, dans cette explication, toutes les notions qui peuvent lui donner plus de clarté et d'intérêt (Préceptes de grammaire ou de littérature, histoire, géographie, etc.). La *prélection* est par excellence la leçon du professeur. Nous en parlerons longuement, et, à l'exemple du *Ratio*, nous y reviendrons souvent dans la 2ᵉ partie, *Classes*.

Voici comment l'entendait le P. Jouvency :

Explanationis quinque sexve partes fient : prima est argumentum prælectionis; secunda, expositio et enucleatio singularum sententiarum, si breves, si obscuræ, si implicitæ sint; tertia explicat ea quæ pertinent ad aliquam eruditionem : ad historiam, mores gentium, etc.; quarta in scholis provectioribus, exquirit quæ ad rhetoricam vel poeticam spectant; quinta expendit latinitatem. Addi sexta potest, ut insinuetur quod valebit ad mores informandos, fovendamque pietatem; id vero, si sponte se non offert, arcessere licebit etiam longius.

Interim discipuli præ manibus habeant libros qui explicantur; scribant annotationes istis partibus respondentes, quas præceptor jusserit; sed caveatur, ne quid aliud scriptitent; eas in proxima quæ afferetur scriptione descriptas reddant, ac simul habeant in libris

---

[1]. L'usage s'est introduit d'expliquer aux commençants l'*Epitome historiæ sacræ* et le *De Viris*. Dans la première règle du professeur de sixième, le *Ratio* dit : *Ad prælectiones, facillima aliqua et selecta, ac, si fieri potest, separatim excusa ex Cicerone.*

exaratas et servent. Sic, vel inviti attentas cogentur præbere aures, et peculium eruditum augebunt. — *Ad vitandum explicationis longioris tædium, ne pigeat eamdem sæpius abrumpere, unum aliquem aut plures carptim interrogando, maxime si cujus aures peregrinari animadvertentur. Variæ sunt artes excitandæ attentionis, quas docebit usus, et sua cuique industria suggeret* (Rat. doc. cap. II, art. 3.)

« En sixième et en cinquième, dit le P. Desjacques, on expliquera l'auteur latin comme il suit : Après avoir lu le morceau tout entier, on fait l'argument en français. *Argumentum brevissime vulgi sermone perstringat* (Reg. 6 prof. inf. gr.) puis le mot à mot : *periodum ad verbum vulgari sermone interpretetur.*

« Le mot à mot convient mieux aux enfants, qui ont beaucoup de mémoire et peu d'aptitude à réfléchir. Encore ne faut-il pas se défier trop de leur intelligence, ni disséquer une phrase, au point de n'avoir plus que des éléments épars, et de parler un langage qui n'est ni français ni latin : *Si vero vulgi sermone interpretetur, servet, quoad fieri potest, collocationem verborum ; sic enim numero assuescunt aures* (Reg. comm. 27)[1].

« Par exemple, si l'on explique à des cinquièmes cette phrase de Cicéron : *Socratem ferunt, cum usque ad vesperum contentius ambularet, quæsitumque esset ex eo, quare id faceret, respondisse, se quo melius cenaret, obsonare famem* (Tuscul., V, 54). On ne dira pas : *Ferunt* (Les hommes sous-entendu) rapportent, *Socratem*, Socrate, *cum*, lorsque, *ambularet*, il se promenait, *contentius*, avec plus d'effort, *usque*, jusque; *ad vesperum*, au soir, *que*, et, *quæsitum esset*, il eût été demandé, *ex eo*, de lui, *quare*, pourquoi, *faceret*, il faisait, *id*, cela, *respondisse*, avoir répondu, *se*, lui, *obsonare*, faire provision, *famem*, de faim, *quo*, afin que, *cenaret*, il soupât, *melius*, mieux.

« Cela est barbare. — On dira plutôt : *Socratem ferunt*, on rapporte que Socrate; (*contente*, adverbe, signifie avec effort, *contentius*, avec plus d'effort; ceux qui marchent plus fort qu'à l'ordinaire marchent à grands pas); donc : *cum contentius ambularet*, comme il se promenait à grands pas, *usque ad vesperum*, jusqu'au soir, *quæsitumque esset ex eo*, et lorsqu'on lui eut demandé, *quare id faceret*,

---

[1]. Nous avons trop l'habitude de désarticuler la construction et d'imposer à l'auteur ancien l'ordre de la pensée moderne. (M. BRÉAL, 5ᵉ conférence.)

pourquoi il faisait cela, *respondisse*, répondit (*Socratem ferunt respondisse*, on dit que Socrate répondit) — [*obsonare* est un verbe dérivé d'*obsonium*, mets, aliments, repas, provisions de bouche, d'où *obsonare*, aller à la provision ou préparer le repas.] Ainsi donc Socrate répondit : *se obsonare famem*, qu'il faisait provision de faim, ou encore qu'il préparait ou apprêtait la faim (comme qui dirait apprêter un ragoût), [*ambulando*, en se promenant] *quo melius cenaret*, afin de mieux souper.

« On voit par cet exemple dans quel sens la règle ajoute : *Quod si sermo patrius non patitur, prius ad verbum fere omnia, postea lingua vernacula explicet* (Reg. comm. 27).

« J'explique d'abord à part : *contentius, obsonare*, ensuite l'incise tout entière, *cum contentius ambularet, se obsonare famem*[1].

« Après avoir ainsi expliqué l'auteur, on donne le bon français et quelques remarques. A ces remarques on joint des exercices latins oraux, dès que les enfants sont capables d'en profiter. Par exemple, on fait décliner les noms et les adjectifs et conjuguer les verbes qu'on a rencontrés. On peut même, avant d'avoir vu aucune règle de syntaxe, joindre ces mots entre eux ou avec d'autres déjà connus : *Amo patrem meum et matrem meam. Fratres sic amo, ut debeo*. On fait conjuguer ces phrases mêmes : *amabam patrem meum et matrem meam*, etc., etc. On choisira des tours simples et d'une bonne latinité.

« Vous objecterez peut-être que les enfants ne savent pas encore la règle de l'accord du verbe avec son sujet, ni celle de l'accusatif après le verbe actif. N'importe, ils comprendront mieux ces règles, s'ils les ont d'abord pratiquées (*Voir la note, page* 18).

« Faire marcher la pratique avant la théorie, l'exercice avant la règle, c'est un des secrets de nos anciens Pères. »

Et c'est aussi la voie naturelle, comme nous l'avons déjà dit; l'enfant n'apprend pas autrement sa langue maternelle. Il imite, il répète ce qu'il entend dire sans s'inquiéter de la grammaire, qui viendra ensuite et sera mieux comprise. C'est pourquoi le P. Desjacques continue ainsi : « Sur le modèle de la phrase latine expliquée

---

[1]. Telle doit être la prélection en cinquième. On trouvera plus loin (2ᵉ partie, classe de sixième), un mot à mot pour les commençants ; mais, dès la sixième, on visera à conserver, autant que possible, la construction latine et à traduire incise par incise.

on en fait une ou plusieurs autres avec les mêmes termes ou avec d'autres vus précédemment. On amène à la fin une réflexion morale ou chrétienne[1] qu'on appuie d'une petite histoire bien intéressante; ensuite un ou deux des plus forts élèves répètent cette histoire en français ou en latin.

« En *quatrième*, on fait de même l'argument en français, le mot à mot, les remarques et le bon français (Reg. 6, Prof. med. gram.). Cependant le P. Jouvency veut qu'après avoir donné l'argument en français, on le répète en latin et qu'on remplace peu à peu le mot à mot par une explication partie en latin, partie en français, c'est-à-dire sans doute que cette transition du français au latin exigée pour la troisième doit être préparée dans le courant de la quatrième. — Si le morceau qu'on explique n'est pas trop long, il sera facile d'ajouter aux remarques des exercices latins proportionnés à la force des élèves.

« En *troisième*, l'argument se fait en latin, puis en français. L'explication ne consiste plus à faire le mot à mot, mais à commenter brièvement le texte latin en latin (Reg. comm. 27), à montrer l'enchaînement des phrases, à substituer à chaque phrase ou expression obscure d'autres phrases ou expressions plus intelligibles, auxquelles on ajoute immédiatement selon le besoin, un éclaircissement en français. *Primum quidem argumentum tum latine, tum patrio sermone perstringat. Deinde unamquamque periodum ita interpretetur ut vernacula expositio latinæ subinde subjiciatur* (Reg. 5, prof. gram. sup.). Les remarques doivent se faire en latin, mais il est clair qu'on peut répéter en français celles qui pourraient n'être pas comprises.

« En *seconde* et en *rhétorique*, l'explication est faite en latin d'un bout à l'autre. On ajoute à la fin une traduction française très soignée (Reg. comm. 18, Reg. prof. hum. 5).

« On a dit que cette manière d'expliquer en latin l'orateur latin est

---

1. Le P. Jouvency explique ainsi ce point important et peut-être un peu oublié dans la pratique : *Auctorum interpretatio sit ejusmodi, ut scriptores, quamvis ethnici et profani, omnes fiant quodammodo Christi præcones, hoc est, ut ad virtutis laudationem et vitii vituperationem omnia revocentur; commendentur quæ honeste, damnentur quæ secus facta occurrent; sententiæ salubres parvulorum pectoribus inscrantur, quæ opportune deinceps ab iis reddantur, et stimulos ad bene vivendum admoveant... Caveat tamen prudens magister ne id fiat cum tædio ac satietate puerorum; imo proderit nonnulla festive dicta factave permiscere, ut ars christiana lateat* (Rat. doc., cap. I, art. 9).

impraticable... Comment faire en latin le mot à mot de Cicéron?... Trouverez-vous toujours un mot synonyme de celui qu'il a employé?... Et puis, à quoi bon ce travail?... Que gagnerez-vous à gâter le latin de Cicéron ou à le remplacer par le vôtre?... — Cette objection, d'ailleurs très sensée, est fondée sur un malentendu qu'il est aisé de faire disparaître.

« Il n'y a qu'à relire la 27ᵉ des règles communes du *Ratio : Tertio unamquamque periodum prælegens, si quidem latine interpretetur, obscuriores explanet.*

« Notez bien, *obscuriores ;* on ne fait que relire ce qui ne peut être dit plus clairement, ou l'on remplace une construction savante par une autre plus simple.

« Ce n'est pas l'orateur, mais le poète qu'on explique par une paraphrase continue... (comme nous le verrons bientôt). Le *Ratio* dit : *Unam periodum alteri nectat; ac sententiam, non quidem inepta metaphrasi unicuique verbo latino alterum verbum latinum reddendo, sed eamdem sententiam, si quidem sit obscurior, apertioribus phrasibus declarando aperiat* (Reg. comm. 27). On voit qu'il ne s'agit point de traduire Cicéron en latin, ce qui serait une sottise (*inepta metaphrasis*), mais seulement de mettre en saillie la liaison des pensées, lorsqu'il en est besoin, et d'éclaircir quelques endroits obscurs, soit en changeant l'ordre des mots, soit en expliquant une allusion, une métaphore, en signalant une ironie, en développant une pensée, une expression trop concise. »

Nous ajouterons qu'en commentant l'auteur latin en prose d'après le *Ratio*, on trouvera l'occasion d'appliquer ce que nous avons exposé (art. 6) : *Copia verborum facile comparabitur... rem unam et sententiam variis locutionibus quam lectissimis efferendo* (Rat. discendi et docendi).

C'est ce qu'a fait très souvent le P. Jouvency dans sa paraphrase continue d'Horace. Ainsi qu'il vient d'être dit, nous ne demandons pas cela pour l'auteur en prose, mais plus on suggèrera aux élèves de tournures différentes pour rendre la même pensée, plus ils auront de facilité à parler et à écrire en latin. Et c'est surtout en troisième et en seconde qu'on doit insister sur les locutions.

« On craint, ajoute le P. Desjacques, de n'aller pas assez vite en expliquant ainsi, et de ne pas voir autant de matières qu'il en faut pour le baccalauréat. Qu'on se rassure : le commentaire est en général aussi rapide que le mot à mot; il peut l'être même bien plus; c'est, si l'on veut, une simple lecture ornée de quelques remarques. A la vérité, le P. Jouvency demande que pour la rhétorique ce commentaire soit plus abondant : *In rhetorica ornatior esse debet ac uberior;* et il joint l'exemple au précepte. Mais il n'est pas nécessaire de déployer toujours cette richesse; et il faut éviter le verbiage. Même au professeur de rhétorique le *Ratio* dit : *Exponenda sententia, si obscura sit;* et s'il lui propose une très grande variété d'observations à faire, il ajoute : *Hæc autem non ideo allata sunt, ut semper omnia consectetur magister, sed ut ex iis seligat, quæ opportuniora videbuntur* (Reg. prof. rhet. 8).

« Plus on pratiquera cette méthode, plus on la trouvera raisonnable en elle-même, facile pour le professeur et profitable pour les élèves. Rien n'est plus propre à exercer l'esprit, à étendre et à former les idées. Quand vous me donnez un mot français pour un mot latin, j'apprends ou je me rappelle un mot latin, voilà tout : un mot de plus dans ma mémoire, mais non une idée de plus dans mon intelligence. Au lieu de cela, vous m'*expliquez* ce mot, en substituant au nom d'un objet, la définition de cet objet, en faisant voir la liaison de l'idée exprimée avec une autre idée analogue ou contraire ; le léger effort que vous m'imposez m'exerce sans me fatiguer ; vous m'apprenez à réfléchir, à juger, vous enrichissez mon intelligence et vous la développez. »

« **Explication du poète latin et de l'historien.** — L'explication qui va le mieux pour le poète latin, c'est une paraphrase en prose latine soignée, soit qu'on suive le texte de près, comme le P. de La Rue, en expliquant Virgile, soit qu'on ait une certaine abondance de tours et d'expressions synonymes, comme le P. Jouvency dans sa paraphrase d'Horace. »

Remarquons en passant que cette paraphrase continue n'est pas absolument obligatoire, puisque le *Ratio* porte : *In poeta sæpe oratoria paraphrasis accurate facta plurimum decet : faciendumque ut discipuli poetæ oratorisque stylum internoscere consuescant* (Reg. com. 28). On fera donc remarquer aux élèves les mots et les expressions poétiques, la structure des vers, etc., etc.

L'explication du poète est une occasion précieuse de faire répéter la prosodie, que les enfants apprennent d'ordinaire sans aucune réflexion. Il sera utile de les interroger souvent à ce sujet et de les obliger à rendre compte de la quantité de tel ou tel mot (en rappelant la règle de la prosodie), du choix des épithètes, etc., etc.

« On explique plus rapidement l'historien : *historicus celerius fere excurrendus* (Reg. comm. 28). Aux commençants, on fait le mot à mot (s'il est nécessaire) ; plus tard, on traduit, incise par incise, phrase par phrase, ou même quand les élèves sont devenus forts, on ne fait que lire, en éclaircissant par ci par là quelques difficultés ; puis on donne la traduction française, et l'on fait très peu de remarques.

« Des élèves formés de cette manière n'auront pas beaucoup de peine à préparer les auteurs latins du baccalauréat[1]. »

Explication de l'auteur grec. — Dans la classe de cinquième, il faut expliquer tout d'abord l'auteur grec en français : mais on insistera sur chaque mot, de manière à amener bien vite les élèves à distinguer un nom ou un adjectif d'un verbe ou de toute autre partie du discours. C'est assez dire que le mot à mot doit être très clair et très détaillé. On se gardera donc bien ici de traduire incise par incise, en conservant l'ordre des mots grecs ; autrement, les enfants qui ont bonne mémoire retiendraient le français, et, quand il s'agirait de répéter, ils confondraient infailliblement les verbes avec les adverbes et même avec les substantifs.

Avant tout, il faut se faire comprendre; c'est la première de toutes les règles, quand il s'agit d'enseigner. Aussi trouvons-nous dans le *Ratio*, presque à chaque page, ces mots ou d'autres analogues : *Quoad fieri poterit, quantum fieri potest, si opus fuerit, ubi erit opus, fere,* comme pour nous avertir qu'il importe de voir si la règle formulée, peut être *hic et nunc* appliquée avec fruit.

Encore une fois, dans l'explication grecque, ainsi qu'en tout le reste, l'im-

---

1. Nous lisons dans l'ouvrage intitulé *Quelques mots sur l'instruction publique en France*, par M. Bréal : « On distingue dans l'enseignement allemand, deux sortes de lectures : l'une (*lectio statoria*) est la lecture accompagnée d'un commentaire. Le professeur discute avec les élèves toutes les difficultés du texte. L'autre (*lectio cursoria*) est la lecture rapide. »

M. Bréal, qui semble recommander fort ces deux modes d'explication, n'avait pas besoin, comme on le voit, de les aller chercher en Allemagne.

portant est de se faire comprendre. Il faut avancer par degrés vers le but indiqué; on gâterait tout en voulant aller trop vite.

« En *quatrième*, on peut expliquer l'auteur grec aussi en français. *Fere ex usu videtur... omnia (græca) plerumque voce patria tradere* (Reg. 9 prof. med. gram.). Toutefois, la règle ne s'oppose pas à ce qu'on dise le mot latin entre le mot grec et le mot français. En *troisième*, on explique l'auteur grec en latin, mais on peut s'aider du français. On analyse tous les mots, s'il en est besoin, et l'on fait remarquer les règles les plus faciles de la syntaxe (Reg. 9 prof. gr. sup.).

« En *seconde* et en *rhétorique* l'explication de l'auteur grec diffère de celle de l'auteur latin en ce que les remarques ont surtout pour objet la connaissance de la langue et des dialectes (Reg. 9 prof. hum. et 13 prof. rhet.).

« **Explication de l'auteur français.** — Le grec et le latin nous feront-ils négliger notre langue maternelle? Non pas certes; nous devons l'enseigner à peu près comme le latin et suivant la même méthode. *In lingua vernacula ediscenda, eadem fere methodo procedatur ac in linguæ latinæ studio* (Reg. comm. 12).

« Donc, on expliquera les auteurs classiques français à peu près comme les auteurs grecs ou latins. Dans la 28ᵉ des règles communes aux professeurs, à la suite de ce qui est prescrit pour la prélection de l'orateur, de l'historien et du poëte, nous lisons: *Eadem fere methodo prælegantur auctores classici in lingua vernacula.* Cette explication sérieuse des classiques français doit se faire depuis la sixième et même depuis la septième, en se proportionnant à l'intelligence et aux progrès des élèves.

« Malheureusement ce point de la règle est souvent négligé. D'où vient cela? De deux causes. La première est qu'on ne sait pas se ménager du temps, parce qu'on prolonge au delà des limites... la récitation des leçons et la correction des devoirs. La seconde est la routine du mot à mot (dont nous avons parlé) qui infesterait nos maisons comme tant d'autres, si nous n'y prenions garde.

« Que d'établissements où cette fastidieuse routine règne de la huitième à la philosophie! Que de professeurs s'imaginent qu'un texte latin ou grec est expliqué, lorsqu'on a fait le mot à mot, lu le français et analysé quelques verbes! Procédé commode qui n'exige d'autre préparation que d'apporter en classe une traduction juxtalinéaire.

« Comment donc expliquer un auteur français, puisqu'il n'y a point de mot à mot à faire? Et l'idée ne vient même pas de cet exercice indispensable.

« Par bonheur, nous ne sommes pas arriérés jusqu'à ce point. Nous n'avons pas à chercher bien loin une manière d'expliquer les auteurs français; il nous suffit de leur appliquer la méthode que nous suivons pour l'explication des auteurs latins...

« On lira donc à haute voix d'un bout à l'autre le morceau qu'on aura choisi, on fera l'argument; on éclaircira le texte par un commentaire court et précis; on s'arrêtera sur une métaphore, sur une ironie, sur une allusion, sur une locution vieillie, sur un terme hors d'usage ou dont le sens a changé, etc. On fera des remarques de grammaire, ou d'étymologie, ou de synonymie, ou de littérature, suivant le degré de la classe [1]. »

Dans les classes inférieures, après une lecture intégrale du passage à expliquer, on fait l'argument, puis on s'arrête sur tous les mots dont le sens peut présenter aux enfants quelque obscurité : on fait remarquer les tournures et l'on ajoute des remarques de grammaire surtout et de lexicologie. En septième et en sixième on fait des analyses (Voir 2ᵉ partie, *les Classes*).

« Ces explications, faites avec soin et bien répétées, plaisent beaucoup aux enfants dans les basses classes, et les préparent à celles qu'ils feront plus tard en latin, suivant le même système. Ils apprennent ainsi les principes de leur langue, la propriété et le sens des mots, l'art de les ordonner et de construire les phrases d'une manière claire, saisissante et harmonieuse, ils apprennent surtout à lire avec réflexion, etc. »

Cette direction, si magistralement tracée par le P. Desjacques, trouvera son application dans la 2ᵉ partie de ce travail (*Classes*).

Répétition de l'explication. — *Repetitio praelectionis fiat vel ab uno tota, vel potius à pluribus per partes, ut omnes exerceantur : repetantur autem praecipua et utilissima, primum fere a provectioribus, deinde etiam ab aliis; idque vel continenti oratione, vel ad singulas magistri interrogationes interrupta, aemulo inter repetendum corrigente, si alter erret, vel si cunctetur, antevertente* (Reg. com. 25).

---

[1] Confer. Rollin, *Essai de la manière dont on peut expliquer les auteurs français*, livre II, ch. I, art. 2 du *Traité des études*.

Suivant cette règle, on fera donc toujours répéter l'explication en tout ou en partie, surtout les choses principales et plus utiles. Autant que possible, on interrogera tous les élèves, soit le matin, soit le soir, afin d'exercer tout le monde, comme dit le *Ratio*. Les plus avancés répéteront très bien la prélection du professeur ; on fera aux autres des interrogations variées et multipliées.

Il en sera de même le samedi : *Die sabbati omnia, quæ per hebdomadam prælecta sunt, recolantur* (Reg. comm. 26). Et la règle ajoute : *Quod si qui interdum profiteantur de iis omnibus vel de toto libro se responsuros, ex iis aliquot delectos reliqui bini ternive lacessant interrogationibus, non sine præmio* (Voir art. *Industries*).

La dernière demi-heure de la classe du samedi matin est consacrée à la déclamation : *Prælectio, vel græca latinave oratio, aut carmen in rhetorica quidem et humanitate, alternis fere sabbatis, una schola alteram invitante, habeatur ; in reliquis vero, sola prælectio non tam habeatur quam audita ex cathedra, repetatur, nullis fere invitatis, nec nisi singulis mensibus.* (Reg. comm. 33.) [Voir 2º partie, *Classes*.]

Les sujets de déclamation seront donc exclusivement [sauf dans les classes de littérature], les passages des auteurs expliqués dans les prélections. On exercera ainsi les enfants à se présenter et à parler en public avec aisance, et on les accoutumera peu à peu aux diverses intonations, aux gestes et à l'action oratoire, comme le demande la règle commune 32 : *Laborandum... ut vocem, gestus, et actionem omnem discipuli cum dignitate moderentur.*

ARTICLE IX

LEÇONS

Leçons à donner et à expliquer. — Manière expéditive de les faire réciter. — Quelques règles du *Ratio* à ce sujet. — Occuper les élèves pendant la récitation des leçons.

Les leçons à donner chaque jour (sauf le samedi) sont :

1º **Pour le matin :** le catéchisme, les grammaires, qu'il faut expliquer avec soin (multiplier les exemples d'application des règles,

les thèmes oraux); un passage de l'auteur latin expliqué en classe; un passage de l'auteur français également expliqué.

2° **Pour le soir.** — Répétition des grammaires vues l'année précédente[1] pendant quelques semaines et ensuite des parties difficiles qui auraient été plus ou moins comprises ou négligées; élégance ou prosodie latine (en troisième et en quatrième); un passage du poète latin expliqué en classe; un passage d'un poète français (s'il y a lieu).

Dans les classes de littérature, on remplacera les grammaires française et latine par les préceptes de littérature ou de rhétorique, les analyses d'auteurs, etc., et l'on expliquera les dialectes grecs, les accents, etc.

3° **Le samedi** : répétition, matin et soir, des leçons de la semaine. *Die sabbati, omnia quæ per hebdomadam prælecta sunt, recolantur* (Reg. comm. 26).

Récitation des leçons. — *Decuriones... a præceptore statuantur, qui memoriter recitantes audiant, scriptaque præceptori colligant, et in libello punctis notent, quoties memoria quemque fefellerit... aliaque, si jusserit præceptor, observent* (Reg. comm. 36). *Memoriæ traditas prælectiones discipuli decurionibus recitent... nisi forte aliud mos placeat..., ipsi vero decuriones decurioni maximo vel magistro persolvent. Qui magister aliquot quotidie ex desidiosis fere... recitari jubeat, ad explorandam decurionum fidem, omnesque in officio continendos. — Sabbato, audita per unam vel etiam plures hebdomadas publice memoriter reddantur. Libro autem absoluto, deligi poterunt interdum, qui illum a suggestu ab initio pronuntient non sine præmio* (Reg. comm. 19). Il est évidemment impossible au professeur de faire réciter toutes les leçons à chacun des élèves avant chaque classe tous les jours. C'est pourquoi le *Ratio* indique un moyen qui peut rendre de grands services et épargner la perte du temps : ce sont des élèves choisis par le maître, qui feront réciter les

---

1. On pourra, si on le préfère, tout en apprenant les trois grammaires, matin et soir, répéter l'une d'entre elles le matin, et les deux autres le soir. De la sorte, on aura plus de temps pour les expliquer.

leçons à leurs condisciples et remettront au professeur les notes de chacun. Si l'on a soin d'interroger ensuite deux ou trois élèves, pour vérifier chaque fois l'exactitude et l'impartialité des *décurions*, comme l'indique la règle 19me citée plus haut, on n'aura pas de peine à obtenir de ce mode de récitation un excellent résultat.

Notons cependant que cette méthode n'est pas obligatoire (*si jusserit præceptor, nisi forte alius mos placeat*); et l'on devrait même ne pas l'employer dans le cas où elle serait une occasion de dissipation, et nuirait à la discipline de la classe. C'est donc à chacun de voir ce qu'il peut tenter sous ce rapport. Mais, soit que l'on fasse réciter soi-même quelques leçons à un certain nombre d'élèves chaque jour, soit que l'on se serve des décurions, on fera répéter le samedi toutes les leçons de la semaine ; pour cela, on pourra faire lutter ensemble les élèves, qui s'interrogeront les uns les autres, deux à deux ; ou bien on en interrogera un grand nombre sur chacune des leçons ; on choisira de préférence les plus paresseux, *aliquot ex desidiosis*.

Si l'on établit les décurions, il faut les changer souvent, comme nous le dirons plus tard, avoir soin qu'ils récitent les premiers *aux deux chefs de camp* (voir plus loin, art. *Discipline*) et vérifier tous les jours les notes qu'ils apportent (en faisant réciter soi-même quelques élèves).

Le samedi, comme nous l'avons dit, tous récitent au professeur, et les notes prises alors sont surtout comptées pour la note générale de la semaine.

Quand le maître fait réciter lui-même, un moyen de gagner du temps est d'habituer les élèves à continuer, sur un signe, la leçon commencée par un autre, ou à recommencer tout de suite celle qui vient d'être achevée.

Mais que jamais un élève ne réponde seul : qu'il ait toujours un émule qui le reprenne. *Nemo solus legat*, dit le P. Jouvency ; *adsit æmulus qui hærentem reprehendat*. C'est le moyen d'éviter la monotonie, qu'il faut fuir à tout prix. *Nulla enim re magis adolescentium industria quam satietate languescit* (Reg. comm. 23). On peut aussi, pour varier, faire réciter, en interrogeant soi-même brièvement, v. g. Quand vous servirez-vous de l'ablatif absolu ? Citez un exemple.

Il est important, surtout dans les classes inférieures, d'habituer les enfants à parler bien français, à ne pas bredouiller ou répéter les mots pour appeler ce qui suit. C'est leur rendre un vrai service. Que d'élèves, faute de cela, prennent l'habitude de toujours bégayer ? Que d'autres chantent en récitant !... *Sermonis puritatem et rectam pro-*

nuntiationem summopere sibi commendatam existimet, eamque severe a discipulis exigat (Reg. comm. 18).

Le *Ratio* et le P. Jouvency recommandent d'avoir soin que les écoliers soient occupés, tandis que leurs compagnons récitent. *Caveat magister, dum lectiones recitantur, ne cessent pueri et otiose circumspiciant* (Rat. doc. cap. II, art. 3, § 2).

Il faut toujours indiquer exactement aux élèves les leçons du lendemain, même celles qui n'ont besoin d'aucune explication : autrement les uns apprennent plus, d'autres moins; et de là, confusion et désordre.

ARTICLE X

LES DEVOIRS

Principaux devoirs à donner dans les différentes classes et manière de les corriger. — Compositions hebdomadaires. — Exiger que ces devoirs soient bien écrits, avec l'orthographe et la ponctuation.

Scriptiones afferendæ (sunt) in classibus quotidie... (Reg. comm. 20).

Les principaux devoirs à donner sont : 1° *les exercices d'orthographe*; 2° *les analyses*; 3° *les thèmes latins*; 4° *les versions latines*; 5° *les versions grecques*; 6° *les vers latins*; 7° *les exercices ou thèmes grecs*; 8° *de petites compositions françaises*[1]; 9° *les devoirs de lexicologie* dans les classes de grammaire; 10° *les compositions françaises en humanités et en rhétorique*; 11° *les compositions latines*; 12° *les analyses littéraires ou oratoires*; 13° *les vers français*. (Les classes de littérature, outre ces quatre derniers genres de composition, ont aussi la *version latine, la version grecque et les vers latins*[2].)

Quant au catéchisme, il sera peut-être utile d'exiger un cahier cor-

---

1. Reg. comm. 12 (Voir page 40).

2. Dans chaque classe, ces devoirs seront donnés suivant leur importance une, deux ou trois fois par semaine, à des jours différents.

Il en sera de même pour les accessoires (langues vivantes, histoire, géographie, mathématiques). C'est à chaque professeur de déterminer, sous la direction du Préfet des études, les heures à consacrer tel jour ou tel autre à ces devoirs.

(Voir, 2e partie, un spécimen d'horaire pour chaque classe.)

rect qui reproduise les explications, à moins que l'on ne préfère un ou deux devoirs sur cette matière.

Un mot sur chacun de ces devoirs et la manière de les corriger.

Voici d'abord ce que dit en général le *Ratio* sur la correction des devoirs :

Quotidie scriptiones singulorum a magistro corrigi oporteret, cum præcipuus et maximus inde fructus existat ; si tamen multitudo non patiatur, corrigat quam plurimos, ita ut nullum diu incorrectum relinquat. Eam ob causam, diebus præsertim quibus carmina afferuntur, scriptiones aliquas æmulis emendandas dispertiat (quod quo commodius fiat, unusquique non suum tantum, sed etiam æmuli nomen a tergo scriptionis inscribat); aliquas ipse magister, dum memoriter recitatur, privatim ac submissa voce cum unoquoque discipulorum; reliquas, quantum fieri potest, domi corrigat (Reg. comm. 21).

D'après le *Ratio*, il serait à souhaiter que tous les devoirs des élèves pussent être corrigés par le maître. Il faut en effet que les enfants sentent qu'on les suit de près; autrement ils se négligent. Or, la correction est le plus sûr et le meilleur moyen d'obtenir un travail sérieux et des progrès. Si donc le professeur ne peut annoter intégralement tous les devoirs, avant la correction publique en classe, il devra corriger au moins tout ce qu'il pourra, soit dans sa chambre, soit avec l'élève en particulier.

Modus corrigendæ scriptionis in universum est, indicare, si quid contra præcepta peccatum sit; interrogare, quomodo emendari possit; jubere ut æmuli, statim ut aliquid deprehenderint, publice corrigant, præceptumque, contra quod peccatum est, proferant, laudare denique, si quid apte perfectum sit... Conetur etiam magister ut quam fieri potest sæpius accuratissime emendatas scriptiones dictet. (Reg. comm. 22).

Le P. Jouvency explique ainsi ce mode de correction en classe : *In legenda et emendanda scriptione, initium duci poterit a peritioribus, qui ceteris nimirum exemplo sint; ab iis si quid allatum erit emendatius, dictabitur integrum, vel nonnullis immutatis. Mox infimorum scriptiones audientur; accincti erunt qui emendent...; quod erit reprehensum inculcabis, rationem errati proferes, et, ut repetatur, curabis. Quæ scribuntur a pueris commodius emendantur, singulas partes ac periodos percurrendo, et, ut quæque lecta est a pluribus..., corrigendo. In humanitatis et rhetoricæ schola, carmen integrum aut amplificatio cum dignitate fructuque perlegetur* (*Rat. doc.* cap. II, art. 3.)

Un devoir, en effet, bien préparé par le professeur, bien expliqué d'abord, puis corrigé en public, comme l'entend le P. Jouvency, c'est-à-dire en exposant et en critiquant les divers plans possibles (s'il s'agit d'une composition littéraire), en analysant les divers modes d'amplification, en indiquant de nouvelles sources, etc., etc., profitera plus à toute la classe que des copies annotées d'un bout à l'autre, où l'on aurait griffonné des notes forcément trop laconiques, v. g. *inexact, incorrect, obscur, style lourd,* etc., etc.

Avant de parler du corrigé à donner, la règle 22 ajoute : *Hoc autem dum publice peragitur, primum discipuli scriptionis exemplum,* (*quod semper præter id, quod magistro describitur, afferendum est*) *secum ipsi legant et emendent.* Voilà un détail sans doute, mais il a bien son importance. Les devoirs annotés doivent rester entre les mains du professeur, pendant la correction publique, et les élèves suivent et corrigent sur leurs cahiers; c'est un moyen de s'assurer que le devoir a été fait sur brouillon. Pour vérifier ensuite si tel ou tel a écouté, on l'interroge, on l'oblige à répéter (*ut repetatur curabis*). Dans une classe nombreuse surtout, il ne sera pas inutile que le maître constate par lui-même, ou fasse constater par deux élèves consciencieux, que les cahiers sont bien tenus et que la correction a été faite exactement.

1° **Les exercices d'orthographe** doivent être multipliés, en septième surtout, moins nombreux en sixième et en cinquième, plus rares et plus difficiles en quatrième. Dans la correction (qui se fera au tableau, voir 2ᵉ partie, *septième*), on aura soin de montrer l'application des règles, comme l'indique le *Ratio*. En sixième, en cinquième et en quatrième surtout, on insistera sur l'orthographe d'usage pour les mots dérivés du latin ou du grec (Voir 2ᵉ partie, classe de septième).

2° **Analyses.** — *L'analyse française* est la partie la plus importante de la classe de septième. Un élève ne saurait aborder avec fruit l'étude du latin sans des notions claires et exactes de l'analyse grammaticale et logique (Voir classe de septième).

L'Analyse latine (qu'on peut avantageusement exiger en latin) se fera en sixième et en cinquième. Elle sera d'autant plus complète qu'on aura vu un plus grand nombre de règles dans la syntaxe latine. C'est un excellent moyen de répéter la grammaire.

Quant à **l'analyse grecque** (qui peut se faire aussi en latin), elle est commencée en cinquième, continuée en quatrième, en troisième, et même *dans les classes de littérature* (au moins oralement). A partir de la quatrième, on exigera les racines, les principaux dérivés, etc.

En quatrième et en troisième, on donnera, de temps en temps, quelques exercices **d'analyse étymologique**. (Pour toutes ces analyses voir les grammaires adoptées, car il est important qu'elles soient faites d'une manière uniforme dans toutes les classes). La correction de ces devoirs ne présente aucune difficulté, et fournira l'occasion de donner des explications fort intéressantes. (Consulter pour le grec l'excellent *Dictionnaire des racines grecques* de M. Ch. Moreau (Sarlit édit.), ou bien le Dictionnaire de Scapula.

3° **Thèmes latins**. [Exercice fort recommandé par le *Ratio*][1]. *Scribendi argumentum non dictandum ex tempore, sed meditato, et fere de scripto; quod ad imitationem Ciceronis, quantum fieri potest, et ad normam cujusdam narrationis, suasionis, gratulationis, admonitionis, aliarumque id genus rerum dirigatur... Dictatum porro statim magister jubeat recitari, explicet, si quid difficilius; vocabula, phrases aliaque præsidia subministret.* (Reg. comm. 30.)

En sixième, en cinquième et en quatrième, on dictera surtout des thèmes, pour appliquer les règles apprises en classe, et cela, bien méthodiquement. Quelques thèmes d'*imitation* seront aussi donnés après l'explication de Cicéron; ces thèmes d'imitation, rares en sixième, plus nombreux en cinquième, doivent être multipliés en quatrième et en troisième. Les thèmes de *récapitulation* sont surtout réservés à ces deux dernières classes.

---

1. « On a tourné en ridicule *le fort en thème;* il est devenu un être typique, synonyme d'esprit machinal et borné. Cependant, si nous en croyons M. Frary, qui n'est pas suspect... Les forts en thème, ce sont, en général, les forts. Le fort en thème est en effet celui qui, faisant sa tâche avec application et conscience, se chargera plus tard avec même sérieux et même labeur, des devoirs grands et petits que la vie lui imposera. » (M. BRÉAL, 5ᵉ conférence.)

On aura soin de faciliter le travail aux élèves, comme le demande la règle 30, surtout en indiquant des tours de phrases ou des locutions latines variées, et même les mots latins, pour épargner le temps que l'on perd à feuilleter les dictionnaires. Si, à partir de la sixième, on était bien fidèle à cette prescription du *Ratio*, que de latinismes, que de mots les enfants apprendraient ainsi au cours de leurs études! (Voir ce que nous avons dit Article 6.)

Le P. Jouvency ajoute cette remarque générale pour tous les devoirs à donner : *Scriptionis argumentum semper dictandum,... ante scholæ finem; explicanda ejus materia, facultas danda, ut si quis quid parum intelligat, id proferat; vel potius interrogandi sponte tardiores, et nonnihil subministrandum adjumenti; via, quasi digito, commonstranda, pro captu cujusque scholæ.* (*Rat. doc.* cap. 2, art. 3.)

Le professeur corrigera chaque thème, en tout ou en partie (plus ou moins, selon que le devoir a été plus ou moins soigné). Et dans cette correction, il ne faut pas se contenter de *barrer* vaguement par ci par là quelques mots. Il vaudrait mieux ne corriger qu'une ou deux phrases dans chaque copie, et le bien faire, c'est-à-dire souligner les fautes et écrire à la marge, par exemple : B — (barbarisme), s — (solécisme), P L — (pas latin), M I — (mot impropre), etc. — *Quæ sunt imposita corrigantur accurate.* (*Rat. doc.* cap. 2, art. 2.)

Après la correction publique, on rendra aux élèves leurs thèmes, et l'on pourra leur imposer (comme devoir supplémentaire) d'y faire tous les changements qu'ils ont dû noter. Il sera utile aussi, pour extirper peu à peu les barbarismes et les solécismes surtout, d'obliger quelques étourdis à signaler à la fin de leur copie les règles qu'ils ont violées, etc.

Ces devoirs sont ensuite recueillis et remis au maître. S'il s'aperçoit que ce travail de correction a été fait négligemment, il avertira publiquement les délinquants, et même les punira, en cas de récidive.

4° **Versions latines.** — La version latine est le meilleur des exercices français pour habituer les enfants à la réflexion et pour former le style. Mais pour qu'elle soit cela, il faut la choisir de difficulté moyenne, plutôt facile que difficile, et exiger de l'élève : 1° l'intelligence de ce qu'il écrit (ne pas tolérer qu'il présente des *non sens* ou des *contre bon sens*); 2° l'intelligence de la suite des pensées (ne pas tolérer par conséquent un *contresens* qui contredise le contexte); 3° la correction et la précision (surtout dans les classes de grammaire); (en humanités et en rhétorique) la propriété des termes, l'élégance, et une traduction exacte et fidèle, respectant le plus possible l'ordre des pensées et des mots.

Les versions doivent être graduées pour les différentes classes, par rapport au fond comme par rapport à la forme, c'est-à-dire à la difficulté du latin. Telle version d'un latin facile sera inintelligible pour un quatrième, si le sujet est abstrait ou philosophique.

Ces devoirs peuvent être pris dans les auteurs que les élèves ont entre les mains, ou bien ils sont dictés par le professeur. S'ils sont dictés (et il importe de les dicter souvent pour habituer les enfants à écrire correctement le latin), il faut, comme pour les thèmes, corriger en tout ou en partie ces versions, c'est-à-dire souligner les fautes et écrire à la marge, par exemple : n. s. — non sens; c. s. — contre sens; p. f. — pas français, et o. = faute d'orthographe.

Les versions, ainsi corrigées, seront rendues aux élèves après l'explication; et, si on le juge à propos, ils y feront les corrections indiquées et soumettront de nouveau leurs devoirs au professeur, car il est important qu'ils se sentent surveillés.

Si la version est prise dans l'historien adopté pour la classe, on obligera chaque enfant à faire lui-même les corrections, quand on aura expliqué le morceau, ou bien l'on fera corriger par les émules. Ces devoirs, comme tous les autres, doivent être remis au maître, après correction.

En sixième et en cinquième, on pourra donner, surtout en commençant, le mot à mot; mais toujours on exigera l'analyse grammaticale d'une phrase ou deux.

5° **Versions grecques.** — En cinquième et en quatrième, on traduira mot à mot, et l'on fera l'analyse grammaticale des mots principaux, selon le degré de la classe (Voir 2ᵉ partie). En troisième, on fera également l'analyse des formes les plus difficiles avec le mot à mot français-latin, ou simplement français. La correction sera faite en classe, et l'on exigera de chacun son devoir corrigé.

6° **Vers latins.** — C'est en quatrième qu'on débute, après Pâques, dans la versification latine. Il importe de commencer par des hexamètres; en expliquant Ovide ou Virgile, on exercera les élèves à scander les vers, et, peu à peu, l'oreille s'habituera à la mesure, surtout si l'on a soin de bien marquer la quantité en lisant.

Au commencement, pour ne pas obliger les enfants à chercher dans le *Gradus* la quantité de chaque mot (ce qui est une perte de temps considérable), on l'indiquera pour tous les termes qui ne sont pas à changer[1]. De la sorte, il n'arrivera pas que les élèves, après deux heures de travail, apportent cinq ou six vers, dont ils sont honteux, surtout quand ils constatent, par la correction, que ces cinq ou six hexamètres se réduisent à un vers unique. Il faut leur faciliter la besogne sous ce rapport; c'est l'esprit du *Ratio;* et, généralement on ne le fait pas assez.

Que ces premiers exercices de versification soient bien gradués, et surtout faciles. Rien n'encourage les élèves dans ce travail, comme de voir qu'ils sont parvenus en quelques heures à aligner proprement une vingtaine d'hexamètres. Ils en sont tout fiers et prennent goût à la chose. Autrement ils se dégoûtent et ne font plus rien. Peu à peu, on multiplie les difficultés, et ils s'en aperçoivent à peine.

On donnera ensuite des distiques en troisième; puis en humanités et en rhétorique, des strophes variées, suivant les mètres d'Horace. C'est un excellent moyen de faire connaître la métrique de ce poète. La correction de ce devoir sera faite ordinairement par le professeur *privatim,* comme dit le *Ratio,* ou bien en classe. *Doceantur discipuli, in schola poeseos, omnes carminum formas epicorum, lyricorum, elegorum.* (*Rat. doc.* cap. 2, art. 3.)

7° **Exercices grecs ou thèmes grecs.** — A partir de la quatrième, on donnera des exercices grecs faciles, pour s'assurer que les enfants savent les déclinaisons et les conjugaisons. On exigera des

---

1. Un cahier d'élève de troisième (1702-1703) cité par le P. de Rochemonteix dans son intéressante *Histoire du Collège de la Flèche* (t. III, p. 46), montre que la quantité des mots était dictée aux élèves; ils n'avaient donc qu'à ajouter des épithètes et à choisir des synonymes pour faire ce devoir. — Disons, en passant, que si, dans toutes les classes, depuis la sixième, on habitue les enfants à bien placer l'accent latin, on rendra ainsi beaucoup plus facile l'étude de la prosodie. C'est du reste le sens de la règle commune 18 (p. 44 et 45).

élèves la correction de ces devoirs, après qu'on aura dicté le corrigé. En troisième, ces thèmes porteront sur la syntaxe, et surtout sur l'application des règles particulières à la langue grecque.

8° **Compositions françaises dans les classes de grammaire**[1].— De temps à autre, on fera faire, dans les classes inférieures même, un devoir français. Ce sera, par exemple, mettre en prose une fable de La Fontaine, une petite lettre très simple, dont on donne un canevas détaillé, ou bien une historiette intéressante. Plus tard, en quatrième et en troisième on abordera des sujets plus sérieux; mais on aura soin, après avoir dicté le résumé ou argument, de lire intégralement le corrigé. Rien ne facilite le travail comme l'imitation, surtout à des enfants qui ignorent les premiers principes de littérature. Ceux qui ont de l'aptitude sont excités par cette lecture; les autres cherchent à reproduire le plus parfaitement possible le corrigé; tous s'habituent à écrire d'une manière correcte et même élégante.

Il est bon que le professeur annote ce devoir; il aura ainsi l'occasion de signaler non seulement des fautes de français, mais souvent aussi un déficit dans l'orthographe, et surtout la ponctuation.

9° **Devoirs de lexicologie**[2].— Pour la septième on trouvera, dans les divers exercices français ou *lexicologie des écoles*, des devoirs nombreux et variés (Voir du reste 2ᵉ partie). En sixième, en

---

1. Rapprocher la règle commune 12 (voir page 40) de ce passage du P. Jouvency : *In inferioribus scholis... quid vetat... epistolam suis constantem partibus, aut narrationem texere ? Sic ad eloquentiam sternitur via* (*Rat. doc.*, cap. II, art. 3).

2. Quelqu'un s'étonnera peut-être de ces devoirs *lexicologiques* dans toutes les classes de grammaire, et il se demandera pourquoi nous insistons tant sur ce point. Il est possible que nous ayons le tort d'appeler l'*étude des mots* d'un nom tout à fait moderne, *lexicologie*. Assurément cette expression ne se trouve ni dans le *Ratio*, ni dans l'explication qu'en a donnée le P. Jouvency. Mais le nom ici ne fait rien à la chose : ce que nous avons dit (page 18, art. 4, paragraphe 2) n'est que la traduction de l'article 1 du chapitre 1 du *Ratio discendi et docendi*.
In tribus potissimum cognitio cujusque linguæ consistit : 1° in singulis verbis; 2° in eorumdem nexu et coagmentatione, quæ syntaxis dicitur; 3° in illorum proprietate, usu quodam certo, ac lepore; qui stylus et elegantia nuncupatur. Faciendum itaque (cuivis) linguæ... studioso erit, ut primo radices (cujusque linguæ) vocum mandet memoriæ singulis diebus, sex, verbi gratia, decem aut plures etiam, si felicior memoria suppetat, nisi quis fortasse illas inter legendum adnotare malit... Ita verborum cognitio comparabitur. — Il faut donc, pour connaître une langue, en apprendre les mots, car les mots sont en quelque sorte le matériel de la langue; et, sans contredit, c'est le travail le plus long et aussi le plus ingrat. Or, il nous semble que l'on

cinquième et en quatrième, les exercices lexicologiques auront surtout pour but d'apprendre aux élèves les mots français, latins et grecs. Comme nous l'avons dit déjà, le professeur écrira lui-même ou fera écrire au tableau une petite liste de noms et d'adjectifs latins et grecs, avec la signification et les dérivés ; les élèves reproduisent cette leçon par écrit ; et sont ensuite interrogés le lendemain à ce sujet. Plus tard, on demandera les composés de quatre ou cinq verbes latins et grecs, toujours avec les dérivés de chacun. Nous indiquerons plus loin pour chaque classe les exercices qu'on peut donner. L'analyse étymologique est surtout utile en quatrième et en troisième.

10° **Compositions françaises dans les classes de littérature.** — Les sujets ordinaires de ces compositions sont malheureusement aujourd'hui un peu commandés par le programme du baccalauréat ; néanmoins il faut les varier, à mesure que l'on avance dans l'étude des préceptes sur les différents genres. *Ad stylum ac patriam linguam melius addiscendam vernacula argumenta variorum generum accurate præscribantur.* (Reg. 6 prof. hum.)

Au commencement de l'année, il sera utile d'exercer les élèves à la période française. Il n'y a rien de mieux à faire qu'à suivre la méthode indiquée par le P. Lejay pour les périodes latines (Bibl. rhet.) ; on choisit, par exemple, dans les *Oraisons funèbres* de Bossuet, quelques périodes à trois ou quatre membres, et l'on donne une pensée pour chacune. Les élèves imitent la période de Bossuet en développant cette pensée.

oublie trop facilement, dans les classes, cette nécessité de faire apprendre les mots. On se plaint de ce que les élèves, après avoir feuilleté plusieurs années leurs dictionnaires (Voir page 20, note 2, ce qu'en pensait Rollin), après avoir entendu lire quelquefois les meilleures traductions juxtalinéaires en sixième, en cinquième et en quatrième, sont incapables, nous ne dirons pas, de parler grec ou latin, mais de traduire, à livre ouvert, un passage d'un auteur, même facile. Combien de candidats au baccalauréat sont arrêtés par les mots les plus simples dans l'explication qu'on exige d'eux ? En serait-il ainsi, nous le demandons à notre tour, si, le plus souvent possible, dans les prélections et dans des devoirs spéciaux, on attirait l'attention des enfants sur ce point capital, l'étude des mots ?

Le P. Jouvency propose d'apprendre 6, 10 mots-racines par jour. Prenons un *maximum* de 5 ; en 30 jours, nous aurons 150 mots, et en 300 jours, 1500. Et si, dès la classe de sixième, cette méthode est fidèlement suivie, les élèves de rhétorique auront-ils souvent besoin de consulter leurs lexiques, pour expliquer les auteurs latins et grecs ? Nous ne le pensons pas. L'expérience du reste a été faite, non seulement dans l'enseignement des langues classiques anciennes, mais encore pour les langues vivantes.

On ne saurait trop insister dans l'étude des langues sur cette méthode *d'imitation*, si en honneur autrefois, et si recommandée par Aristote. N'est-ce point ainsi que se sont formés presque tous les grands classiques français et même latins? Qu'on ne dise donc point que cette sorte de calque arrête l'essor du talent; non, elle le développe au contraire plutôt, et l'aide à s'élever plus haut qu'il ne serait parvenu, abandonné à ses propres forces. C'est pour cette raison qu'un grand nombre de professeurs de seconde et de rhétorique, au commencement de l'année scolaire, lisent tout d'abord le corrigé du devoir français qu'ils donnent à faire; et cela, jusqu'à ce que les élèves aient parfaitement saisi le ton qui convient à tel ou tel genre de composition. Autrement, que de temps perdu avant que la plupart des pauvres écoliers soient arrivés à quelque chose de présentable! Et cela se conçoit facilement.

Donnez par exemple à un jeune homme les règles du dessin; faites même passer sous ses yeux les plus beaux modèles et demandez-lui de les reproduire, sans avoir pu les étudier en détail, sans les avoir devant lui... S'il a beaucoup de talent et d'aptitude naturelle, il fera peut-être un dessin passable,... mais, s'il n'a qu'une aptitude ordinaire, que produira-t-il?... — Or, une classe n'est pas composée uniquement d'esprits d'élite. Suivez donc la voie commune : que les élèves imitent d'abord pendant quelque temps les modèles; ils auront ainsi le loisir de les étudier à fond; et quand il s'agira de composer par eux-mêmes, ils réussiront mieux, et seront encouragés par leurs petits succès à faire de nouveaux et plus grands efforts [1].

11° Compositions latines. — Elles sont bien négligées, depuis la suppression du discours latin au baccalauréat; et cela, dit-on universellement, au grand préjudice de la version. On se plaint même un peu partout que les élèves de seconde et de rhétorique ne veulent plus s'en occuper sérieusement. Est-ce une raison pour les abandonner? Ne serait-ce pas au contraire un motif pour rendre ces devoirs plus attrayants et plus abordables. Or, on n'a pour cela qu'à suivre exactement le P. Lejay (Bibl. rhet.); on y trouvera des périodes à imiter de Cicéron, et une foule d'autres devoirs souvent calqués sur les auteurs latins. Le professeur peut donner à l'avance, en version, le morceau de l'auteur imité par le P. Lejay, avec l'argument proposé, et les élèves n'auront qu'à suivre la trame et le fil du discours. Plus tard, après avoir donné également en version une belle narration, par exemple, on peut demander une imitation

---

[1]. « Il importe de ne rien précipiter, mais de suivre une voie conforme à la nature et aux leçons des meilleurs maîtres. C'est par une marche graduée et sûre qu'il faut aller de l'admiration et de l'imitation des modèles à la création originale et personnelle. » (THIERSCH, cité par M. Bréal.)

en latin, en proposant le canevas d'un autre sujet. L'expérience prouve que les enfants prennent goût à ces exercices d'imitation, et qu'on arrive à des résultats fort médiocres par toute autre méthode. [Voir le P. Jouvency, *Ratio disc. et doc.* (cap. 1, art. 2, § 4) et *Quintilianum*, lib. X, cap. ɪɪ.]

12° **Analyses littéraires et oratoires.** — Rien ne forme mieux le goût et n'habitue davantage à lire un livre avec attention que ces exercices. Et il convient de les multiplier, même oralement. C'est du reste un excellent moyen de préparer les auteurs exigés par le programme du baccalauréat. Pour ces analyses, comme pour toutes les autres compositions littéraires, ... ra bon, en commençant, de lire à l'avance les corrigés, jusqu'à ce que les élèves aient saisi le genre ou la manière.

13° **Vers français.** — On sera peut-être étonné que nous recommandions les vers français, quand les professeurs de littérature ont tant de peine à comprimer les fougueux élans poétiques de quelques élèves, qui perdent à rimer un temps considérable... Qu'on se rassure... Ce que nous allons indiquer ne contredira nullement la pensée des maîtres les plus sérieux.

Après avoir donné les principales règles de la versification française, qu'on lise, par exemple, à la suite de l'explication d'une belle ode d'Horace, la traduction en vers de cette ode, avec obligation de la reproduire de mémoire autant que possible. Plus tard, on laissera la liberté de faire deux traductions d'Horace ou de Virgile, l'une en prose, l'autre en vers. De la sorte, on donnera satisfaction aux tentations poétiques de certains élèves, pour qui cet exercice sera vraiment utile. Rien n'empêche de donner quelquefois en seconde, un sujet à traiter en vers français, mais cela doit être rare.

Compositions hebdomadaires. — *Præter illas scriptiones... in omnibus classibus scribatur saltem semel in hebdomada, ut minimum per horam.* (Reg. comm. 24.) Outre les devoirs journaliers, dont nous venons de parler, il y a, chaque semaine, dans toutes les classes, une composition sur les différentes matières de l'enseignement (Instruction religieuse, thème latin ou grec, version latine ou grecque, vers latins, orthographe, analyse grammaticale ou littéraire, narration française ou latine, discours latin ou français, mathématiques, histoire, etc., etc.).

Cette composition est corrigée à loisir par le professeur, qui proclame, quelques jours après, le rang obtenu par chacun de ses élèves, avec la note méritée (très bien, bien, assez bien, passable, médiocre, mal, etc.). Le rang ou la place en effet ne suffit pas, pour indiquer le mérite d'une composition : on peut être *premier* avec la note *médiocre*, comme on peut être dernier avec *passable* ou même *assez bien*. Il est donc important de signaler exactement et sans exagération la valeur relative de chacun de ces devoirs ; c'est pour les élèves un nouveau stimulant, car ils savent que ces notes et ces places sont communiquées à leurs parents dans les bulletins trimestriels.

Notons aussi que le *Ratio* dit : *ut minimum per horam*, et non pas deux heures ou deux heures et demie, sans l'assentiment du Préfet des études. — En disant : *saltem semel in hebdomada*, la règle entend aussi, que le maître exercera ses élèves à travailler sous ses yeux. Nous reviendrons sur ce point dans l'art. 15, *Industries*.

Il faut, dans toutes les classes, exiger que ces divers devoirs soient parfaitement écrits, que les lettres soient bien formées, et l'orthographe et la ponctuation rigoureusement observées. *Curet quoque magister ut in scriptionibus distincte et nitide litterarum notæ exprimantur et scripturæ ratio sit quam optime ordinata.* (Reg. comm. 22.)

On ne saurait trop insister à ce sujet. Si on laisse prendre l'habitude de griffonner, de négliger les points, les virgules, les accents, on aura bien de la peine ensuite à obtenir une réforme. Et le professeur de rhétorique ou de philosophie a bien autre chose à faire qu'à s'occuper des points sur les i, ou des apostrophes et des cédilles.

De toute nécessité, on doit tendre à habituer les élèves à l'ordre et la régularité, et ce n'est pas sans raison que le *Ratio* entre dans ces détails, qui semblent minutieux : *scripturæ ratio sit quam optime ordinata.*

Il faut donc non seulement une écriture lisible, l'orthographe et la ponctuation, mais encore un ordre parfait dans les lignes, dans la distribution du devoir, v. g. si c'est du mot à mot, une colonne pour le latin ou le grec, la suivante pour le français, etc., etc.

ARTICLE XI

ENSEIGNEMENT DES LANGUES VIVANTES

Dans cet enseignement, on suit la même méthode que pour le français, le latin et le grec. — Programme détaillé pour les classes de quatrième, troisième, seconde et rhétorique. — Habituer peu à peu les élèves à parler la langue qu'ils apprennent. — Manière d'expliquer les auteurs surtout en seconde et en rhétorique. — Divers moyens d'apprendre les mots et la grammaire. — Usage du guide de conversation. — Exercices qui semblent plus utiles.

Nous avons dit (Article 4) que pour apprendre une langue quelconque, il faut étudier : 1° les mots ; 2° la grammaire ; 3° les locutions particulières ; 4° la littérature de cette langue. On suivra donc exactement, soit pour l'allemand, soit pour l'anglais, la même méthode que pour le français, le latin et le grec.

On commence d'ordinaire l'étude des langues vivantes en quatrième. Dans cette classe et en troisième, on insistera sur les mots, tout en étudiant la grammaire. On prendra, par exemple, quelques racines, et l'on formera les principaux composés et dérivés. Les élèves devront noter ces mots et les apprendre. On épargnera ainsi un temps précieux, souvent perdu à feuilleter le dictionnaire. Dans des exercices oraux, dans le thème dicté, on fera entrer soit les racines, soit les composés et dérivés déjà appris ; ce thème qui contiendra l'application de la leçon de grammaire, pourra ainsi être plus long, attendu que tous les mots sont connus.

Dans les explications d'auteurs, on reviendra sans cesse sur ce qui a été vu dans la grammaire et dans les thèmes ; on fera remarquer avec soin les idiotismes et la construction.

Parmi les auteurs exigés pour le baccalauréat, on choisira les plus faciles ; et le professeur les expliquera à peu près comme nous avons coutume de le faire pour le grec et le latin. — Voici, d'après le P. Descourvières, un spécimen de la distribution des matières pour les quatre années d'enseignement de la langue allemande ; il sera facile de l'appliquer à l'anglais.

CLASSE DE QUATRIÈME

1ᵉʳ SEMESTRE

1° Prononciation et lecture.
2° Lexicologie. — Exercices sur les mots appris.
3° Explication et récitation de phrases faciles.
4° Exercices sur les textes expliqués.
5° Phrases d'application très courtes.
6° Exercices de déclinaison des substantifs et adjectifs.
7° *Grammaire*. — Premières notions de grammaire. Formes indispensables de la conjugaison et de la déclinaison (par exemple : articles et adjectifs déterminatifs); substantifs et adjectifs (sans les exceptions); mots invariables et usuels.
Le verbe régulier et les trois auxiliaires : *sein*, *haben* et *werden*.

2ᵉ SEMESTRE

1° Continuation des exercices oraux de lexicologie, de récitation des textes expliqués, de conversation et d'imitation.
2° Thèmes faciles. — Les reprendre de vive voix et par cœur.
3° Exercices de conjugaison.
4° *Grammaire*. — Révision du verbe régulier. (Voix passive.) Déclinaison du substantif avec les *principales* exceptions. Les auxiliaires des modes. Les verbes irréguliers les plus usuels.
Indications *sommaires* sur les verbes séparables et inséparables. Noms de nombre. Pronoms.
Règles de construction.
Récapitulation.

CLASSE DE TROISIÈME

1ᵉʳ SEMESTRE

1° Lexicologie. Exercices oraux sur les mots appris.
2° Explication et récitation de textes faciles.
3° Exercices oraux sur les textes expliqués.
4° Thèmes d'imitation.
5° *Grammaire*. — Révision du cours de quatrième (déclinaisons et conjugaisons). Etude complète de la déclinaison (noms propres, comparatifs et superlatifs irréguliers. Pronoms. Syntaxe de l'article, du substantif, de l'adjectif et du pronom (sauf les exceptions).

2ᵉ SEMESTRE

Mêmes exercices.
(*N. B.*) A chaque texte expliqué, indiquer quelques mots à apprendre (les mots nouveaux).
Interrompre souvent l'explication par des interrogations variées.
Thèmes oraux et écrits.
Grammaire. — Règles de construction. Etude complète de la conjugaison. — Les parties invariables du discours. — Syntaxe du verbe. — Récapitulation.

CLASSE D'HUMANITÉS

1ᵉʳ SEMESTRE

1° Lexicologie et exercices oraux sur les mots appris.

2ᵉ SEMESTRE

1° Lexicologie et exercices de conversation sur les mots appris.

1er SEMESTRE (suite)

2° Explication et récitation d'auteurs.
3° Exercices oraux sur les textes expliqués.
4° Thèmes (Les reprendre de mémoire).
5° *Grammaire*. — Révision du cours de troisième.
Syntaxe. — Les prépositions et les conjonctions.
— Verbes irréguliers.
— Récapitulation.

2e SEMESTRE (suite)

2° Explication et récitation d'auteurs.
3° Exercices de conversation sur les textes expliqués.
4° Thèmes d'imitation et d'application des règles.
5° *Grammaire*. — Etude des verbes composés.
Influence des préfixes et des particules sur la conjugaison et sur l'acception du verbe.

CLASSE DE RHÉTORIQUE

1er SEMESTRE

1° Lexicologie et exercices de conversation sur les mots appris.
2° Explication et récitation d'auteurs.
3° Lecture courante de morceaux faciles.
4° Exercices de conversation sur les textes lus et expliqués.
5° Thèmes d'application des règles.
6° *Grammaire*. — Révision, en insistant sur les remarques et les exceptions.

2e SEMESTRE

1° Idiotismes et proverbes.
2° Formation et dérivation des mots.
3° Prosodie.
4° Thèmes écrits et oraux.
5° Notions d'histoire littéraire sur les auteurs.

Comme le nouveau programme du baccalauréat parle *d'un thème fait sans dictionnaire*, de *l'explication d'un texte* et *d'un entretien*, il importe d'habituer de bonne heure les enfants à parler la langue vivante qu'ils ont choisie. Le maître devra donc, dès le commencement, non pas enseigner en anglais ou en allemand, mais dire quelques phrases très simples, qu'il traduira en français, si c'est nécessaire; et il fera répéter. Tout le monde convient que pour parler une langue, il faut l'entendre parler, vivre en quelque sorte dans son milieu et s'exercer soi-même. Si les élèves sont ainsi forcés à reproduire, dès la quatrième, quelques phrases, ils s'habitueront peu à peu; et, en troisième, le professeur pourra déjà se donner plus librement carrière. Dans ces phrases, le maître fera entrer surtout les mots déjà vus. Les enfants auront moins de peine à le comprendre et à répéter. Il sera utile et peut-être nécessaire peut-être nécessaire de leur mettre entre les mains un *Guide de la conversation* anglaise ou allemande bien choisi.

« *En humanités et en rhétorique* surtout, dit le P. Descourvières, le professeur expliquera les auteurs d'une manière plus large qu'en quatrième et en troisième. L'étude des racines, des composés et des dérivés l'amènera directement à la propriété des termes; et, dans l'explication qu'il fera, il aura soin d'appeler l'attention des élèves sur les synonymes, sur la construction, sur les idiotismes et la partie de la grammaire étudiée en classe; il insistera, en rhétorique particulièrement, sur les remarques grammaticales et les exceptions.

« Enfin, il exercera beaucoup les élèves à parler anglais ou allemand et proposera un grand nombre de thèmes oraux, conformément aux exigences du programme.

« Il est certainement impossible d'expliquer en classe tous les auteurs du baccalauréat; il faut donc se contenter de voir dans chacun les passages les plus connus et les plus remarquables. Les *morceaux choisis* habitueront peu à peu les élèves à comprendre tous les auteurs. Du reste, si le professeur a été bien exact, pendant quatre ans, à faire étudier les racines, avec les dérivés et les composés, il restera, dans un texte donné, bien peu de mots dont un élève de rhétorique ne puisse deviner la signification par le contexte.

« La langue allemande étant choisie par la plupart des candidats au baccalauréat, nous ajouterons ici quelques industries plus particulières à l'étude de cette langue; un certain nombre de ces remarques peuvent aussi s'appliquer à l'anglais.

« 1º **Pour apprendre la grammaire**, outre les moyens ordinaires, on peut faire un résumé des règles (un tableau pour chaque chapitre ou section de chapitre, en style concis).

N. B. Le professeur fera bien remarquer les différentes parties d'une règle ainsi que l'enchaînement de plusieurs règles se rapportant au même cas.

« **Autre méthode.** — Résumé plus simple, c'est-à-dire énumération des exemples des règles (mettre les deux textes en regard, en soulignant les mots français et allemands sur lesquels porte la différence). Il sera très utile de relire souvent ces exemples et de reproduire l'allemand en ne regardant que le français. Il vaut mieux encore se faire interroger pour appliquer les règles à des phrases analogues.

« 2° **Pour apprendre vite beaucoup de mots allemands :** (*a*) Lire et relire les passages expliqués en classe. A chaque étude, il serait bon de consacrer quelques minutes à revoir deux ou trois phrases et de chercher à répéter de mémoire... peu à la fois si l'on veut, mais régulièrement.

N. B. Dans ce travail, il ne faut pas se laisser arrêter par des mots oubliés ou inconnus; il vaut mieux les noter et passer outre que de les chercher dans un dictionnaire; en quelques minutes, on n'a pas le temps de faire une version.

« (*b*) Avoir un petit cahier pour recueillir des mots et des expressions. En classe, pendant l'explication surtout (et en étude, au moment des lectures ou répétitions), avoir la plume à la main et noter chaque mot qui paraît nouveau. — Pour les élèves de troisième et de quatrième, cette méthode peut être employée, mais à la condition de se borner, en troisième par exemple, à ne prendre qu'un mot par ligne ou par vers, et moins encore en quatrième. Ces mots doivent être lus tout d'abord, avant de revoir le texte expliqué : rapprochés du texte, ils aident à répéter l'explication, à faire des thèmes d'imitation, et enfin à soutenir une conversation.

« (*c*) Interrogations mutuelles : récitation et récits. Il est très utile de se faire interroger par un autre sur les mots et les expressions de son carnet, de s'essayer à raconter en allemand une petite histoire expliquée en classe ou un passage quelconque. Il est bon aussi de le réciter par cœur. Mais il ne faut pas craindre de le reproduire avec d'autres mots ou d'autres tournures.

« (*d*) L'usage d'un livre présentant les mots allemands groupés d'après le sens, avec les exercices correspondants (v. g. Bossert et Beck) peut être aussi fort utile.

« (*e*) **Usage du guide de conversation.** — Son but n'est pas d'apprendre des phrases toutes faites sur différents cas pratiques de la vie, dans le dessein de s'en servir pour des situations semblables ou analogues. Si l'on ne s'en servait que pour cela, il faudrait certainement critiquer cet usage.

« L'utilité du *Guide de conversation* est de se familiariser avec le tour de la phrase allemande, avec les germanismes mis en regard des gallicismes. Les élèves se servent volontiers du *Guide* : la traduction est toute faite ; nul besoin de feuilleter le dictionnaire ; et puis, la vie qui se trouve dans le dialogue les entraîne et les charme.

« Après que les élèves ont lu une page des dialogues dans les deux colonnes française et allemande, qu'on leur fasse traduire de nouveau le français (le livre étant fermé) ; et qu'ils comparent leur mot à mot, leurs expressions impropres, leurs tournures défectueuses avec le texte de l'auteur.

« 3° **Exercices qui semblent plus utiles** : (a) Exercices sur les mots et les phrases.

« Pour les commençants : exercices de déclinaison (genre, nombre, cas) ; combinaison de plusieurs mots ensemble v. g. adjectifs et substantifs : verbes, exercices de conjugaison,... temps primitifs, verbes réguliers et irréguliers, simples et composés ; voix active, passive.

(b) Exercices de conversation sur les textes expliqués et les thèmes corrigés.

(c) Phrases d'application, de vive voix ou par écrit. Thèmes d'imitation.

(d) Thèmes d'application des règles.

(e) Thèmes écrits et corrigés, repris de vive voix et par cœur, soit dans la même classe soit à l'une des classes suivantes.

« N. B. Pour l'exercice des phrases d'application, il sera bon, non seulement d'en proposer de vive voix à chacun des élèves à son tour, mais aussi de les faire écrire par tous à la fois. Au bout de quelques minutes, on fait lire la traduction de deux ou trois, et les émules corrigent.

« Si les élèves sont de forces très inégales, le professeur ne supprimera pas pour cela les exercices oraux : (phrases d'imitation, petites conversations) ; mais il interrogera d'abord les élèves plus exercés et fera répéter par les autres quelques phrases ou quelques mots. Il tiendra ainsi les premiers en haleine et entraînera peu à peu les retardataires. »

ARTICLE XII

L'HISTOIRE

Importance de l'histoire, d'après le P. Jouvency. — Insister surtout sur les grands faits, les institutions, les traités importants, etc. — Se faire un plan : diviser d'abord et subdiviser l'histoire à apprendre en époques, afin d'avoir un tracé à suivre et de donner aux élèves une vue d'ensemble.

Les programmes des divers examens nous font un devoir d'enseigner sérieusement l'histoire dans toutes les classes. Mais cet enseignement ne doit pas se borner aux faits et aux dates, qui sont vite oubliés. *Id maxime spectabis*, dit le P. Jouvency (*Rat. disc. et doc.*), *ut rerum gestarum notitia serviat instruendis moribus; in alienam quippe vitam ut in speculum intueri decet, in quo cernamus vitiorum fœditatem, pulchritudinem virtutum*, etc., etc.

On insistera, surtout dans l'histoire ancienne, sur les grands faits qui ont marqué une époque, et sur ceux qui peuvent faire le sujet d'une composition dans les examens du baccalauréat.

Quant à la manière d'enseigner l'histoire dans les basses classes, nous en parlerons (2e partie, *Classes*). En troisième, en humanités et en rhétorique, on suit le programme du baccalauréat; et il faut insister, comme d'ailleurs il est prescrit, sur les institutions, les traités importants, et, en général, sur tous les faits qui ont amené un notable changement, soit dans l'administration, soit dans la marche des affaires.

Avant d'aborder l'histoire en détail (comme il sera dit plus tard, 2e partie), le professeur donne d'abord les grandes divisions ou époques qui partagent tout le cours, avec leurs dates. Puis il subdivise chaque époque en un petit nombre de parties fixées par des événements importants, dont on apprendra aussi les dates. Cela étant fait, on recommence et l'on établit, dans chaque partie d'époque, de nouvelles subdivisions, parcourant ainsi successivement une troisième fois toute l'histoire assignée à la classe. On se trouve alors arrivé à des règnes plus ou moins longs, ou à des portions de durée d'une médiocre étendue, sur lesquelles on peut opérer comme nous le dirons plus loin (2ᵉ partie) pour chaque classe.

Tout cela doit être fait en tableaux synoptiques dictés aux élèves.

Comme on le voit, ce premier travail n'est qu'une *préparation au Cours d'histoire;* ce sont en quelque sorte les cadres destinés à recevoir les divers exposés que l'on va mettre sous les yeux. Cette vue d'ensemble, ce tracé des grandes lignes éclaire la marche et fixe dans la mémoire la suite des événements.

ARTICLE XIII

LA GÉOGRAPHIE

Même méthode que pour l'histoire : Tracer d'abord les grandes lignes, avant de descendre aux détails. — Ne pas négliger, dans les explications latines et grecques, l'enseignement de la géographie ancienne.

Cet enseignement, comme celui de l'histoire, est déterminé par les programmes pour les classes de troisième, de seconde et de rhétorique. Une partie de la géographie est également assignée à chacune des classes inférieures.

Nous indiquerons (2ᵉ partie, *Classes*) la méthode qu'on pourrait suivre pour faire ces cours dans les basses classes. Ce que nous avons dit pour l'histoire peut s'appliquer aussi à la géographie. On enseigne d'abord les grandes divisions territoriales avec leurs limites et leur situation par rapport à la longitude et à la latitude. Ensuite on prend chaque division avec les états qui la composent, en suivant l'ordre indiqué par leur position respective, allant, par exemple, du nord au sud, et indiquant seulement les généralités (les capitales, départements, provinces, etc.). On en viendra ensuite aux subdivisions de chaque état (comme il sera dit [2ᵉ partie]). Mais on ne commencera le cours avec tous les détails (chefs-lieux, fleuves, rivières, etc., etc.) que lorsque les élèves auront déjà appris les généralités.

Un point trop négligé, soit dans les explications latines et grecques, soit dans l'étude de l'histoire ancienne, *c'est l'enseignement de la géographie ancienne.* Que d'élèves ignorent, même dans les classes élevées, ce que c'est que l'Étrurie, l'île de Crète, la Macédoine, la Cappadoce, la Thrace, la Phrygie, la Lydie, etc., etc., et tant d'autres noms anciens de royaumes, de provinces et de villes ! Dans les explications, on suppose trop facilement que les enfants se rendent compte des noms géographiques qu'ils rencontrent. N'a-t-on pas entendu même un candidat au baccalauréat interrogé sur Bossuet répondre que la fameuse bataille de Fribourg avait eu lieu en Suisse !

ARTICLE XIV

LES MATHÉMATIQUES

Importance des mathématiques. — Dans les classes de grammaire se borner surtout à la pratique et y exercer les élèves. En seconde et en rhétorique, répéter le cours en donnant la théorie. Nombreux exercices d'application.

L'importance de l'étude des mathématiques est telle que si on les néglige dans les classes de grammaire, il devient impossible plus tard de combler les lacunes. De là, les échecs aux examens, l'impossibilité d'arriver aux Écoles pour lesquelles on a fixé une limite d'âge. Cette étude, du reste, sert beaucoup à développer le jugement, la réflexion, et à donner de la rectitude à l'esprit, comme le dit Quintilien.

Dans les classes inférieures, on se bornera à l'arithmétique, sans théorie aucune; mais il faut tellement habituer peu à peu les élèves au calcul et aux divers problèmes élémentaires qu'ils n'hésitent point. On se contente d'ordinaire en septième de voir la numération et les quatre premières règles fondamentales. En sixième, on révise les matières de l'année précédente, on donne de nombreux exercices de calcul des nombres entiers et décimaux, et l'on commence les fractions ordinaires et le système métrique. En cinquième, révision des fractions ordinaires et décimales, du système métrique; règles de trois, d'intérêt, d'escompte, etc., mélanges; racine carrée; mais toujours sans théorie. En quatrième, on revoit les matières précédentes en faisant beaucoup d'exercices; on étudie ensuite les caractères de divisibilité par les nombres 2, 5, 4, 9, 3 ; les nombres premiers, le plus grand commun diviseur et le plus petit commun multiple [toujours sans théorie] et l'on passe *au calcul agébrique*. [Les quatre opérations sur des expressions algébriques simples ; les équations du premier degré, numériques et littérales; application pratique du calcul arithmétique et du calcul algébrique à la mesure des aires et des volumes ; nombreux exercices écrits et oraux].

En troisième, révision et étude théorique élémentaire de l'algèbre ; ensuite, les quatre premiers livres de la géométrie. On fera passer le plus souvent possible chacun des élèves au tableau. Il faut insister au commencement sur la clarté, la brièveté des démonstrations, en un mot sur le *langage mathématique*, et ne point admettre facilement la prétendue incapacité de certains élèves, qui aiment mieux faire toute autre chose.

En géométrie, particulièrement, qu'on ne se contente point de la théorie ; si l'on veut qu'elle soit mieux comprise, il est nécessaire d'en arriver vite à la pratique ; ainsi des applications numériques, des théorèmes découlant ou dépendant de ceux qui ont été expliqués dans le cours, serviront à fixer les connaissances acquises. Pour donner une idée d'ensemble, il est important de montrer, après chaque livre, l'enchaînement des théorèmes et comment ils naissent en quelque sorte les uns des autres par voie de déduction.

En humanités, on révisera l'arithmétique, en donnant la théorie, et l'on y ajoutera les quatre derniers livres de la géométrie.

En rhétorique, c'est la révision de toutes les matières déjà vues et l'étude de la *cosmographie*.

N. B. Dans tous les classes, on doit suivre l'horaire approuvé par le Préfet des études. Afin que cet horaire soit exactement observé, un élève peut être désigné par le maître pour avertir à haute voix, lorsque l'heure de passer à l'exercice suivant est arrivée. De la sorte, on n'oubliera, en septième, en sixième, en cinquième et en quatrième ni l'histoire et la géographie, ni les mathématiques, comme cela arrive malheureusement si souvent.

On a vu des professeurs passer plus d'un mois, sans donner une seule leçon d'arithmétique, et les autres accessoires n'étaient guère plus en faveur. C'est au Préfet des études à surveiller particulièrement ces cours.

ARTICLE XV

LES INDUSTRIES

Ce que le Ratio *entend par* concertation. *Diverses méthodes pour cet exercice.* — *Autres industries pour habituer les enfants au latin, leur apprendre à travailler, diminuer le nombre des paresseux, exciter l'émulation; la louange ou le blâme, d'après le P. Jouvency; le cahier d'*honneur *et le cahier d'*horreur. — *Usage du tableau noir, pour occuper les élèves à des devoirs supplémentaires.* — *Méthode expéditive pour préparer l'historien latin ou un auteur grec; manière de répéter les matières d'un examen.*

Une des industries les plus recommandées, c'est la *concertation*.

« Ce terme, dans le langage du *Ratio*, dit le P. Desjacques, signifie tantôt une joûte solennelle entre deux classes ou entre deux sections parallèles d'une même classe[1], tantôt une lutte engagée dans l'intérieur d'une classe entre des émules, et, en général, entre des élèves attentifs à se reprendre, et qui éprouvent ainsi ou le plaisir de la victoire ou la honte de la défaite[2]. Entendue dans ce dernier sens, la concertation est le plus énergique stimulant de l'émulation; c'est un exercice hautement recommandé par le *Ratio* (*magni facienda*); un exercice de tous les jours qui peut même trouver sa place à tout instant (*et quoties tempus patitur usurpanda*); mais qui a pourtant des heures réservées (Reg. 2 prof. rhet. hum. et gramm.)[3].

« Les exercices de la concertation, pratiqués avec suite, comme

---

1. *Concertatio cum proxima classe erit aliquoties in anno, quo die Præfecto studiorum.... visum fuerit, per horam fere, de iis tantum rebus, quæ utrique classi communes sunt, utroque moderante præceptore. Bini ternive aut plures disputabunt ex optimis utriusque classis discipulis, vel ex condicto ad singulas interrogationes responsionesque antea instructi; vel ex ingenio quidquid libeat percontantes; vel dubitationes ab uno propositas, præsertim de rhetorica, oppugnantes* (Reg. comm. 31).

2. *Concertatio, quæ vel magistro interrogante, æmulisque corrigentibus, vel ipsis invicem inter se æmulis percontantibus, fieri solet, magni facienda, et quoties tempus patitur usurpanda, ut honesta æmulatio, quæ magnum ad studia incitamentum est, foveatur. Poterunt autem vel singuli, vel plures ex utraque parte committi, præcipue ex magistratibus; vel unus etiam plures lacessere; privatus fere privatum petet, magistratus magistratum; privatus etiam interdum magistratum, ejusque dignitatem, si vicerit, sive aliud præmium aut victoriæ signum consequi poterit...* (Reg. comm. 31.)

3. Le *Ratio* insiste longuement sur ces exercices dans toutes les classes; il indique même les matières sur lesquelles on s'exercera (Voir 2ᵉ partie, chacune des classes).

ils sont *prescrits* pour chaque classe, formeront bien vite les enfants à parler latin... Le *Ratio* veut que les émules se provoquent soit à réciter les tournures signalées ou dictées par le professeur à la suite de l'explication, soit à traduire sur le champ en latin des phrases contenant ou l'application de telle ou telle règle ou une imitation de l'auteur expliqué. C'est le moyen par excellence pour dégourdir les esprits, pour faire comprendre les règles de la grammaire, pour extirper les solécismes, pour graver dans la mémoire les tournures et les expressions élégantes. Qu'on remarque bien cette parenthèse répétée dans la dernière règle de chacun des professeurs : *Faciendumque, ut locutionem propositam statim, qui interrogatur, iisdem repetat verbis, eamque paulisper meditatus, non verbatim sed totam simul latine efferat.* »

Notons encore ici que la concertation n'est pas toujours dans la classe un exercice extraordinaire ; elle « peut trouver sa place à tout instant (*quoties tempus patitur*). » Dans une classe bien conduite, la concertation cesse à peine ; ce sont tantôt des interrogations du maître aux élèves et des élèves entre eux ; tantôt une provocation de deux émules sur un point fixé par le professeur.

Ce n'est pas, bien entendu, qu'il faille proscrire les concertations plus solennelles[1]. — Mais, dans ces exercices publics, si l'on vise plutôt à récréer qu'à instruire, on peut perdre un temps précieux en vains apparats. Le P. Jouvency le constatait déjà de son temps ; tout en disant qu'ils servent à encourager les élèves et à mettre en honneur l'étude des lettres, il ajoute : *Modus tamen adhibeatur; neque comœdiis, aut aliis id genus operosis ludis, licet eruditis, magister nimium indulgeat, ne, dum auræ populari servit, scholam negligentius gerat.* (*Ratio doc.* cap. II, art. 3.)

La concertation solennelle peut se faire très utilement à la fin de chaque mois, comme répétition des leçons et des explications. On l'organise d'ordinaire de trois manières différentes : 1° Les deux émules appelés se lèvent et le professeur leur pose un nombre déterminé de questions ; celui qui répond le mieux et le plus promptement est proclamé vainqueur, et l'on passe ensuite à deux autres. 2° Les émules s'interrogent entre eux. Chacun a droit de faire à son adversaire deux ou trois questions qu'il a bien préparées à l'avance, et l'on proclame le

---

1. *Institui poterunt illæ concertationes cum aliquo apparatu.*

vainqueur comme précédemment. 3° Quelquefois on écrit sur des billets les questions à poser, et ces billets sont tirés au sort par ceux qui sont appelés. Cette méthode est préférable aux deux autres quand les élèves sont bien préparés; elle oblige chacun à étudier toutes les matières de la concertation; elle obvie à l'ennui d'entendre demander les mêmes règles et les mêmes passages, elle prévient toute fraude ou entente entre les émules, et elle donne à la fois plus de rapidité et plus de solennité à la concertation.

« A ces moyens, dit encore le P. Desjacques, chacun peut ajouter ceux que son expérience et son zèle dirigés par l'obéissance lui suggéreront. Tel professeur dicte en français des phrases bien préparées, et les élèves écrivent, non pas en français, mais en latin sur des feuilles volantes qu'on lève et qu'on corrige aussitôt[1].

« Forcés de saisir et de rendre la pensée plutôt que les mots, les enfants s'habituent à penser en latin, à se passer du dictionnaire, à mettre en œuvre ce qu'il y a dans leur mémoire; cela donne à leur intelligence beaucoup de promptitude, de souplesse et de vigueur, et à leur style un naturel et une latinité que les thèmes fabriqués avec les meilleurs dictionnaires ne leur procureront jamais.

« Un autre fait lire tout haut un passage de l'auteur latin, par exemple, une courte histoire tirée de Cicéron; s'il y a quelque difficulté pour le sens, il l'explique ou la fait expliquer aux plus forts. Cela fait, tous ferment le livre et l'histoire est répétée en latin. Cet exercice, dont on peut graduer comme on veut les difficultés, intéresse beaucoup les élèves en leur faisant sentir leurs progrès, les accoutume à saisir en latin la pensée d'un texte et à la rendre eux-mêmes en termes choisis et en phrases élégantes.

« Enfin, toutes les industries qu'on emploiera peuvent se résumer en ces trois points qu'indique le P. Jouvency : Faciliter le travail des élèves, donner soi-même l'exemple, exciter l'émulation (*Rat. doc.* cap. II, art. 3, § 1). Voici ses paroles : *Latine loquendi consuetudo quam diligentissime retinenda; neque fuerit inutile formulas aliquot proponere adolescentulis, quas in lyceo, in congressu familiari, in ipso ludo usurpent; ultro enim ac libenter dicimus quod nos bene*

---

1. « Le bon maître se reconnait à la manière dont il saura stimuler les intelligences. Il faut pour cela multiplier les exercices, en usant tour à tour de la parole, du tableau, du devoir fait en classe, du devoir fait à l'étude. » (M. Bréal, 6ᵉ conférence.)

atque eleganter dicturos confidimus. Dabit operam magister ipse ut emendatissime loquatur, ut loquentibus, ut balbutientibus præeat. Juvabit illud etiam, si propositis præmiolis aut pœnis, tanquam ex lege provocent alii alios et emendent inter sese ; deligentur doctiores nonnulli, qui, si quid ortum sit litis, decidant. Ces formules que le P. Jouvency propose de fournir aux jeunes élèves leur seraient d'un grand secours pour bien parler latin. » (Voir le *Guide de conversation latine.*)

A ces industries nous en ajouterons d'autres qui sont le résultat de l'expérience.

La plupart des enfants ne savent pas travailler ; il faut le leur apprendre.

Beaucoup d'entre eux (surtout dans les classes inférieures) ignorent absolument la manière de se servir de leurs dictionnaires, de leurs grammaires, etc. Il sera donc utile de faire avec eux et à haute voix un thème, des vers latins, une version, etc. On supposera qu'on est soi-même écolier ; on cherchera les mots dans les dictionnaires ; on consultera les grammaires pour les difficultés, en faisant les réflexions nécessaires. Les enfants suivent avec intérêt ces exercices [dans leurs dictionnaires et leurs grammaires], et ils sont heureux et fiers, quand on les consulte, de pouvoir dire à l'avance le sens d'un mot, ou signaler l'application d'une règle.

Un exercice analogue ne sera pas non plus inutile pour la composition française et latine dans les classes de littérature. Que d'élèves apprennent les préceptes, sans songer à les appliquer, et écrivent sans ordre tout ce qui leur vient à l'esprit, comme s'ils ignoraient les modes d'amplification et la nécessité d'un plan[1].

Quant à la difficulté d'obtenir le travail, elle est sérieuse. Nous avons entendu souvent de jeunes professeurs se plaindre, au commencement de l'année scolaire, du trop grand nombre de paresseux, dans la classe dont ils étaient chargés. Quand cela est vrai (et malgré l'épuration qui doit se faire chaque année, ce n'est que trop commun), le maître se décourage ; il est débordé ; il lui faut pousser et punir,

---

1. « Aucun exercice ne devrait être imposé, comme devoir, s'il n'a pas été d'abord pratiqué en classe, et sous la direction du professeur. » (M. Bréal, 6ᵉ conférence). C'est ce que recommandent tout particulièrement la règle 4 de la cinquième, de la quatrième, de la troisième, des humanités et la règle 5 du professeur de rhétorique. Ici encore M. Bréal a été devancé (Voir 2ᵉ partie, *Classes*).

tous les jours, ou plutôt à chaque classe, dix ou douze enfants qui s'obstinent à ne pas avancer. Que faire ?... Essayez ce moyen suggéré par le *Ratio* : s'il y a, par exemple, douze paresseux dans votre classe, prenez-en seulement trois des plus intelligents, que vous poursuivrez l'épée dans les reins, après avoir pris préalablement l'avis du Préfet des études. Pour les autres, dissimulez durant quelques jours. *Dissimulet potius, cum potest sine cujusquam damno* (Reg. comm. 40). Mais faites en sorte qu'on s'aperçoive le moins possible de cette tolérance. Si quelques-uns de ceux pour lesquels vous patientez font un devoir passable, louez-les publiquement. Dites bien haut que vous êtes assez content du plus grand nombre. En un mot, parlez et agissez comme si vous n'aviez dans votre classe que trois misérables exceptions. Avec beaucoup de calme et surtout avec persévérance, acharnez-vous sur ces trois *élus*, soit pour les leçons, soit pour les devoirs, soit pour la conduite en classe. *Si communiter peccatur*, dit le P. Jouvency, *duo tresve splendide puniendi...* Ils ne tarderont pas à se rendre; et certainement quelques-uns des neuf autres, épouvantés du traitement infligé à leurs condisciples, feront des efforts pour sortir de l'ornière.

Encouragez, félicitez les nouveaux convertis et soutenez leur ardeur. Cela fait, attaquez ensuite deux ou trois des plus revêches; faites tomber la foudre sur ces endurcis, que vous accuserez d'avoir ambitionné l'honneur de tenir la queue. Persévérez avec calme dans cette voie de rigueur, tout en disant que vous regrettez d'avoir à sévir; et cela jusqu'à ce que le nombre des paresseux soit réduit à deux ou trois. Vous en aurez toujours, bien certainement; ceux qui allaient bien se négligeront à leur tour; ne vous découragez pas : *Insta,... argue, obsecra, increpa in omni patientia et doctrina*. L'important est d'avoir une forte majorité de travailleurs. L'important, c'est que vous puissiez dire : En général, je suis content. Pourquoi faut-il qu'il y ait encore deux ou trois traînards? Que vous seriez heureux, mes enfants, et que je le serais moi-même, si tous, vous étiez à votre devoir, à la règle ; si personne ne m'obligeait à réprimander ou à punir !

Dans le gouvernement d'une classe, comme dans celui d'une division, il ne faut point oublier le mot célèbre d'un philosophe de notre siècle : *Ce sont les optimistes qui gouvernent le monde, et les pessi-*

mistes le regardent tourner! Sans doute, ce serait une exagération et même une grave faute que de tolérer par insouciance ou par paresse les abus, de fermer les yeux sur le mal, et de redire à tous les échos : *C'est parfait, c'est parfait!* Mais on ne gagne rien non plus à vouloir tout faire d'un coup : *qui trop embrasse mal étreint.*

Quoi qu'il arrive donc, il ne faut jamais sévir, ni même manifester son mécontentement contre toute une classe. Qu'on n'oublie pas le mot du P. Jouvency : *Duo tresve splendide puniendi.* Il ajoute : *Minæ in omnes nunquam jactandæ aut voces, quæ contemptum odiumve redoleant. Non facile mulcta litteraria toti scholæ imponatur; tunc enim efferati pœna, coeunt, et in præceptorem, numero freti, conspirant audacius* (Rat. doc. cap. III, art. 2).

Mais le moyen le plus sûr d'obtenir le travail, c'est l'émulation. *In id unice incumbere magistri sapientis cura debet, ut his duabus machinis, laude et vituperio, scholam suam regat. Hæc alunt æmulationem* (Rat. doc. cap. II, art. 1). Et l'émulation s'entretient surtout par les concertations privées ou publiques. C'est surtout dans ces exercices que le maître a l'occasion de distribuer la *louange* ou le *blâme* [*laude et vituperio*]. Le P. Jouvency ajoute : *Nemo... solus legat scriptionem; paratus æmulus qui reprehendat, adsit qui instet, qui pugnet, qui vincere gaudeat. Nemo item interrogatur solus, sed præsto sit qui respondentem, si cespitet, erigat, hæsitantem redarguat, obmutescentis vices et locum obeat.*

Schola superior cum inferiori componatur, delectis ex utroque agmine pugilibus... spectatoribus evocatis tum domesticis, tum externis...

Oratiunculæ, poemata et aliæ id genus pro captu schola lucubrationes, identidem recitentur ab uno vel pluribus alumnis ejusdem scholæ. Acciri tunc poterunt adolescentes ex inferiore schola, qui audiant et mirentur... Ad hunc modum explicabitur vernacule (auctor latinus vel græcus), interrogantibus vel æmulis vel spectatoribus, moderante rem totam præceptore (Rat. doc. loco citato).

Pour les devoirs très bien faits, il est bon d'avoir un *cahier d'honneur*, où les élèves écrivent eux mêmes et signent leurs meilleures compositions. Ce cahier peut être exposé en classe, ou bien il est présenté aux jours de concertation solennelle à ceux qui président. — S'il en est besoin, qu'on ait un autre cahier appelé *cahier d'horreur* ou *cahier noir*, dans lequel seront inscrits les barbarismes, les grossiers solécismes, les principales fautes d'orthographe, avec les noms de leurs auteurs. Chaque semaine, on en fait une lecture publique; et le cahier est laissé en classe à la disposition des visiteurs. *Sunt qui menda graviora in libros et quasi tabellas publicas referri jubeant, adscripto nomine auctorum; hæc menda singulis hebdomadibus semel aut sæpius recitantur... Similiter illa scribentur quæ ingeniose fuerunt elaborata...* (Rat. doc., loco citato.)

Quant aux leçons, on peut, dans les classes inférieures, faire inscrire, jour par jour, sur un tableau, à la suite du nom de chaque élève, le nombre de celles qu'il a sues parfaitement, ou bien la note méritée pour la journée. Ce tableau est exposé en classe; et, à la fin du mois, on récompense ceux qui se sont le plus distingués.

Voilà bien des détails; ils peuvent paraître puérils à ceux qui n'ont point vécu avec les enfants, ou n'ont jamais été témoins de leurs luttes enfantines et de leurs naïfs triomphes.

Ces concertations, ces exercices variés, ces industries ont aussi l'avantage de rompre la monotonie des classes et d'empêcher les élèves de s'endormir dans la routine. Mais, si l'on veut que tout cela réussisse, il faut que le maître lui-même y prenne de l'intérêt et qu'il s'identifie en quelque sorte avec les combattants, vainqueurs ou vaincus. *Non ut ludicrum et alienum, sed ut suum et grave negotium magister tractabit. Induet certantium animos; pro utraque parte... se sollicitum esse præ se ferat, angatur cum victis et quasi triumphet cum victoribus* (Rat. doc., loco citato)[1].

Notons ici qu'il faut de la prudence et de la discrétion dans les éloges, aussi bien que dans les réprimandes. C'est surtout aux élèves dont le travail laisse à désirer qu'il convient d'adresser des félicitations, lorsqu'ils vont bien ; c'est le moyen de soutenir leur ardeur. Ceux qui ne s'écartent jamais du droit chemin, qui sont constants, ont moins besoin d'encouragement. Leurs succès suffisent pour les maintenir.

Quant aux réprimandes, il importe plus encore d'en calculer les effets. Un enfant auquel on dit tous les jours : *Vous êtes nul; vous ne ferez jamais rien;* un enfant qui est sans cesse grondé, puni ou sur le point de l'être, finit par se décourager et ne fait aucun effort.

---

[1]. « Avoir l'air d'attacher un vif intérêt à ces petites choses est un artifice permis, quoiqu'il vaille encore mieux que l'intérêt soit vrai et sincère. » (M. Bréal, 6ᵉ conférence.)

C'est sur celui-là surtout que doit se porter la vigilance d'un maître sage et dévoué; c'est sur lui qu'il doit exercer son zèle. Il est difficile qu'un enfant ne fasse absolument rien de bien ou de passable; il faut profiter alors de la moindre circonstance pour donner un encouragement. Tel est le sens de ces paroles du P. Jouvency : *Dedecoris sit quam laudis parcior; in eoque id apprime caveat ne alienum et aversum ab eo quem objurgat aut vituperat, animum præ se ferat... Cum enim vident pueri se famam perdidisse, ac pro desperatis haberi, desperant, et ipsi sibi perfricant frontem, et conatum ad meliora prorsus abjiciunt. Igitur publicis privatisque reprehensionibus modica laus aliquando erit aspergenda* (Rat. doc., c. II, art. 1).

Nous ne parlerons pas ici de la justice et de l'impartialité qu'il faut avoir pour tous. Rien ne déconsidère un maître comme les préférences et les acceptions de personnes.

Plusieurs professeurs, pour épargner le temps de la dictée, pratiquent une industrie fort utile aux élèves. Avant la classe, ils écrivent eux-mêmes ou font écrire chaque jour sur le tableau, tantôt quelques verbes irréguliers latins ou grecs avec leurs temps primitifs, tantôt un petit devoir lexicologique. Les élèves reproduisent en tête de leurs devoirs du lendemain ce qui a été écrit au tableau; et on les oblige à en rendre compte, soit à la récitation des leçons, soit le samedi à la répétition. C'est ainsi qu'on peut faire apprendre en fort peu de temps, dans les différentes classes, non seulement les verbes français, latins et grecs difficiles, mais encore les principaux suffixes des noms, des adjectifs et des verbes; les latinismes, les gallicismes, les hellénismes, les locutions latines les plus usitées, etc., etc. (Voir art. *grammaires*).

A cause de la multiplicité des cours et des matières à préparer, il est difficile de trouver, surtout dans les hautes classes, les *études* nécessaires pour parcourir, soit l'historien latin, soit l'auteur grec. On peut, ce semble, gagner du temps, en distribuant par exemple comme devoir supplémentaire, la préparation de huit ou dix chapitres entre tous les élèves de la classe : trois ou quatre élèves ont à préparer le premier chapitre avec l'analyse, s'il y a lieu; trois ou quatre autres, le deuxième, et ainsi de suite. On choisit toujours parmi les trois élèves désignés un des plus forts de la classe. Voilà donc huit ou dix chapitres préparés en une seule *étude* : il ne reste plus qu'à les expliquer en classe : et cette explication sera d'autant mieux suivie que les élèves seront stimulés à trouver en défaut celui qui explique, sans avoir eux-mêmes préparé ce passage. *Historicus celerius fere excurrendus*. (Reg. com. 28.)

La répétition des matières de l'examen, soit à Pâques, soit à la fin de l'année, devient généralement, au bout de quelques jours, tellement monotone et ennuyeuse, que les bons élèves même en sont fatigués et le maître encore davantage peut-être. — Voici une méthode qui semble plus variée, et qui permet de répéter beaucoup de matières en peu de temps.

Supposons que le programme porte : cinquante § § ou chapitres de l'historien latin, six cents lignes de Cicéron, sept cents vers de Virgile, trois cents lignes de grec. Il suffira de vingt-cinq *études* de deux heures, c'est-à-dire d'une cinquantaine d'heures de travail, pour que les élèves puissent répéter toutes ces matières. En effet, le devoir pour chaque *étude* sera : 1° *la préparation* de deux § § de l'historien latin ; 2° de vingt-quatre lignes de Cicéron ; 3° de trente vers de Virgile, et de dix ou douze lignes de grec avec l'analyse écrite de tous les mots difficiles. Il faudra environ une demi-heure pour la préparation de l'historien (les élèves n'ont qu'à relire et à noter les passages qui les embarrassent). Pour les vingt-quatre lignes de Cicéron, un quart d'heure suffira, puisque chaque élève n'a qu'à relire et à noter les endroits qui l'arrêtent. Trente vers de Virgile prendront bien (à préparer de la même manière) une demi-heure. Il reste plus d'une heure pour le grec et l'analyse des formes difficiles. Ce devoir n'est donc pas trop long, et il est varié.

Avant de faire l'analyse grecque, chaque élève a donc noté les passages des divers auteurs, où il a rencontré des difficultés... On arrive en classe... Le professeur demande si quelqu'un est embarrassé pour le premier § de l'historien... A supposer que personne ne se lève, le maître interroge alors un ou deux élèves sur ce premier § ; s'ils traduisent bien, on passe au § suivant ; si, au contraire, ils ne savent pas, on leur donne tout le § à faire en devoir supplémentaire, et en même temps une mauvaise note[1]. C'est le moyen de les obliger à préparer. Si deux ou trois élèves ont des difficultés, on fait résoudre ces difficultés par les chefs de camp ; et l'on passe au § suivant. On suit la même méthode pour répéter Cicéron, Virgile et l'auteur grec.

Ces interrogations diverses mettent de la variété et de la vie dans la préparation de l'examen.

Si l'on est très exact à vérifier le travail des élèves (en interrogeant surtout ceux qui ne proposent aucune difficulté, ou demandent au hasard souvent un passage facile), en moins de deux jours, l'entrain est donné ; tout le monde est à peu près fidèle à répéter sérieusement et à noter ce qui est plus difficile, pour le faire expliquer en classe. Une dizaine de jours, c'est-à-dire vingt classes suffisent largement à répondre à tout ; personne ne s'est ennuyé, et l'examen a été préparé.

Des tableaux synoptiques pour les grammaires, la prosodie, et les préceptes de littérature sont un excellent moyen de répéter et d'acquérir des idées d'ensemble (Voir art. *Grammaires*).

Les mêmes méthodes seront d'une grande utilité dans les classes

---

1. Ce mode de répétition ne peut guère être pratiqué avant la troisième, à moins que les enfants ne soient très sérieux, et encore faut-il se montrer sévère, les premiers jours surtout.

de littérature pour la préparation des auteurs exigés par le programme du baccalauréat.

ARTICLE XVI

LA DISCIPLINE

La discipline d'après le Ratio ; *sans discipline, pas d'éducation possible.* — Moyens de l'obtenir. — Organisation matérielle d'une classe. — Observer exactement l'horaire approuvé par le Préfet des études. — Trois moyens d'acquérir de l'autorité, d'après le P. Jouvency. — Prévenir le mal par une vigilance de tous les instants. — Quelques défauts des maîtres. — Ce que doit être la répression : règle du Ratio à ce sujet. — Moyens d'obtenir l'attention en classe. — Conclusion. — Les qualités d'un bon maître, d'après Fénelon.

Comme il a été dit (art. 3), la discipline est le gage des fortes études, l'inspiratrice du bon esprit, la conservatrice du respect, la maîtresse, la dispensatrice et la trésorière du temps, le nerf du règlement intérieur et le ressort puissant de l'éducation tout entière. *Disciplinam omnem nihil æque continet atque observatio regularum. Hæc igitur præcipua sit magistri cura, ut discipuli tum ea quæ in eorum regulis habentur, observent, tum ea quæ de studiis dicta sunt, exsequantur. Quod spe honoris ac præmii metuque dedecoris facilius quam verberibus consequetur* (Reg. comm. 39).

Sans discipline, pas d'éducation possible, pas même d'instruction. Or, on atteindra ce but : 1° en maintenant l'observation constante du règlement par une ferme direction; 2° en prévenant les abus par le zèle et la vigilance; 3° en réprimant la transgression du règlement avec une ponctuelle justice, qui corrige le désordre dès qu'il apparaît. La discipline a donc trois fonctions principales : *établir et maintenir l'ordre, prévenir le mal, réprimer les abus.* Il vaut mieux prévenir le mal que d'avoir à le réprimer. Et si le maître est fidèle à maintenir le bien, à empêcher les abus de s'introduire, il sera moins souvent obligé de punir.

Il lui importe, avant tout, de bien organiser sa classe, et de profiter des premiers jours pour lancer les élèves, qui ont d'ordinaire beaucoup de bonne volonté au début de l'année scolaire. Comme ce point est capital, nous descendrons, à l'exemple du *Ratio*, dans quelques détails, qui sembleront minutieux peut-être, mais qui sont d'une grande importance, surtout pour les nouveaux professeurs.

Dès la première classe, après avoir pris des renseignements sur chacun des élèves, il faut les ranger en deux camps rivaux, de façon à ce que, dans ces deux camps, chaque élève ait son émule à peu près de la même force. Pour le placement, on tiendra compte de l'âge, de la légèreté, etc., et de la division même à laquelle appartiennent les enfants. C'est une organisation matérielle qui demande à être préparée avec soin, et qu'on pourra modifier plus tard, quand on connaîtra mieux ce petit monde. *Cum suus cuique locus assignatur, initio anni, et singulis pro more mensibus, id non fiat temere, utque casus tulerit; sed immodesti ac petulantes assideant modestioribus; quorum suspecti jure sunt mores adjungantur aliis quorum spectata virtus...* (Rat. doc., cap. III, art. 2.)

Le professeur nouveau dressera donc sa liste à peu près comme il suit, en écrivant au-dessus de chaque numéro le nom des émules dans chacun des deux camps, par exemple :

(Nous supposons huit tables de trois élèves chacune.)

(A)			(B)		
Pierre	Jacques	Paul	André	François	Louis
7	6	2	2	6	7
Charles	Xavier	Casimir	Camille	Émile	Frédéric
9	8	3	3	8	9
Étienne	Georges	Aimé	Joseph	Roger	Victor
11	10	4	4	10	11
Claude	Auguste	Constant	René	Maurice	Jean
13	12	5	5	12	13
	Alexandre			César	
	1			1	

Le Maître

Les numéros 1 étant réservés aux chefs des deux camps A et B, il y a ordinairement pour ces élèves des sièges particuliers en dehors des tables communes. Tout cela est parfaitement réglé par le *Ratio*. *Duas autem fere in partes ad æmulationem fovendam schola dividi poterit, quarum utraque suos habeat magistratus, alteri parti adversarios, unicuique discipulorum suo attributo æmulo. Summi vero utriusque partis magistratus primum in sedendo locum obtineant.* (Reg. comm. 35.)

Quand le nouveau professeur (avec une liste ainsi dressée) aura assigné une place à chacun de ses élèves, il pourra, dès le premier jour, faire connaissance avec ces physionomies diverses, les observer, sans avoir besoin de demander les noms de tel ou tel; et, si par hasard un désordre se produit, il saura à qui s'en prendre.

Si l'on adopte le système proposé (page 43) les numéros 6, 7 et 8 du camp (A) vont réciter au décurion 2 du camp (B); 9, 10, 11 (A) au décurion 3 (B); 5, 12, 13 (A) au décurion 4 (B); les décurions 2, 3, 4 (A) au chef de camp 1 (B), et *vice versa*. Pendant ce temps, les censeurs 5 (A) et 5 (B) recueillent les devoirs, et visitent les cahiers de brouillon.

En une demi-heure ou trois quarts d'heure au plus, toutes les leçons ont été récitées, et le professeur, après avoir interrogé d'ici et de là pour vérifier les notes des décurions, a donné et expliqué les leçons du lendemain. *Tribus primis horæ quadrantibus memoriter recitentur præcepta... apud decuriones, scriptaque... collecta; et eorum notas magister recognoscat. Mox ex præceptis aliquid explicetur* (Reg. 2, Prof.)

Le P. Jouvency qui engage à multiplier les charges honorifiques (*Rat. doc.*, cap. II, art. 5.) recommande de les renouveler presque tous les mois : *Mutandi fere singulis mensibus decuriones itemque censores; solent enim, dum aliis carent, se ipsi negligere.* — C'est aussi la règle du *Ratio*[1].

On peut faire de ces distinctions honorifiques la récompense des vainqueurs dans la concertation mensuelle (Voir l'art. *Industries*). Il est bon d'accorder quelques faveurs à chacun des dignitaires tous les quinze jours; ce sera, par exemple, une *exemption* qu'ils pourront transmettre à un autre, afin de satisfaire à une pénitence; *une image pieuse*, etc., etc.

Ces dispositions étant prises, il faut être fidèle à *observer l'horaire*, qu'on s'est fixé avec l'assentiment du Préfet. Que les élèves soient bien avertis de ce que l'on doit expliquer pendant chaque classe et chaque jour, afin qu'ils oublient le moins possible d'apporter les livres nécessaires.

Quand tout aura été ainsi réglé, le maître n'aura pas de peine à lancer sa barque et à la maintenir toujours dans la direction du but. Son autorité personnelle suffira d'ordinaire à cette tâche. Et cette autorité personnelle, dit le P. Jouvency, le professeur l'augmentera ou même l'acquerra par trois moyens : 1° par la bonne opinion qu'il

---

[1]. *Magistratus eligendi, præmiisque etiam, si videbitur, afficiendi... singulis fere, aut alternis mensibus* (Reg. comm. 35).

donnera de lui à ses élèves ; 2° par son dévouement ; 3° par une fermeté paternelle.

1° *Si operam det ut magni a discipulis fiat; hoc autem opinione pietatis et eruditionis consequetur* (Rat. doc. cap. III, art. 1). Qu'il donne en tout l'exemple de la vertu. *Cœpit Jesus facere et docere... Videant opera vestra bona et glorificent Patrem vestrum qui in cælis est.* Qu'il sache parfaitement et à fond tout ce qu'il doit enseigner, et s'applique à l'enseigner clairement, méthodiquement et d'une manière intéressante. Savoir, c'est quelque chose, mais savoir enseigner est plus précieux encore. *Apprime teneat quæ docere debet; paratus in scholam et meditatus semper veniat, quamvis id minime appareat; nihil non elaboratum et elimatum afferat* (Rat. doc., cap. III, art. 1).

« Une première condition pour être respecté de vos élèves, dit aussi M. Bréal (6° conférence), c'est de leur présenter un homme parfaitement préparé, mais nullement désireux de faire montre de son savoir. Une science sûre d'elle-même, qui se révèle à l'occasion, mais qui sait se réserver et se contenir, ne manque jamais son effet sur la classe. »

2° *Si curet ut ab iisdem suis discipulis ametur; amabunt autem, si profectus sui cupidum videbunt; si moderatum et iræ compotem;... si tam comem et humanum privatim quam serium et gravem publice; si æquabilem et semper constantem sibi ; si æquum omnibus, neque amiciorem quibusdam et plus nimis familiarem, si parcum in puniendo, neque tam odio adductum ad sumendas pœnas, quam amore et necessitate compulsum* (Rat. doc., loco citato). En un mot, et avant tout, que le maître prenne les sentiments et le cœur d'un père pour tous ses enfants, comme dit si bien Quintilien : *Sumat ante omnia erga discipulos animum parentis.*

3° *Tertium auctoritatis comparandæ caput est, ut magistrum discipuli timeant. Timebunt si minime mollem ac remissum sentiant; pauca et justa imperantem, imperata constanter et prudenter exigentem.* (Rat. doc., loco citato.)

Oui, ce qui fait surtout l'autorité personnelle, l'ascendant nécessaire au maître, c'est la fermeté, c'est-à-dire quelque chose d'arrêté et de résolu, de modéré sans doute, mais d'immuable dans sa modération, cette trempe d'âme ferme et égale qui se possède, se gouverne toujours, et par là se montre digne de gouverner et de posséder les autres, qui n'a pour guides que la conscience et la raison, et n'agit jamais par caprice ni par emportement.

Le P. Jouvency ajoute : *Adjuvabit oris æquabilitas et maturita sermonis, non aspera illa quidem et tetrica, sed plena constantiæ e gravitatis, quam ipsa voce firma, et subinde ad increpandum vehe menti et contenta significare oportebit*[1].

Ut autem hæc tria, quibus magistri auctoritatem contineri dixi mus, votis magistri respondeant, in id incumbat, ut suos alumno. probe norit, ut quid cujusque ferat condicio, ingenium, ætas, indole exploratum habeat. Curet alere concordiam cum Præfecto studiorum et collegis suis; nihil præcipiti ductus animi æstuantis impetu agg diatur; omnia secum et cum ipso prius Deo mature deliberet (Rat. doc., cap. III, art. 1).

Établir et maintenir l'ordre, voilà donc la première fonction de la discipline.

La *seconde* est de *prévenir le mal*, en proscrivant le plus possible les abus, dès qu'ils tendent à s'introduire.

> *Principiis obsta, sero medicina paratur.*
> *Cum mala per longas invaluere moras* (OVIDE).

... *Principiis occurratur*, dit à son tour le P. Jouvency. *Ubi se tantillum commovent (alumni), statim comprimantur, et si qui sunt levitate insigniores aut ferocitate, paulatim variis artibus delassentur, ut jugum ferre leniter assuescant... Accidit aliquando ut modestiam remittant pueri subito, nulla vel levi de causa; tunc magister penes se sit, nihil effutiat iracundia, serio et virili vultu pueriles componat æstus, silentio et nutu, interdum clara et elata voce; alias contemptu, quasi nihil accidisset novi, pergat exsequi quod habeat præ manibus, emendare scriptionem, auctorem explanare* (Rat. doc., cap. III, art. 2).

La vigilance doit être de tous les instants, et s'étendre à tout.

Le relâchement des élèves vient souvent par la faute des maîtres, qui à la longue se laissent envahir par l'ennui, le dégoût et le découragement. De là, la négligence. *Unde fit ut remissius incumbat ipse in litteras, atque adeo minus perite et feliciter tradat ea, quæ plenum non callet* (Rat. doc., cap. III, art. 3). Alors s'occ

---

1. Confer DUPANLOUP et ROLLIN, *Traité des études* (Livre VIII, 1re partie, art. 3 et 4).

d'études tout à fait étrangères à sa classe ; on perd son temps à des lectures frivoles et quelquefois légères, au grand détriment de ses élèves et de sa propre formation.

Le P. Jouvency a parfaitement résumé tout ce que l'on peut dire à ce sujet. Dans un article intitulé *De frequentioribus docentium vitiis*, il a signalé les défauts les plus communs :

Peccant graviter (magistri), qui aliena quædam et disjuncta studia sic domi colunt, ut nullam aut perlevem scholæ sibi commissæ curam gerant. Alius supellectilem ad habendas olim contiones comparabit ; alius vernaculos panget versus, latinæ ut plurimum et græcæ poeseos ignarus, cum tamen utramque docere debeat...

Nonnulli plus justo sunt cum pueris familiares, non sine suo periculo et alumnorum dispendio... Decet quidem magistrum quasi repuerascere cum pueris, at minime pueriliter. Parentem se illorum quemdam esse cogitet, non imitatorem et mimulum. Sæpe illud secum reputet, qui modo sunt pueri, eosdem viros brevi fore ; imo ne nunc quidem ita esse pueros, quin probe videant quid recte, quid secus fiat.

Plurimi non eumdem agendi cum discipulis modum tenent : hodie graves et serii, cras hilares et remissi ; modo severi et inexorabiles, alias placabiles et benigni. Hæc illa scilicet inæqualitas omnia corrumpit, et ingeniis puerilibus perturbandis et ad immodestiam convertendis opportuna est...

Aliqui, ut scholæ tædium levent, non quid pueris utile sit, sed quid sibi minus incommodum sectantur. Itaque oscitanter auctorem explanant, scriptiones discipulis proponunt ex aliquo libro vernaculo sumptas, eorum captui nequaquam accommodatas ; jubent explicari historicum per integras scholas, aut librum nescio quem lectitari...

Postremo tædium afferre solet ipsa puerilis institutio per sese, præsertim si diuturna sit, si magister ætate provectior, si conflictetur cum ingeniis atrocibus et molestis, si exiguum operæ pretium faciat, si utatur valetudine minus commoda...

...His ut vitiis eatur obviam, ajoute le P. Jouvency... pro certo (magister) habeat puerilem institutionem, ut non nemo sapienter dixit, mundi renovationem esse... ; tum vero,... non modo libenter, sed etiam ambitiose docendi munus exercebit...

Non sum equidem nescius opus esse grave et laboriosum, in scholarum pulvere florem ætatis et valetudinem interdum conterere ; molam eamdem, per annos aliquando plures, versare... Grandis est labor, non nego. At quantulus tamen, si ad æternitatis præmium spectes !...

Laudetur sacrorum oratorum munus, qui verba faciunt ad populum ;... illi tamen divinam sementem sæpe disperdunt... Contra magister christianus,... habet a quibus benevole semper audiatur, qui ex ore nutuque pendeant ;... et cælestis sapientiæ frugem... exserere necesse est.

Quid ! Quod contionatorum labores solet atterere vermis quidam et domestica labes, inanis ex hominum plausu et favore gloria, cujus illecebras ac periculum ludi puerilis obscuritas nescit !... Ad extremum,... præmium... studio nostro conatibusque debit. (Rat. doc., cap. III, art. 3.)

Il nous reste à parler de la *répression*. Tout ce que nous venons de montre assez qu'il faut retarder le plus possible un châtiment

toujours, et par là se montre digne de gouverner et de posséder les autres, qui n'a pour guides que la conscience et la raison, et n'agit jamais par caprice ni par emportement.

Le P. Jouvency ajoute : *Adjuvabit oris æquabilitas et maturita sermonis, non aspera illa quidem et tetrica, sed plena constantiæ e gravitatis, quam ipsa voce firma, et subinde ad increpandum vehe menti et contenta significare oportebit*[1].

Ut autem hæc tria, quibus magistri auctoritatem contineri diximus, votis magistri respondeant, in id incumbat, ut suos alumno. probe norit, ut quid cujusque ferat condicio, ingenium, ætas, indole exploratum habeat. Curet alere concordiam cum Præfecto studiorum et collegis suis; nihil præcipiti ductus animi æstuantis impetu aggrediatur; omnia secum et cum ipso prius Deo mature deliberet (Rat. doc., cap. III, art. 1).

Établir et maintenir l'ordre, voilà donc la première fonction de la discipline.

La *seconde* est de *prévenir le mal*, en proscrivant le plus possible les abus, dès qu'ils tendent à s'introduire.

Principiis obsta, sero medicina paratur.
Cum mala per longas incaluere moras (OVIDE).

... *Principiis occurratur*, dit à son tour le P. Jouvency. *Ubi se tantillum commovent (alumni), statim comprimantur, et si qui sunt levitate insigniores aut ferocitate, paulatim variis artibus delassentur, ut jugum ferre leniter assuescant... Accidit aliquando ut modestiam remittant pueri subito, nulla vel levi de causa ; tunc magister penes se sit, nihil effutiat iracundia, serio et virili vultu pueriles componat æstus, silentio et nutu, interdum clara et elata voce; alias contemptu, quasi nihil accidisset novi, pergat exsequi quod habeat præ manibus, emendare scriptionem, auctorem explanare* (Rat. doc., cap. III, art. 2).

La vigilance doit être de tous les instants, et s'étendre à tout.

Le relâchement des élèves vient souvent par la faute des maîtres, qui à la longue se laissent envahir par l'ennui, le dégoût et le découragement. De là, la négligence. *Unde fit ut remissius incumbat ipse in litteras, atque adeo minus perite et feliciter tradat ea, quæ plenum non callet* (Rat. doc., cap. III, art. 3). Alors s'occ

---

[1]. Confer DUPASLOUP et ROLLIN, *Traité des études* (Livre VIII, 1re partie, art. 3 et 4).

d'études tout à fait étrangères à sa classe ; on perd son temps à des lectures frivoles et quelquefois légères, au grand détriment de ses élèves et de sa propre formation.

Le P. Jouvency a parfaitement résumé tout ce que l'on peut dire à ce sujet. Dans un article intitulé *De frequentioribus docentium vitiis*, il a signalé les défauts les plus communs :

Peccant graviter (magistri), qui aliena quædam et disjuncta studia sic domi colunt, ut nullam aut perlevem scholæ sibi commissæ curam gerant. Alius supellectilem ad habendas olim contiones comparabit ; alius vernaculos panget versus, latinæ ut plurimum et græcæ poeseos ignarus, cum tamen utramque docere debeat...

Nonnulli plus justo sunt cum pueris familiares, non sine suo periculo et alumnorum dispendio... Decet quidem magistrum quasi repuerascere cum pueris, at minime pueriliter. Parentem se illorum quemdam esse cogitet, non imitatorem et mimulum. Sæpe illud secum reputet, qui modo sunt pueri, eosdem viros brevi fore ; imo ne nunc quidem ita esse pueros, quin probe videant quid recte, quid secus fiat.

Plurimi non eumdem agendi cum discipulis modum tenent : hodie graves et serii, cras hilares et remissi ; modo severi et inexorabiles, alias placabiles et benigni. Hæc illa scilicet inæqualitas omnia corrumpit, et ingeniis puerilibus perturbandis et ad immodestiam convertendis opportuna est...

Aliqui, ut scholæ tædium levent, non quid pueris utile sit, sed quid sibi minus incommodum sectantur. Itaque oscitanter auctorem explanant, scriptiones discipulis proponunt ex aliquo libro vernaculo sumptas, eorum captui nequaquam accommodatas ; jubent explicari historicum per integras scholas, aut librum nescio quem lectitari...

Postremo tædium afferre solet ipsa puerilis institutio per sese, præsertim si diuturna sit, si magister ætate provectior, si conflictetur cum ingeniis atrocibus et molestis, si exiguum operæ pretium faciat, si utatur valetudine minus commoda...

...His ut vitiis eatur obviam, ajoute le P. Jouvency... *pro certo (magister) habeat puerilem institutionem, ut non nemo sapienter dixit, mundi renovationem esse... ; tum vero,... non modo libenter, sed etiam ambitiose docendi munus exercebit...*

Non sum equidem nescius opus esse grave et laboriosum, in scholarum pulvere florem ætatis et valetudinem interdum conterere ; molam eamdem, per annos aliquando plures, versare... Grandis est labor, non nego. At quantulus tamen, si ad æternitatis præmium spectes !...

Laudetur sacrorum oratorum munus, qui verba faciunt ad populum ;... illi tamen divinam sementem sæpe disperdunt... Contra magister christianus,... habet a quibus benevole semper audiatur, qui ex ore nutuque pendeant,... et cælestis sapientiæ frugem... ea ere necesse est.

Quid ! Quod contionatorum labores solet atterere vermis quidam et domestica labes, inanis ex hominum plausu et favore gloria, cujus illecebras ac periculum ludi puerilis obscuritas nescit !... Ad extremum,... præmium... studio nostro conatibusque debit. (*Rat. doc.*, cap. III, art. 3.)

nous reste à parler de la *répression*. Tout ce que nous venons de montrer assez qu'il faut retarder le plus possible un châtiment mérité. Les avis, les avertissements, les réprimandes, doivent toujours ou presque toujours précéder[1].

Nec in puniendo sit præceps (magister), nec in inquirendo nimius; dissimulet potius, cum potest sine cujusquam damno; neque solum nullum ipse plectat... sed omnino a contumelia dicto factove inferenda abstineat; nec alio quempiam quam suo nomine vel cognomine appellet : pœnæ etiam loco, aliquid litterarium addere ultra quotidianum pensum utile interdum erit. Inusitatas autem et majores pœnas,... sicut eos, qui correctionem recusant, præsertim si grandiores sint, ad Præfectum rejiciat (Reg. comm. 40).

Nec in puniendo sit præceps, voilà la règle ; et elle est sage ; car s'il y a une vraie fermeté qui a son principe dans le dévouement et la conscience, il y a aussi une fausse fermeté, comme dit Bossuet; et celle-là est toute humaine. On l'appelle la dureté, la raideur, l'opiniâtreté. Ne jamais patienter, ne savoir jamais attendre ni temporiser ; briser tout d'abord, c'est le plus souvent tout compromettre et se briser soi-même, c'est être faible (car ce n'est pas être maître de soi, ce qui est la plus grande de toutes les faiblesses).

Mais quel que soit l'ascendant d'une autorité ferme et vigilante, il est impossible qu'il n'y ait pas, plus ou moins souvent, des défauts à corriger, des fautes à réprimer.

Quand on est obligé d'en venir au châtiment, il faut que l'enfant sente qu'on ne le fait qu'à regret, mais qu'on ne reculera pas, puisqu'averti, réprimandé même, il n'a point voulu obéir.

In pœnis infligendis... dit encore le P. Jouvency, *providendum est, ut digna plagis culpa subsit;... certa sit atque explorata culpa, et si fieri potest, nocens eam agnoscat fateaturque... Absit ira in plectendo, absit arrogantia et quædam ostentatio, quibus nihil est odiosius; absint contumeliæ et indecora vocabula... Describatur tantum culpa, ostendatur ejus indignitas... Addantur aliquando minæ, sed lenitate clementiaque temperentur* (Rat. doc., cap. III, art. 1).

Les menaces doivent être rares et toujours suivies de l'exécution. Rien ne ruine la parole du maître comme des menaces en l'air, toujours répétées sans effet : les enfants s'y habituent et n'en tiennent aucun compte.

---

[1]. Confer ROLLIN, *Traité des études* (Livre VIII, 1re partie, art. 6 et 7).

Il serait difficile d'énumérer tous les défauts et les fautes des écoliers; les plus ordinaires sont : la malpropreté, l'impolitesse et la grossièreté entre condisciples, le manque d'ordre et la mauvaise tenue, l'inattention en classe, les leçons mal apprises, les devoirs omis ou mal faits, les désobéissances, les bouderies, le bavardage, les petits airs orgueilleux et fanfarons, les emportements de colère, les réponses impertinentes, les insolences, les résistances, etc. Quelque légère que soit une faute, il ne faut pas la laisser passer inaperçue, si cette faute s'attaque à l'autorité et au respect qui lui est dû. Sans doute, on ne doit pas se montrer susceptible; mais pas de faiblesse non plus. Il y a des manquements légers, qui échappent par inadvertance, et il y en a de plus graves. Il est important de les distinguer dans la répression, *digna plagis culpa subsit*.

En général, on peut dire que toute pénitence, pour devenir salutaire, doit être : 1° bien méritée; 2° donnée avec calme; 3° de nature à guérir le défaut d'où elle dérive, ou bien à réparer ou expier le mal, c'est-à-dire qu'elle doit être médicinale ou expiatoire.

1° Elle sera méritée, si elle est donnée pour une faute certaine, et si elle est proportionnée à cette faute; 2° Il faut qu'elle soit imposée avec calme; si l'on se sent ému, on doit attendre et se contenter de dire : Je réfléchirai à la punition que vous avez méritée... Souvent ce délai est pour l'enfant un châtiment plus fort et plus pénible que la pénitence même; 3° *Contraria contrariis curantur*. Si la faute provient de l'orgueil ou de la vanité, il sera excellent d'infliger une humiliation, v. g. quelques minutes à genoux; si c'est de la dissipation, on retranchera le quart ou la moitié d'une récréation, en obligeant l'élève à se promener ou à se tenir immobile à l'écart, et en silence pendant que ses camarades jouent; s'il s'agit des leçons ou des devoirs, c'est la paresse et la mollesse qu'il faut attaquer; qu'on assigne une leçon ou bien un devoir supplémentaire, ou bien que l'on prive le paresseux soit de dessert, soit du deuxième plat à dîner et à souper, etc. S'entendre pour cela avec le Préfet des études et lui déférer les coupables, quand il s'agit de fautes graves, comme l'insubordination, le mauvais esprit, l'immoralité, etc., etc.[1].

Les injures, les soufflets, les coups, etc., doivent être proscrits absolument; ces moyens de répression font perdre à un maître toute la dignité et la gravité de son caractère. Et puis, que gagnerait-on à

---

1. Confer ROLLIN, *Traité des études* (Livre VIII, 1re partie, art. 5 et 6).

imiter cet Orbilius, auquel Horace a donné le surnom de Plagosus? Le P. Jouvency répond : *Nec facile reperias unum aliquem e plagosis istis Orbiliis, qui diu ludum puerilem suaviter utiliterque tenuerit.* L'enfant mal né, que vos soins paternels ne touchent pas, s'endurcira bien vite aux punitions et aux coups. C'est la pensée de Quintilien : *Si cui tam est mens illiberalis, ut objurgatione non corrigatur, is etiam ad plagas, ut pessima quæque mancipia, durabitur.*

Il faut surveiller exactement les élèves pendant la classe. C'est surtout en expliquant les auteurs que le professeur est exposé à perdre de vue ses écoliers. Si cette explication a été bien préparée, on n'aura pas besoin d'avoir tellement les yeux fixés sur le livre, qu'on ne puisse remarquer un élève qui cause, se dissipe ou n'écoute pas. Le moyen d'obtenir l'attention de tous, en fort peu de temps, c'est de faire répéter l'explication par ceux qu'on a surpris en faute, et s'ils ne satisfont pas, on la leur donne à rapporter par écrit, en devoir supplémentaire.

Un autre moyen d'obtenir l'attention, et, par le fait, de maintenir les élèves dans la plus exacte discipline, c'est de les interroger souvent, à tout propos, au milieu d'une explication, d'une correction; il faudrait même que dans le cours d'une classe, chacun fût interrogé une ou deux fois. Et il y a des enfants qu'on n'interroge presque jamais! Pourquoi s'étonner qu'ils se dissipent et dépensent ailleurs leur activité?

Que conclure de tout ce que nous venons de dire? C'est que la vertu, la fermeté, la science, le bon sens et le dévouement sont absolument nécessaires à un professeur pour réussir dans cette noble mais difficile tâche de l'éducation.

Nous ne saurions mieux terminer cette première partie qu'en résumant, d'après Fénelon, *les qualités d'un bon maître* :

Il est, dit-il, sensé, doux, égal en toutes choses. Il se possède toujours et agit tranquillement, comme un homme sans humeur, sans fantaisie, sans imagination dominante, qui consulte sans cesse la raison et la vertu, et qui les écoute en tout. Et cela imprime à toute sa personne la plus aimable dignité.

Il se donne aux enfants par devoir et avec joie; il est plein de sollicitude et de soins pour chacun d'eux[1].

---

1. *Contemnat neminem, pauperum studiis æque ac divitum bene prospiciat, profectumque uniuscujusque e suis scholasticis procuret* (Reg. comm. 50).

On ne le voit ni las de s'assujétir à leurs divers besoins, ni impatient de se débarrasser d'eux;... il est toujours tout entier à ce qu'il fait; il ne parait ni distrait ni occupé d'autre chose, ni renfermé en lui-même, tandis qu'il remplit ses fonctions. Il ne fait jamais rien par hauteur, par violence ou par caprice... Il sait que sa fermeté, son égalité, sa manière de se posséder et de ménager toutes choses, peuvent seules le faire aimer et respecter tout à la fois. Aussi il est vraiment aimable, complaisant même et enjoué dans ses relations particulières; mais sa complaisance n'est suspecte ni de mollesse ni de légèreté, parce que les enfants le trouvent toujours ferme, décisif, précis, sévère, quand il le faut, maintenant partout la règle, l'ordre, le silence, le travail et l'émulation.

Il y a des enfants qui ont le cœur sec, froid, dur, resserré; il y en a d'autres qui ont le cœur tendre, ouvert, vif, aimant. Il y en a de très agréables; il y en a de fâcheux. Il y en a de grands; il y en a de petits. Le maître sage et dévoué se fait tout à tous. Il supporte les uns sans les flatter et reprend les autres sans impatience; il fait sentir son affection à tous[1], mais il est inflexible pour corriger dans les uns et dans les autres ce qu'il faut corriger.

Il descend avec bonté jusqu'aux plus petites choses, mais cette bonté est si proportionnée qu'elle n'affaiblit jamais ni son autorité, ni le respect qu'il inspire... Il converse avec les enfants, et ses conversations laissent dans leur cœur des impressions de sagesse et de douceur qui les élèvent et les charment. En un mot, il est aimé de tous, mais c'est par une douceur soutenue de noblesse, de gravité et de désintéressement qu'il se rend aimable, et le respect n'est jamais oublié en sa présence.

Du reste, un tel maître sera toujours un modèle, car la piété et l'amour de Dieu sont dans son cœur; voilà les sentiments qui le soutiennent, qui le fortifient, qui l'éclairent, qui le consolent parmi les peines inévitables d'une vie si laborieuse, qui l'aident enfin chaque jour à posséder son âme en patience et en paix au milieu de ses rudes fonctions. Dieu est en lui; et voilà pourquoi il est aimé, vénéré, obéi, comme il convient; car quand on porte Dieu dans son cœur, avec une piété simple, forte et aimable qui se donne à tous pour les gagner tous, alors on parle peu, et on dit beaucoup; on ne s'agite point et on fait tout ce qu'il faut; on ne se presse point et on expédie bientôt; on n'use point d'adresse et on persuade; on ne gronde point et on corrige; on n'a point de hauteur et on exerce la vraie autorité; on est patient, prévoyant, modéré, accessible, affable, mais aussi décidé, ferme, et jamais ni mou, ni flatteur; et par là même, on est chéri des bons, craint des méchants, s'il y en a, et respecté de tous.

---

1. *Familiarem non se uni magis quam alteri ostendat; cum iisque extra scholæ tempus nonnisi breviter ac de rebus seriis, loco etiam patenti, hoc est non intra scholam, sed pro scholæ foribus, aut in atrio... quo magis ædificationi consulat, colloquatur* (Reg. comm. 47).

FIN DE LA PREMIÈRE PARTIE

LA

PRATIQUE DU RATIO

DEUXIÈME PARTIE

LES CLASSES

CLASSE ÉLÉMENTAIRE[1]

ou

SEPTIÈME

But et programme de cette classe. — Horaire à établir avec le Préfet des études. — Quelques conseils du P. Jouvency. — Enseignement du catéchisme et de la grammaire française. — Explication de l'auteur français, avec un exemple. — Exercices de lecture, d'écriture, d'orthographe, de lexicologie, d'analyse grammaticale et logique. — Enseignement de l'histoire, de la géographie et de l'arithmétique. — *Discipline*. Quelques conseils aux jeunes professeurs.— Règles du *Ratio* et recommandations du P. Jouvency. — *Industries* particulières aux basses classes.

Le but de cette classe est de préparer à l'étude du latin. Le texte du *catéchisme*, la *grammaire française* élémentaire, des exercices de *lecture*, d'*écriture*, d'*orthographe*, d'*analyse grammaticale* et *logique*, l'explication d'un *auteur français*, quelques notions d'*histoire*, de *géographie* et d'*arithmétique*, tel est le programme de la septième.

Lorsque les élèves ont été rangés en deux camps, comme il a été dit à l'article *Discipline* (1re partie), il faut arrêter l'horaire[2] de la classe, c'est-à-dire distribuer toutes les matières de l'enseignement à des jours et heures fixes, en tenant compte de l'importance de chacune d'elles, et en mettant le plus de variété possible dans les exercices (Consulter le Préfet des études).

D'ordinaire, les trois premiers quarts d'heure sont consacrés à la récitation et à l'explication des leçons ; pendant la demi-heure suivante on s'occupe de la correction des devoirs. Il y a ensuite une petite récréation, et le reste de la classe est employé soit à la lecture,

---

1. Il y a souvent dans les collèges, plusieurs classes élémentaires. C'est au Préfet des études à régler particulièrement tout ce qui regarde chacune d'elles. *Ubi scholæ elementares... fuerint, sciat (præfectus) sibi earum curam demandatam esse ; utque pueri ad pietatem et litteras alantur, magistros visitet, et regularum observationem ab omnibus exigat.* — Nous ne nous occuperons ici que de la dernière de ces classes, c'est-à-dire de la septième.

[Pour la neuvième et la huitième, voir ROLLIN, *Études des enfants*, livre Ier, chapitre Ier du *Traité des études*.]

2. Voir l'horaire de la classe de sixième qui donnera une idée de la distribution du travail.

soit à l'orthographe, à l'analyse ou aux accessoires, etc. Il en est de même matin et soir. Mais on visera surtout à varier le plus possible, afin d'éviter la monotonie. Il ne faut pas non plus aller trop vite : qu'on se souvienne que les enfants travaillent un peu comme boivent les petits poulets, c'est-à-dire la tête en l'air et qu'ils avalent goutte à goutte : *Meminerit præceptor ingenia puerorum esse veluti vascula angusti oris, quæ superfusam liquoris copiam respuant, sensim instillatam recipiant* (Ratio doc., cap. II, art. 3, § 1).

C'est pourquoi la plupart des livres vraiment élémentaires procèdent par demandes et par réponses. Telle doit être, surtout en septième, la méthode d'enseignement. On interrogera très souvent ou pour mieux dire presque toujours; on fera répéter par les plus forts les explications données; cette répétition leur servira; et elle sera surtout utile aux plus faibles, qui comprennent quelquefois plus facilement un condisciple que le maître lui-même : *Nec raro accidit ut ab æqualibus discant facilius pueri quam a magistro* (Rat. doc., cap. II, art. 3, § 1).

Il est important aussi d'habituer de bonne heure les enfants à une bonne prononciation, à ne pas crier ou chanter en récitant leurs leçons, à ne point bredouiller, ni répéter à chaque instant le même mot, comme s'ils étaient bègues : *Assuescant distincte loqui et articulatim, non præpropere, ut fere fit; raptim, turbide; intersistant, sermonemque interpungant, ubi opus est* (Rat doc., loc. cit.).

Quelques exercices de déclamation seront fort utiles pour accoutumer les élèves au ton naturel, aux pauses régulières et aux diverses intonations : *Curabitur ut singulis hebdomadibus declametur publice aliquid, ut pueri vocem gestumque moderari cum dignitate doceantur* (Rat. doc., loc. cit.).

LEÇONS

Le catéchisme. — La plupart des enfants qui se préparent à la première communion appartiennent à la classe de septième ou à celle de sixième. C'est pourquoi l'étude du catéchisme a, dans ces classes, une importance toute particulière. Il faut faire apprendre tous les jours, exactement, les demandes et les réponses, et cela textuellement, après avoir bien expliqué les mots qui ont besoin d'explications. Et puis, en changeant le texte des questions, par des objections, par des interrogations variées et multipliées, on s'assurera que les enfants comprennent la doctrine catholique. Il sera utile de faire sur ce sujet quelques concertations (Voir 1re partie, art. *Industries*).

Grammaire française. — Tout ce que la grammaire française élémentaire renferme de plus important doit être expliqué et appris dans cette classe.

Le maître s'appliquera surtout à la faire comprendre pratiquement, soit par des exemples, soit en interrogeant les élèves. A mesure que l'on avance dans la théorie, c'est-à-dire l'étude des règles, il faut donner des devoirs comme application. C'est presque toujours faute de suite et de méthode que les enfants ne font aucun progrès ; ou bien ces progrès sont fort lents. On prend au hasard une dictée, sans trop s'inquiéter de ce que les élèves ont vu et compris, etc. Il faudrait au contraire insister sur un point obscur, et ne pas aller plus loin, avant que tout fût parfaitement saisi : *Quæ nisi bene percepta sint, ad alia non veniatur* (*Rat. reg.* 8, pr. inf. gr.). (Voir 1re partie, art. *Grammaires*.)

Auteur français. — Comme toute autre leçon, l'auteur français doit être expliqué avant d'être appris par cœur. Cette explication se fait, en suivant la marche indiquée pour les auteurs latins et grecs. (Voir 1re partie, *Auteurs*, et particulièrement l'explication de l'Auteur français)[1].

Prenons, comme exemple, la première fable de La Fontaine, *La Cigale et la Fourmi*.

1° *Courte notice* sur La Fontaine. — Ce que c'est qu'une *Fable*.

2° *Idée générale et argument de la fable*. Le poète veut montrer que pour vivre, il faut travailler. Il met donc en scène la cigale qui ne fait rien, et la fourmi qui travaille toujours. La première n'ayant en hiver pas de quoi subsister va demander l'aumône chez la fourmi, qui, au lieu de lui prêter, même se moque d'elle.

---

1. Dans cette classe, les élèves ont d'ordinaire les *Fables* de La Fontaine et un recueil de morceaux choisis des prosateurs français. On en profitera pour les faire lire, car il importe de provoquer de bonne heure chez eux le goût de la lecture.

COMMENTAIRE

[DANS LEQUEL ON PROCÉDERA LE PLUS POSSIBLE PAR INTERROGATIONS]

La cigale ayant chanté	Qu'est-ce qu'une *cigale*? C'est une espèce de mouche, grosse comme le hanneton, etc. Il y en a beaucoup en Provence et dans tout le midi. — *Ayant chanté*, quel temps?... *Chanter*, première conjugaison, temps primitifs? — On pourrait dire en prose : *Une cigale avait chanté tout l'été. Elle se trouva*, etc. *La cigale, la* fourmi, dit le poète... Pourquoi?
Tout l'été,	C.-à-d. pendant tout l'été. Complément circonstanciel de temps. *Tout l'été*, c.-à-d. aussi pendant la saison où elle aurait pu amasser des provisions pour l'hiver.
Se trouva fort dépourvue,	*Se trouva*, verbe accid. pronominal. A quel temps? On dit dans le même sens : Il se trouve bien embarrassé. *Fort dépourvue*, c.-à-d. sans aucune provision. Que signifie : J'ai été pris au dépourvu? *Dépourvu*, composé de *pourvu* et de *de* (comme *défaire, découdre*); part. passé de dépourvoir. Conjugaison? Temps primitifs?
Quand la bise fut venue :	*La bise*, le vent froid du nord qui souffle surtout en hiver, c.-à-d. quand l'hiver fut arrivé. *Fut venue*. Temps? Conjugaison?
Pas un seul petit morceau	C.-à-d. elle n'avait *pas un seul petit morceau*. *Morceler*, couper en morceaux. De là aussi : *morcellement*, action de morceler. Analyse gramm.
De mouche ou de vermisseau.	Un *morceau de mouche!* Ce n'est pas grand'chose. Elle n'avait donc rien à manger, la pauvre cigale... *Vermisseau*, petit ver de terre. — Elle n'avait donc pas non plus même un seul petit bout de vermisseau. Hélas!...
Elle alla crier famine	*Alla*, quel temps? quel verbe? conjuguez-le... *Elle alla crier famine*, c.-à-d. elle alla dire qu'elle mourait de faim. *Crier famine*, expression énergique pour dire : avoir grand'faim, mourir de faim. On dit de même : *crier misère, crier vengeance, crier* et *chanter victoire*, etc.
Chez la fourmi, sa voisine,	Où alla-t-elle? *Chez la fourmi*, complément circonstanciel de lieu. C'était sa voisine, et entre voisins, on se rend service.

La priant de lui prêter	*La priant*, c.-à-d. priant elle (*La* pour *elle*, rég. dir. de priant). *Priant*, quel temps? quelle conjugaison? Pourquoi La Fontaine fait-il parler les animaux et même les plantes? Analysez *lui prêter*. Que signifie prêter?
Quelque grain pour subsister	Analysez *quelque grain*? quelque grain au singulier.... Elle ne demande pas beaucoup. *Subsister*, c.-à-d. continuer d'exister; de là, *subsistance*, nourriture, aliment qui conserve la vie. *Pour subsister*, c.-à-d. pour qu'elle puisse se nourrir et vivre jusqu'à la saison nouvelle.
Jusqu'à la saison nouvelle.	C.-à-d. jusqu'au printemps. Combien y a-t-il de saisons dans l'année? Analyse grammaticale.
« Je vous paierai, lui dit-elle,	Analysez *je vous paierai, lui dit-elle*. *Je vous paierai*, c.-à-d. je vous rendrai avant le mois d'août (je vous en donne ma parole d'honneur) et le capital que vous m'aurez prêté, et même les intérêts.
Avant l'août, foi d'animal,	*Avant l'oût* ou bien *l'août* c.-à-d. avant le mois d'août, avant la moisson (complém. circonst. de temps)... *Foi d'animal*, manière de parler pour dire qu'on fait serment, c.-à-d. qu'on donne sa parole d'honneur. Ainsi l'on dit de même : *foi d'honnête homme!* qu'est-ce que cela signifie?.. *Et foi d'animal*?
Intérêt et principal. »	Le *principal*, c.-à-d. le capital, ce qu'on a prêté; et l'*intérêt*, c.-à-dire un bénéfice, un profit. Que signifie prêter au 5 pour 100? *Intérêt et principal*. Analysez ces mots qui finissent la phrase.
La fourmi n'est pas prêteuse, c'est là son moindre défaut.	C'est une réflexion que fait, en passant, celui qui raconte, c.-à-d. La Fontaine. Comme s'il nous disait : Vous savez que la fourmi n'aime pas prêter. Si elle a des défauts, certes, ce n'est pas celui-là. Elle est avare. Elle a amassé avec peine, et elle tient d'autant plus à ce qu'elle possède. Analysez logiquement ces deux vers.
[La fourmi répond :] « Que faisiez-vous au temps chaud? »	Analysez *que faisiez-vous*? *Au temps chaud*, c.-à-d. pendant la belle saison, en été, (compl. circ. de temps); vous n'avez pas travaillé alors?...
Dit-elle à cette emprunteuse.	*Cette emprunteuse*, cette mendiante paresseuse, la fourmi la méprise. Elle est malheureuse pourtant la pauvre cigale; mais à qui la faute?...

[Réponse de la cigale :]

« Nuit et jour, à tout venant,

Nuit et jour, compl. circ. de temps.
A tout venant, c.-à-d. au premier venu, à tout propos, à tous les passants. Analysez : *à tout venant, je chantais.*

Je chantais, ne vous déplaise. »

Ne vous déplaise, c.-à-d. que cela ne vous déplaise point, ne vous soit pas désagréable; comme si la cigale disait : Veuillez je vous prie m'excuser, *ne vous déplaise*. Qu'est-ce que le subjonctif? Et pourquoi ce mode ici?

« Vous chantiez ! j'en suis fort aise.

Vous chantiez ! s'écrie la fourmi, vous chantiez quand il fallait travailler !
J'en suis fort aise; analysez ces mots.

Eh bien ! dansez maintenant. »

Eh bien ! que signifie cette interjection? Ah ! vous chantiez au lieu d'amasser de quoi vivre, quand vous le pouviez.
Dansez. Quel mode et pourquoi?
Dansez maintenant que vous mourez de faim. Tant pis pour vous.

Morale. — Il faut travailler quand on est jeune, c'est-à-dire pendant la belle saison de la vie. Si l'on perd son temps, on s'expose à être traité comme la cigale. Le paresseux est méprisé partout, et il inspire peu de pitié. — Que pensez-vous pourtant de la dureté de la fourmi?... Est-elle charitable? Laisser mourir de faim sa voisine! Oh! c'est barbare! La charité chrétienne nous commande le contraire : Aidez-vous les uns les autres, etc.[1].

Dans cet exemple, nous avons multiplié les remarques et les explications; évidemment il ne sera jamais possible de les donner toutes; au commencement de l'année surtout, quand les enfants n'ont pas encore vu beaucoup de grammaire, lorsqu'ils débutent dans l'analyse grammaticale, on se contentera d'expliquer le sens des mots, en y ajoutant peu à peu quelque chose, au fur et à mesure qu'ils avancent dans l'étude du français.

Quand la fable ou le morceau à expliquer sera trop long, on le partagera en deux ou trois parties.

---

1. Si le P. Jouvency, avant d'expliquer la 6ᵉ fable de Phèdre (Voir classe de cinquième) croyait devoir dire : *Quamvis exempla hæc puerilia et inepta fere videantur, ita sunt necessaria tamen, ut merito censeantur non omittenda : recte vel fabellam pueris explicare artis opus et specimen est,* à combien plus forte raison devons-nous nous excuser! Dans cet exemple, comme dans ceux qui suivront, nous n'avons pas prétendu donner des modèles, mais seulement une idée du genre d'explication qui convient à chaque classe.

EXERCICES

Lecture. — On exercera chacun des élèves à bien lire. Pour cela il n'est point nécessaire d'avoir un livre particulier de lecture; on profitera d'une dictée, d'une leçon d'histoire ou de géographie, ou bien de l'explication de l'auteur français (Morceaux choisis et La Fontaine). Comme cette classe est une préparation à l'étude des langues anciennes, il faut que les enfants s'y habituent à lire le latin avec aisance. On peut profiter de cette nécessité pour faire apprendre certaines prières latines, v. g. le *Credo*, le *Confiteor*, les *litanies*, etc. et particulièrement les Réponses pour servir la sainte Messe. Il sera utile, quand une prière a été bien apprise, de la faire reproduire par écrit, de mémoire, et sans consulter le livre. Cet exercice peut se donner en classe.

Il est d'usage de faire apprendre, après Pâques, les déclinaisons latines [1]; et les enfants qui aiment tous le changement et la nouveauté se font à l'avance une fête de commencer cette étude du latin. On ne manquera donc pas de proposer la chose comme une récompense à mériter.

Écriture. — L'écriture est beaucoup trop négligée d'ordinaire; et il n'est pas rare d'entendre à ce sujet les plaintes de certains parents, qui demandent même, pour leurs enfants, des leçons particulières de calligraphie [2]. Tout le monde sait du reste combien l'on tient aujourd'hui à une bonne écriture dans les différentes administrations. On mettra donc tous ses soins à donner aux élèves les meilleurs principes : chaque jour on les exercera à écrire, d'abord en gros caractères, pour dégager la main; on arrivera peu à peu à l'écriture usitée dans les bureaux, c'est-à-dire ni trop grosse, ni trop fine, mais

---

1. Quelques professeurs y ajoutent le verbe *sum* et les quatre conjugaisons régulières, afin (disent-ils) que leurs élèves, l'année suivante, ne soient pas trop inférieurs à certains *nouveaux*, qui arrivent en sixième après un an de latin, et qui sont pourtant incapables de suivre la classe de cinquième... C'est au Préfet des études qu'il appartient de régler ce point.

2. Il serait peut-être à désirer que, partout où la chose peut se faire, il y eût dans les *Études des petits* au moins, une leçon d'écriture chaque jour. Cela se pratique depuis longtemps déjà dans quelques maisons; et, avec un bon maître de calligraphie, l'on arrive à d'excellents résultats.

régulière et bien lisible. On portera une attention particulière sur la ponctuation et l'accentuation, que les enfants négligent souvent. Enfin dans les devoirs ordinaires de la classe, il faudra tenir grand compte de l'écriture, de l'orthographe et de la ponctuation.

Orthographe. — Les exercices d'orthographe doivent être multipliés dans cette classe, mais bien choisis et gradués, de manière à renfermer l'application des règles de grammaire que les élèves ont étudiées. On peut les varier de mille manières, afin d'éviter la monotonie.

Les divers ouvrages publiés sur ce sujet (*lexicologies, exercices lexicologiques* ou d'orthographe, *dictées graduées*, etc.) fourniront une abondante variété de devoirs aussi instructifs qu'intéressants. Quand ces exercices sont faits en dehors du temps des classes, ils doivent être corrigés par le professeur, et voici comment : on souligne toutes les fautes, en y ajoutant quelques observations sur l'écriture, et l'on rend à chaque élève son devoir ainsi annoté. Arrive la correction publique : le maître passe au tableau noir et écrit lisiblement la dictée. Pendant ce temps, chacun corrige dans son devoir les fautes qui y ont été signalées. Après chaque phrase, on interroge sur l'application des règles. Les devoirs sont ensuite recueillis et soumis au contrôle du professeur.

Si l'exercice est donné pour le temps de la classe, il est corrigé de la même manière, et le maître s'assure, par lui-même ou par deux des élèves les plus sérieux, que la correction a été bien faite. Il faudra, en dictant ou en donnant un devoir d'orthographe, interroger souvent les enfants sur le sens des mots et des expressions que l'on rencontre.

Exercices de lexicologie. — Comme nous l'avons dit (1re partie, *Étude des langues*), pour parler et pour écrire correctement et clairement dans une langue quelconque, il faut connaître les mots, la grammaire et les locutions particulières de cette langue. Or l'éducation première de l'enfant ne lui donne la signification que d'un certain nombre de mots ou d'expressions d'un usage commun. Il ignore complètement les autres ; et ce sont d'ordinaire les mots d'origine savante, ceux qui renferment une idée abstraite, les locutions un peu rares. Voilà pourquoi nous disions plus haut qu'il fallait s'assurer que les élèves ont bien compris tous les mots et expressions d'une dictée. Il importe en effet de continuer cette éducation première, dont nous parlions tout à l'heure, et d'étendre le plus possible sous ce rapport les connaissances de l'enfant. C'est pourquoi on dictera souvent des devoirs dans le genre de celui-ci :

MOTS A DICTER : [L'élève écrira à la suite la signification de chacun d'eux et les dérivés donnés par le dictionnaire.]

Abaisser, faire descendre; au fig. diminuer, humilier. *S'abaisser*, devenir plus bas, s'humilier.

Abaissement, action d'abaisser ou de s'abaisser, et état de ce qui est abaissé.

Abandonner, remettre à la discrétion de quelqu'un; céder, livrer à quelqu'un, quitter, délaisser, déserter, négliger. — *S'abandonner* au plaisir, etc. D'où *abandonnement*, action d'abandonner.

Abandon, remise entre les mains de quelqu'un, cession, confiance entière, facilité; action ou état d'une chose abandonnée. *A l'abandon*, sans soins.

Abasourdir, (de sourd) assourdir par un grand bruit; consterner.

Abattre, jeter à terre; abaisser, diminuer. *S'abattre*, se jeter à terre, tomber. D'où *abattement*, action d'abattre et état de ce qui est abattu; *abatteur*, celui qui abat; *abatage*, action d'abattre; *abattoir*, lieu destiné à l'abatage; *abatis*, amas de choses abattues; *abat-jour*, réflecteur pour abattre la lumière; *abat-vent*, claie, mur pour abattre le vent; *abat-voix*.

Abbaye, monastère d'hommes ou de femmes.

Abbé, celui qui possède ou gouverne une abbaye; quiconque porte l'habit ecclésiastique. — *Abbatial*, qui appartient à l'abbaye.

Abcès, amas de pus.

Abdiquer, abandonner le pouvoir suprême; *au fig.* renoncer à. — D'où *abdication*, action d'abdiquer.

Aberration, erreur de jugement, égarement. (C'est aussi un terme d'astronomie et d'optique.)

Abêtir, rendre bête. *S'abêtir*, devenir bête. D'où *abêtissement*, action d'abêtir et état de celui qui est abêti.

Abhorrer, éprouver de l'horreur pour, repousser avec horreur... *S'abhorrer*, se haïr soi-même.

Si l'on dicte ces mots en suivant le dictionnaire, les élèves perdront moins de temps à chercher, et pourront faire un plus long devoir.

On exigera d'eux, à la suite de ce travail, les différentes significations des mots, en interrogeant tantôt celui-ci, tantôt celui-là, après avoir jeté un coup d'œil sur les copies et noté les négligences ou les omissions. Les mots dictés peuvent être pris utilement aussi dans les fables de La Fontaine, déjà expliquées, etc.

Analyse grammaticale. — L'analyse grammaticale et l'orthographe sont les deux parties les plus importantes de la classe de septième. Il est impossible en effet d'aborder l'étude du latin sans savoir comment s'écrivent en français les mots les plus usuels; et on ne saurait faire un thème, si on ne connaît pas l'analyse grammaticale. Nous avons déjà dit qu'il fallait multiplier les devoirs d'orthographe et les corriger avec soin; nous dirons la même chose des devoirs d'analyse. On se contentera d'abord, si l'on veut, d'une indication générale et abrégée (art. m. s.; nom c. f. s.; verbe, etc.)...

Quand les enfants sauront distinguer les différentes espèces de mots, on fera ajouter peu à peu le reste de l'analyse.

Il est nécessaire, croyons-nous, de dicter une méthode pratique d'analyse grammaticale; c'est le moyen de faciliter le travail des enfants et de les obliger en quelque sorte à réfléchir. Voici une idée de cette méthode :

NOM — ART. — ADJ. — PRON. — VERBE — PART. — ADV. — PRÉP. — CONJ. — INTERJ.

Commun
ou
propre ?

masculin
ou
féminin ?

singulier
ou
pluriel ?

Est-il sujet ?
[question qui est-ce qui]

Est-il complément ?
direct ?
indirect ?
circonstanciel ?
etc., etc.

> Il sera facile de faire pour chacune des parties du discours un questionnaire aussi complet que possible.

L'analyse grammaticale doit être faite très souvent par écrit et en classe de vive voix, soit en expliquant l'auteur français, soit en corrigeant les dictées, etc., etc.

Analyse logique. — Dans la seconde partie de l'année, on donnera quelques notions d'analyse logique. Ici, surtout, il est important d'aller lentement et de ne point passer plus loin, sans avoir fait bien comprendre l'analyse de la *proposition simple*. Quand on aura constaté, par les devoirs écrits des élèves, qu'ils savent analyser logiquement une proposition simple, on donnera successivement des propositions composées, coordonnées, subordonnées, etc.

C'est l'esprit du *Ratio*. Dans les règles communes à tous les professeurs, comme dans les règles particulières pour chaque classe, il insiste sur la nécessité des leçons bien comprises : In grammaticæ.., *præsertim inferioribus classibus, cum incidit aliquid difficilius, illud ipsum uno, aut pluribus diebus recolatur* (Reg. comm. 29, prof.).

HISTOIRE

C'est l'histoire sainte qu'on fait apprendre ordinairement en septième. Avant de commencer, pour bien fixer l'attention des enfants, on leur parlera des pays où se passent les événements : une description géographique sommaire les intéressera toujours beaucoup.

Quand ils auront ainsi fait connaissance avec les lieux dont ils vont entendre les noms, ils ne seront plus dans le vague. Leur petite imagination est en campagne dès qu'on nomme une ville ou une province ; ils se représentent le désert, la mer Rouge, le Sinaï, là où ils sont réellement. En un mot, ils sont fixés, et suivent avec plus d'intérêt le récit des événements.

Une des meilleures manières d'enseigner l'histoire à des enfants de cet âge, c'est d'abord de faire lire le texte, cela les habitue à une lecture réfléchie. Lorsqu'on a ainsi lu une page ou deux, tous ferment le livre et on leur redit simplement les faits, comme on raconterait une histoire. Si parmi eux, il s'en trouve deux ou trois qui aient bonne mémoire et assez de facilité d'élocution, on les charge de répéter eux-mêmes ce qui a été lu. Avec les autres, on procède par petites interrogations, de manière à ne rien omettre d'important.

L'histoire sainte fournira de nombreuses occasions de dire un mot de piété, et il n'y faut point manquer.

GÉOGRAPHIE

Avant d'aborder l'étude d'une région particulière, on doit expliquer les termes usités en géographie, sauf à les faire répéter au fur et à mesure qu'on les rencontre dans une leçon. Cet enseignement de la géographie générale se fera par demandes et par réponses; et on peut la rendre fort intéressante, soit par des descriptions faciles à inventer, soit par des détails de cosmographie élémentaire.

Quand cette partie importante a été bien vue et comprise, il semble que le meilleur serait de commencer l'étude de la France, par la ville que l'on habite et le département dans lequel se trouve cette ville. Pour bien fixer les idées, on va au tableau noir, et l'on trace le contour du département, en ayant soin de toujours placer le nord en haut, on écrit successivement le chef-lieu et les sous-préfectures, ainsi que les autres lieux célèbres, s'il y en a. On note les montagnes, les rivières, fleuves, lacs, etc., de façon à donner aux enfants une idée exacte du pays.

Le premier département étant ainsi expliqué, on groupe ensuite autour de lui de la même manière chacun de ceux qui se trouvent dans le même bassin. Ce mode permet de suivre dans leur trajet le cours des fleuves avec leurs affluents, ainsi que les montagnes, collines et plateaux qui servent au partage des eaux.

Il sera utile et même peut-être nécessaire, avant de commencer la France, de donner quelques notions sur le globe terrestre, et les cinq parties du monde; mais sans aucun détail, sauf pour l'Europe, dont on énumérera les principales régions.

ARITHMÉTIQUE

On s'assurera tout d'abord que chacun des enfants sait écrire les chiffres comme il faut. On les fera ensuite passer l'un après l'autre au tableau pour la numération, et l'on ne viendra à l'addition que lorsque tous sauront lire un nombre écrit, ou écrire un nombre énoncé. Ceci est un point très important. Bien entendu, on ne s'occupera, pour commencer, que des nombres entiers.

L'addition, la soustraction, la multiplication et la division seront ensuite expliquées successivement, sans théorie aucune, sauf quelques explications élémentaires. L'essentiel est que les enfants puissent faire une opération arithmétique et s'habituent à manier les chiffres. Exiger surtout que chacun sache parfaitement la table de Pythagore.

On donnera des devoirs en rapport avec la force des élèves, et toujours pour appliquer ce qui a été expliqué. Afin de varier, quand on aura vu les deux ou trois premières opérations, il sera bon de dicter quelques problèmes faciles et intéressants qu'on fera résoudre au tableau à la leçon suivante.

Dans la seconde partie de l'année, si la numération, l'addition et la soustraction, la multiplication et la division des nombres entiers ont été bien comprises, on peut passer aux nombres décimaux ou fractions décimales et donner quelques notions du système métrique.

N. B. Dans l'addition, les enfants éprouvent beaucoup de difficulté et sont très lents; leur embarras vient de ce qu'après avoir additionné, par exemple, $3+9=12$ (si l'on a à former une somme avec $3+9+6+4+5$) ils ne savent pas ajouter 12 à 6; qu'on leur fasse donc remarquer qu'il n'y a qu'à additionner 2 et $6=8$, en mettant 1 devant $=18$; et ils continueront facilement : $18+4...$ ($8+4=12$ et 1 qui était devant, cela fait 22); $22+5...$ ($5+2=7$ et 2 devant donnent 27). Il suffit, par conséquent, qu'ils sachent additionner deux chiffres quelconques, pour n'être jamais embarrassés.

DISCIPLINE

Dans la première partie (art. *Industries, Discipline*), nous avons fait beaucoup de remarques qui peuvent servir à toutes les classes.

Il en est d'autres qui concernent surtout la septième, la sixième et même la cinquième.

En général, les professeurs qui débutent dans l'enseignement sont exposés à parler trop; ils se laissent ainsi emporter par leur ardeur et pensent que cela est nécessaire. La plupart du temps, ils se fatiguent en pure perte. Les élèves s'habituent à les entendre, et bientôt, ils n'écoutent plus ; ils en viennent à se dissiper, au grand détriment de la discipline et des études. Dans toutes les classes[1], mais surtout avec les plus jeunes enfants, le maître doit parler le moins possible et tenir son petit monde en haleine par des interrogations, des objections qu'il fait lui-même, ou qu'il fait faire. De cette sorte, il aura moins de peine à maintenir l'ordre et la discipline.

Dans les classes inférieures surtout, il est besoin d'entrer dans les détails les plus minutieux. On veillera à la propreté : on visitera tous les jours s'il est nécessaire, les cahiers, les livres (qui sont souvent déchirés ou couverts de taches d'encre) et même les mains et les habits.

Il faut insister sur ce point, et ne jamais tolérer le moindre abus ; si l'on y est fidèle, les enfants prendront l'habitude de l'ordre et de la propreté : *Nihil enim æque domat indolem puerorum amantiorem libertatis atque assiduitas magistri vigilantis, experrecti et ad minima quæque descendentis* (Rat. doc., cap. III, art. 3).

Il est important aussi d'accoutumer dès le commencement les enfants à regarder la classe comme un lieu sacré : *in eam, ut in sacrarium quoddam ingrediantur* (Rat. doc., cap. III, art. 2). Il faut donc s'y montrer grave, réservé, et donner l'exemple soi-même : *Magister cum discipulis... nunquam jocetur liberius, cavilletur, aut cachinnetur. Familiaritas illa nimia et inconsulta contemptum parit ; contemptus verecundiam et frenos excutit.* (Rat. doc., loc. cit.)

A plus forte raison, on ne doit point permettre aux élèves de parler en classe librement, comme s'ils étaient en récréation : *Silentium et modestiam servandam in primis curet, ut nemo per scholam vagetur, nemo locum mutet, nemo ultro citroque munera schedasve mittat ; ut a schola non egrediantur præsertim duo vel plures simul* (Reg. comm. 43). *Cavendum est, ne facile, præsertim prælectionis tempore, a quopiam discipuli evocentur...* (Reg. comm. 44).

Aussi est-il d'usage, dans tous les collèges, que les élèves ne sortent point pendant la première moitié de la classe, à moins d'une nécessité absolue. Mais, *ne quid nimis*, il est certains enfants, surtout dans les classes inférieures, pour lesquels il faut être plus indulgent.

---

1. « Un professeur qui aime à parler et qui parle trop est presque toujours un assez mauvais professeur. » (SARCEY, *Revue bleue*, 13 décembre 1890).

Cependant, s'ils abusaient de la complaisance du maître (pour prendre l'air uniquement), il conviendrait de se montrer plus difficile, *consulto Præfecto*.

Le professeur doit être tellement maître de ce qu'il enseigne et si absolument libre de toute occupation étrangère à la classe, que jamais il ne perde de vue ses écoliers. Ainsi il pourra remarquer ceux qui se dissipent, ceux qui causent ou n'écoutent pas. — Un excellent moyen d'obtenir l'attention, c'est de faire répéter ce que l'on vient de dire par les plus étourdis et de leur donner, en devoir supplémentaire, l'explication qu'ils n'ont pas pu reproduire.

Un autre moyen d'obtenir l'attention, et, par le fait, de maintenir la plus exacte discipline, c'est d'interroger souvent les élèves.

Ces interrogations faites à chaque instant, à tout propos, au milieu même d'une leçon ou d'une correction de devoir, tiennent les enfants toujours en haleine, comme nous le disions tout à l'heure, et mettent de la vie et de la variété dans la classe.

INDUSTRIES

Les enfants aiment le changement : leur nature mobile les rend incapables d'une longue attention. Il faudra donc donner des leçons très courtes et des devoirs également très courts. Il vaut mieux multiplier le nombre des leçons à apprendre et des devoirs à faire que de décourager même les plus diligents. Ainsi, pour une étude de deux heures, on doit donner, en septième, quatre ou cinq petits devoirs variés ; en sixième, on pourra réduire le nombre à trois, et il sera bon, même en cinquième et en quatrième, de dicter un devoir principal et un autre travail supplémentaire. Un seul devoir long sera moins soigné, surtout s'il déplaît, que plusieurs devoirs variés et courts [1].

Quant aux leçons, il vaut mieux aussi les multiplier, que d'en donner de longues : *non nisi singula præcepta*, dit le *Ratio*. A mesure qu'on avancera et que la mémoire se fortifiera, on augmentera la quantité.

---

1. Confer ROLLIN, rendre l'étude aimable (*Traité des études*, livre VIII, 1re partie, art. 10).

L'étude du matin de cinq heures trois quarts à sept heures paraît trop longue pour les leçons, surtout dans les classes inférieures. On devrait, ce semble, permettre d'écrire à cette étude. Alors les professeurs de septième, de sixième et de cinquième pourraient donner à écrire certaines leçons, sous forme de questionnaires. Ce serait pour le maître une preuve que la leçon a été étudiée, et pour l'élève un bon moyen d'apprendre avec intelligence, et de fixer son esprit.

Plus on mettra aussi de variété dans les exercices de la classe, plus on obtiendra l'attention, surtout en septième, sixième, cinquième et quatrième.

Il y a ordinairement dans chacune des classes inférieures surtout, deux étendards qui sont fixés aux bancs des chefs de camp. Sur chacun de ces étendards est inscrit le mot *Victoire!* Quand l'un des deux camps est vainqueur de l'autre dans une concertation[1] ou un exercice public, il arbore son étendard; tandis que celui du camp vaincu est enroulé, et reste en berne jusqu'au prochain concours. C'est un détail qui a son prix.

Mais, encore une fois, la meilleure des industries avec les enfants, c'est, pour ainsi dire, d'en avoir une nouvelle pour chaque jour et de varier le plus possible les moyens d'émulation. Cet âge léger, nous le répétons, aime le changement. Le *Ratio* ne cesse de le redire : *Exercitationes varias opportuno tempore pro scholæ gradu, modo hanc, modo illam imperet. Nulla enim re magis adolescentium industria quam satietate languescit* (Reg. comm. 23 prof.).

---

1. En septième, sixième, cinquième, quatrième et troisième surtout, on doit multiplier le plus possible les concertations; c'est un des exercices les plus utiles et les plus recommandés par le *Ratio* (Voir première partie, art. 15, *les Industries*).

CLASSE DE SIXIÈME

Programme de cette classe. — Horaire et distribution des devoirs pour chaque semaine. — Enseignement du catéchisme et des grammaires française, latine et grecque. — Explication des auteurs, avec des exemples. — Devoirs : thème latin et version latine. — Exercices d'orthographe, d'analyse et de lexicologie. — L'histoire, la géographie et l'arithmétique.

Le programme de cette classe comprend : le *catéchisme*, la répétition de la *grammaire française* vue en septième, à laquelle on ajoute les principales exceptions pour les noms, les adjectifs et les verbes, la syntaxe des verbes, modes, participes, etc.[1]. Dans la *grammaire latine*, les déclinaisons et les conjugaisons latines; les règles générales et les plus communes de la syntaxe; des exercices d'*orthographe*, d'*analyse grammaticale* et *logique*, de *lexicologie*, des *thèmes* et des *versions* élémentaires, quelques notions d'*histoire*, de *géographie* et d'*arithmétique*. Dans la deuxième partie de l'année, on apprend à lire et à écrire le grec, en s'exerçant sur les déclinaisons régulières.

Gradus hujus scholæ est rudimentorum perfecta cognitio ; incipit enim a communi declinatione nominum et conjugatione verborum ; pergit dein ad generales et communes regulas syntaxis ;... græce... legere et scribere ; ad prælectionem, facillima aliqua... adhibeantur. (*Rat. Reg.* 1, prof. inf. cl. gr.)

Les élèves étant partagés en deux camps comme il a été dit (1re partie, art. *Discipline*), on distribue toutes les matières de l'enseignement, en assignant à chacune d'elles des jours et des heures fixes, suivant leur importance, et en mettant dans cette distribution le plus de variété possible. *C'est l'horaire de la classe qu'il faut suivre exactement toute l'année.*

---

1. Voir à ce sujet le Préfet des études.

HORAIRE DE LA CLASSE DE SIXIÈME

	MATIN							
Lundi 8 h.	Récitation et explication des leçons	Catéchisme Gram. f^{aise} ou grecque Grammaire latine Auteurs latins et français Arithmétique	8h.3/4	Dictée et correction des devoirs [tous les jours sauf le mardi et le samedi]	9h.1/4	Prélection ou explication de l'auteur latin. (*Epitome*, *de Viris*, *Cicéron*)[1] [tous les jours sauf le samedi]	10 h.	Arithmétique.
Mardi 8 h.		*item* sauf arithmétique	8h.1/2	Composition et exercices divers.				
Mercredi 8 h.		Comme le lundi					9 h. 50	Explication du Catéchisme
Vendredi 8 h.		Comme le lundi					10 h.	Arithmétique.
Samedi 8 h.		Répétition des leçons de la semaine	9 h.	Répétition des explications de la semaine			10 h.	Déclamation
Dimanc. 10h.1/2	Explication du Catéchisme	Résumé de l'explication en forme de questionnaire, auquel les enfants répondent dans un cahier correct ou en devoir par écrit.						

	SOIR							
Lundi 2 h. 1/4	Récitation	Gram. f^{aise} Grammaire latine Histoire et Géographie Auteur f^{ais}	2h.3/4	Dictée et correction des devoirs	3h.1/4	Auteur latin ou lexicologie latine, c'est-à-dire groupement des mots par familles ou bien explication de l'auteur français.	4 h.	Histoire et Géographie

1. *Epistolæ faciliores Ciceronis*, etc. (*Rat. Doc.*, cap. II, art. 8) (Voir la note, p. 33).

	SOIR (suite)				
Récitation Mardi 2 h. 1/4 { Comme le lundi	2h.3/4 { Comme le lundi	3h.1/4 { Comme le lundi	4 h. { Explication de l'auteur français.
Mercredi 2 h. 1/4 { *item*	*item*	*item*	4 h. { Histoire et Géographie
Vendredi 2 h. 1/4 { *item*	*item*	*item*	4 h. { Explication de l'auteur français.
Samedi 2 h. 1/4 Répétition des leçons et explications du soir, ensuite concertation.

On peut distribuer les devoirs comme il suit[1] :

Du lundi soir au mardi : Thème latin et analyse grammaticale ou logique.

Du mardi au mercredi : Version latine, arithmétique, orthographe.

Du mercredi au vendredi : Thème, histoire à résumer, version, analyse latine, exercice de lexicologie, géographie (grec après Pâques)[2].

Du vendredi au samedi : Thème, analyse grammaticale ou logique, arithmétique.

Du samedi au lundi : Version latine, orthographe, exercice de lexicologie, analyse latine.

Divisio temporis hæc erit : mane, tribus primis horæ quadrantibus, memoriter recitetur auctor… et grammatica ; tum ex grammatica… aliquid… explicetur… postea vero omnia vel a magistro, vel invicem per concertationem reposcantur… Semi hora consequens corrigendis

[1]. Les études de onze heures, lundi, mardi, mercredi, vendredi et samedi seront consacrées aux accessoires (arithmétique, histoire, géographie), et à la lecture, qu'on permettra facilement, surtout aux bons élèves, en leur indiquant la manière de bien lire.

[2]. On aura grand soin de déterminer et d'exiger les devoirs pour chacune des études, du mercredi au vendredi et du samedi au lundi.

publice scriptionibus impendatur. Tribus dein quadrantibus repetatur breviter postrema auctoris latini prælectio, novaque explicetur... Ultima semihora linguæ vernaculæ et accessoriis tribuatur... (Reg. 2, prof. inf. gram.) De même le soir [Voir l'horaire précédent].

LEÇONS

Catéchisme. — (Voir 1re partie, *Enseignement religieux*, et 2me partie, *Classe de septième*.) Le texte entier du *catéchisme*. *Explication* : le Symbole des Apôtres.

Grammaire française. — On répétera les matières de l'année précédente, c'est-à-dire les éléments, et l'on y ajoutera quelques-unes des principales exceptions, et les règles les plus faciles de la syntaxe [1].

Cette leçon doit être donnée, matin et soir, tous les jours. Chaque matin on fera une explication nouvelle, en multipliant les exemples et les interrogations, de manière à s'assurer qu'on a été compris.

Le soir, on répétera d'abord la grammaire de l'année précédente, et plus tard ce qui a été appris le matin. Il faut avoir soin de faire concorder les exercices d'orthographe, que l'on donne deux fois par semaine, avec les règles expliquées depuis peu. Les progrès des élèves, nous le répétons, dépendent beaucoup de l'enseignement plus ou moins méthodique.

(Voir ce qui a été dit (1re partie, art. *Grammaires*).

Grammaire latine. — Cette leçon sera aussi donnée tous les jours, matin et soir. Le matin, on répétera les éléments, c'est-à-dire les déclinaisons, et plus tard ce qui a été expliqué le soir.

En sixième, on doit voir toute la première partie de la grammaire (sauf le supplément), et aussi la petite syntaxe, qu'il faut aborder, dès que les élèves sauront les déclinaisons des noms et des adjectifs. On aura soin de faire revenir, pour les exemples d'application des règles, les mots déjà vus, soit dans les explications latines, soit dans

---

1. Consulter à ce sujet le Préfet des études.

le groupement des mots par famille (Voir 1re partie, art. *Étude des langues, Les mots.*)

Les thèmes de règle doivent concorder aussi avec les leçons apprises depuis peu, ce qui n'empêche point de donner de temps à autre un thème de récapitulation. Il ne faut point aller trop vite; *peu, mais bien.* On avance davantage de la sorte, qu'en passant rapidement à de nouvelles explications, avant que les enfants aient bien compris ce qui a précédé.

Grammaticæ prælectio non nisi singula ad summum præcepta contineat, quæ nisi bene percepta sint, ad alia non veniatur (Reg. 8, prof. inf. gram.)[1].

Grammaire grecque. — Dans la deuxième partie de l'année, notions préliminaires de grammaire grecque, exercices d'écriture et de lecture, et, s'il se peut, les déclinaisons simples des noms et des adjectifs.

On pourra donner utilement un groupement partiel de mots grecs se rapportant à la même famille et à la même déclinaison : κεφαλή, ὠλένη, παλάμη, etc., παρειά, πλευρά, καρδία, etc., γλῶττα, πτέρνα, etc. (Voir *Clef du vocabulaire grec,* par Ed. Tournier, Hachette).

EXPLICATION DES AUTEURS

Auteur français. — L'auteur français doit être expliqué au moins deux fois par semaine, à la dernière demi-heure de la classe.

Ultima semihora vel concertationi, vel linguæ vernaculæ et accessoriis tribuatur (Reg. 2, prof. inf. gram.).

Ce qui n'empêche pas, s'il en est besoin, de l'expliquer une autre fois à la place de l'auteur latin (Voir l'horaire).

Nous donnons ici une idée de ce genre d'explication. Après lecture et argument de la fable (voir *septième*), on dira, par exemple :

---

1. C'est un avis nécessaire pour tout le cours des études... de bien faire ce que l'on fait, d'enseigner à fond ce que l'on a à enseigner, de bien inculquer aux enfants les principes et les règles, et de ne point trop se hâter de les faire passer à d'autres plus relevées et plus agréables, mais moins proportionnées à leurs forces. Cette méthode d'enseignement, rapide et superficielle, qui flatte assez les parents, et quelquefois même les maîtres, parce qu'elle fait paraître davantage les écoliers, bien loin de les avancer, les retarde considérablement, et empêche souvent tout le progrès des études (Rollin, cité par M. Bréal, 6e conférence).

Maître Corbeau	*Maître* désigne ordinairement celui qui enseigne, celui qui a la puissance, l'autorité, le premier rang, etc. Il n'est ici que comme un titre honorifique donné au Corbeau et au Renard. On dit dans le même sens : Maître un tel, avocat à Paris.
sur un arbre perché,	(Inversion) posé sur une branche d'arbre. *Perché*, participe passé du verbe *percher*; et *se percher*, se poser sur une branche ou en un lieu élevé; d'où *perche*, long bâton (analyse grammaticale).
Tenait en son bec un fromage.	*Bec*, c.-à-d. la bouche; *bec* signifie proprement l'enveloppe cornée qui recouvre les os de la mâchoire chez les oiseaux. On dirait la *gueule* pour un animal carnassier. D'où *bec à bec*, c.-à-d. en tête à tête; *bec d'âne, de cane, de corbeau, de corbin, de cygne*, noms de divers outils et instruments; *bec de lièvre*, difformité qui résulte d'une incision à la lèvre supérieure; *becqueter*, frapper avec le bec. — (Analyse grammaticale de ces mots.)
Maître Renard,	C.-à-d. Seigneur Renard (analyse?)
par l'odeur alléché,	(Inversion) attiré par l'odeur (analyse?). *Alléché* (du latin *allicere, allectum*).
Lui tint à peu près ce langage :	*A peu près* : locution adverbiale, c.-à-d. lui parla à peu près ainsi.
Hé ! bonjour, Monsieur du Corbeau,	*Monsieur du Corbeau*, un titre de noblesse décerné au corbeau; c'est pour le flatter et le tromper plus facilement. Ah! méfiez-vous des flatteurs (Analyser ces mots).
Que vous êtes joli! que vous me semblez beau!	*Que* a ici le sens de *combien*; combien vous êtes joli! Combien vous me semblez beau! Deux exclamations. Qu'est-ce qu'une exclamation? Notez : *joli* d'abord, et ensuite *beau*, qui dit bien plus.
Sans mentir, si votre ramage	*Sans mentir*, c.-à-d. je vous dis ici la vérité; ce n'est point un mensonge. *Ramage*, le chant des oiseaux.
Se rapporte à votre plumage,	C.-à-d. est conforme, est semblable, ressemble à la beauté de vos plumes. — *Plumage*, les plumes d'un oiseau.
Vous êtes le Phénix	*Phénix*, oiseau fabuleux, unique en son espèce, qui, disait-on, vivait plusieurs siècles, et qui brûlé renaissait de sa cendre. De là, au *figuré*, personne supérieure aux autres et unique en son genre. Donc *le phénix des hôtes*, signifie le premier, le plus remarquable des hôtes.

Des hôtes de ces bois.	*Hôte*, celui qui donne ou reçoit l'hospitalité. Ici, c'est comme si l'on disait : Vous êtes le phénix des oiseaux *qui habitent ces forêts* (Analyse logique de la phrase entière).
A ces mots, le corbeau ne se sent pas de joie ;	C.-à-d. en entendant ces paroles, le corbeau *ne sait plus où il en est*, ne se possède plus, tant sa joie est grande; aussi, il ne peut la contenir et va la faire éclater extérieurement.
Et pour montrer sa belle voix.	C.-à-d. pour montrer au renard combien son ramage, son chant est beau et harmonieux.
Il ouvre un large bec, laisse tomber sa proie.	*La proie*, ce que ravit un animal quelconque pour sa nourriture. Ici, *la proie*, c'est le fromage que le corbeau *tenait en son bec*.
Le renard s'en saisit et dit : « Mon bon Monsieur,	S'en empara. Ah! ce n'est plus M. *du* Corbeau maintenant, c'est mon *bon* Monsieur ! (Analyser grammaticalement cette phrase?)
Apprenez que tout flatteur	C.-à-d. : Je vais vous donner une leçon, vous apprendre que tout flatteur vit aux dépens de celui qui prend plaisir à l'écouter.
Vit aux dépens de celui qui l'écoute :	Aux frais de celui qui prête une oreille attentive, qui se plait aux compliments, aux adulations du flatteur.
Cette leçon vaut bien un fromage	Cet avis, que tout flatteur vit aux dépens de celui qui l'écoute, n'est pas payé trop chèrement par un fromage;
Sans doute. »	Cela est sûr, on ne saurait en douter.
Le Corbeau, honteux et confus, Jura	(Analyser grammaticalement cette phrase.) Affirma avec serment.
Mais un peu tard, qu'on ne l'y prendrait plus.	C'était trop tard, il avait perdu son fromage. Il jura donc qu'il n'écouterait plus désormais le perfide langage des flatteurs.

N. B. — Toujours exercer les élèves à l'analyse grammaticale et logique, en expliquant le texte; cela rompt la monotonie de l'explication.

REMARQUES DIVERSES

ET SURTOUT LEXICOLOGIQUES

Arbre   D'où *arboriculture* (du latin *arbor, oris*, f. arbre et *cultura*, culture (de *colere, colo, is, colui, cultum*, cultiver); l'art de cultiver les arbres; *arboriculteur*, celui qui s'occupe de cette culture : *arbuste, arbrisseau; arborer*, élever, déployer droit comme un arbre.

Odeur   D'où *odorant, odorat, odoriférant* (du latin : *odor, ris*, et *ferre*, qui porte une odeur).

Ramage   De *ramus*, branche, rameau, (autrefois rameau, branchage); aujourd'hui, chant des petits oiseaux perchés dans les rameaux.
           Rameau (*ramellus* diminutif de *ramus*) petite branche d'arbre, *ramée*, assemblage de branches en fagot ou autrement : Un pauvre bûcheron tout couvert de ramée. Il y a aussi *rame* (de *remus, i*) longue pièce de bois pour ramer, c.-à-d. faire avancer une barque; d'où *birème, trirème, quadrirème*, etc., etc.

Il sera bon de temps à autre de faire lire quelques passages, soit d'un prosateur français, soit de La Fontaine, à chacun des élèves. On pourra ainsi corriger les défauts de prononciation et de lecture et apprendre aux enfants à lire avec attention.

Auteur latin. — On commence d'ordinaire par l'*Epitome*; quand on constatera que les enfants le comprennent facilement, il faudra le réserver comme *cours de versions*, et prendre le *De Viris*, qui deviendra à son tour *cours de versions*, dès qu'on pourra aborder Cicéron. L'explication de l'auteur latin, surtout en sixième, doit être faite selon la force des élèves).

Soit, comme exemple, le § 10 du chap. VI du *De Viris illustribus* (Édit. Mame).

ARGUMENT

Assiégée par Porsenna, roi d'Étrurie, Rome est sauvée par l'héroïsme d'Horatius Coclès.

EXPLICATION

Porsenna rex (Ludovicus rex) *Etruscorum* (liber Petri) *venit Romam* (ibo Lutetiam)	Porsenna, roi des Étrusques, vint à Rome,
cum exercitu infesto,	avec une armée ennemie (menaçante, redoutable),
ad restituendum Tarquinios.	pour rétablir les Tarquins.
Primo impetu, (Deus sanctus).	Au premier choc, à la première attaque,
cepit Janiculum.	il prit le Janicule (une des sept collines de Rome).
Non aliàs usquam ante,	Jamais quelque part auparavant,
tantus terror invasit Romanos :	une si grande terreur ne s'empara des Romains :
demigrant ex agris in urbem;	ils émigrent, viennent des champs dans la ville;
sepiunt urbem ipsam præsidiis.	ils entourent la ville elle-même de postes,
Alia pars urbis	Une partie de la ville (*alia*, l'une, *alia*, l'autre)
videbatur tuta muris,	paraissait protégée par les remparts (en sûreté à cause de),
alia (pars urbis videbatur tuta s. e.) *Tibero objecto.*	l'autre (semblait protégée s. entendu) par le Tibre placé devant.
Pons sublicius,	Un pont de bois (en latin *ferreus* de fer, *ligneus*, de bois (adj.)
dedit pæne iter hostibus,	livra presque (faillit livrer) passage aux ennemis,
(*nisi* pour *si non*) *si unus vir non fuisset, Horatius Cocles, illo cognomine, quod amiserat oculum in alio prælio.*	si un seul homme n'eût été (s'il n'y avait eu un homme), (savoir) *Horatius Cocles* de ce surnom (c.-à-d. *Horatius* surnommé *Cocles*) parce qu'il avait perdu un œil dans un autre combat.
Is stetit pro ponte,	Celui-ci (Il) se tint devant le pont.

et solus sustinuit aciem hostium, donec pons interrumperetur a tergo.	et seul soutint le choc, l'attaque des ennemis, jusqu'à ce que le pont fût coupé par derrière (derrière lui).
Audacia ipsa obstupefecit hostes;	Son audace, ou cette audace déconcerta les ennemis;
ponte rescisso, (abl. absolu)	le pont ayant été coupé
desiluit armatus in Tiberim,	il sauta (tout) armé dans le Tibre,
et incolumis transnavit ad suos.	et sain et sauf arriva à la nage vers les siens.
Civitas fuit grata	La cité fut reconnaissante
erga tantam virtutem :	envers une telle bravoure :
datum est ei tantum agri	il fut donné à lui (on lui donna) autant de terrain
quantum potuisset circumarari una die.	qu'il aurait pu en entourer d'un sillon (dans) un jour.
Statua posita (fuit) quoque in Comitio.	Une (sa) statue (fut) placée aussi sur la place des Comices.

N. B. — Demander l'analyse grammaticale des mots et surtout des verbes. Exiger aussi l'indication des règles de grammaire qui ont été apprises.

On peut faire remarquer aux élèves que les Latins (et les Grecs) intervertissaient l'ordre des mots, sans inconvénient, à cause des cas (le nominatif indiquant le sujet, l'accusatif, le régime direct, etc.)

Moralité. — Il est beau de se dévouer pour sa patrie, plus beau encore de se dévouer pour Dieu.

REMARQUES

De la plupart des supins en *um* dérivent des mots français en *ion*. Ainsi *restituo, is, restitutum,* restitution; *invado, is, invasum,* invasion; *objicio, is, objectum,* objection; *invenio, is, inventum,* invention; *emigro, as, atum,* émigration; *video, es, visum,* vision; *omitto, is, omissum*, omission; *sto, stas, statum*, station; *obstupefacio, is, obstupefactum*, obstupéfaction; *scindo, is, scissum*, scission; *pono, is, positum*, position; d'où

(*compono*) (*depono*) (*expono*) (*impono*) (*propono*)
composition, déposition, exposition, imposition, proposition,

(*suppono*)
supposition.

L'*Étrurie*, pays habité autrefois par les *Étrusques*, est une ancienne contrée du centre de l'Italie, sur la mer Tyrrhénienne et le golfe de Ligurie; c'est aujourd'hui la Toscane (Vases étrusques ?).

Tarquins, race de rois qui régnèrent à Rome avant l'établissement de la République.

Comitium, endroit du Forum où s'assemblaient les comices, c'est-à-dire les citoyens romains pour voter, etc., etc.

On donnera ensuite la traduction en français le plus exactement possible, et l'on fera répéter, en tout ou en partie.

Telle doit être, à peu près, l'explication, d'après cette règle du professeur de sixième : *Prælectionis auctorum, quæ brevis esse debet, hæc forma sit; primum totam continentiam pronuntiet, ejusque argumentum brevissime vulgi sermone perstringat. Secundo periodum ad verbum vulgari sermone interpretetur. Tertio a capite recurrens structuram indicet, et periodum retexens, quæ verba, quos casus regant, ostendat; pleraque ad explicatas grammaticæ leges perpendat, latinæ linguæ observationem unam aut alteram, sed quam facillimam afferat: metaphoras exemplis rerum notissimarum demonstret, nec quidquam, nisi forte argumentum dictet. Quarto scriptoris iterum verba vulgi sermone decurrat* (Reg. 6, prof. inf. gr.)

N. B. — Le matin, on donnera à apprendre quelques lignes de l'auteur latin (Cicéron).

DEVOIRS ET EXERCICES

Thème latin [Voir (pages 48 et 49) 1re partie, art. *Devoirs*]. Ne pas oublier ce qui a été dit (gramm. lat. pages 108-109). Pour la correction, voir l'article *Devoirs* (1re partie, p. 46-49), et observer la règle suivante : *In scriptione corrigenda indicet, si quid contra præcepta grammaticæ, orthographiæ, interpunctionis peccatum sit, si declinatæ difficultates ;... conjugationes et declinationes ex occasione repetere non omittet* (Reg. 3. prof. inf. gramm.).

Version latine. — Comme il a été dit plus haut, on se servira pour ces premières versions élémentaires, de l'*Epitome* et du *De Viris*; ce n'est guère qu'à la fin de l'année qu'on pourra essayer les versions dictées. Ces devoirs seront corrigés comme nous avons dit (1re partie, art. *Devoirs*).

Il sera bon d'ajouter l'analyse grammaticale de quelques phrases, et d'exiger l'indication des règles ou préceptes de grammaire, au fur et à mesure que l'on avancera dans l'étude de la petite syntaxe. On fera le mot à mot et le français.

Devoirs de lexicologie. — Ces devoirs en sixième se borneront, la plupart du temps, à reproduire exactement le groupement des mots par familles, comme il a été indiqué à l'article *Étude des langues, les Mots* (1re partie). On devra continuer ce qui a été commencé en septième pour les mots français d'origine savante (Voir pages 20, 96, 97). Pour graver davantage cette nomenclature, on reviendra souvent, dans les explications, sur ce qui a été vu, et l'on donnera des exercices variés d'application.

Exercices d'orthographe et d'analyse. — Pour l'orthographe, voir 1re partie, article *Devoirs*; et classe de septième, pour la correction de ces devoirs.

L'analyse grammaticale, soit française, soit latine, est une matière très importante en sixième (Voir 1re partie, art. *Devoirs*). Quant à l'analyse des mots latins, on l'exigera au fur et à mesure qu'on avancera dans l'étude de la grammaire. Au commencement, comme pour l'analyse française (Voir classe de *septième*), on se contentera d'une indication générale (*Deus creavit cælum, Deus* n. p. m. s., 2e décl.). Quand on aura vu quelques règles de syntaxe, on ajoutera sujet de *creavit* (Règle, *Deus est ubique*), etc. — On complètera les notions d'analyse logique données en septième.

Concertations et exercices divers. — (Voir classe de *cinquième.*)

HISTOIRE

On peut voir dans cette classe un abrégé d'*histoire ecclésiastique* avant Pâques, et pour le second semestre l'*histoire sommaire de la France*.

Avant de commencer le cours, si on le juge utile, on fera remplir une ou deux cartes muettes comprenant les régions et les villes, théâtres des événements historiques. Cela fait, on indique la leçon à apprendre, et, pour obliger les enfants à étudier, on dicte huit ou dix questions, auxquelles ils doivent répondre par écrit. A la classe suivante, on fait rendre compte oralement des huit ou dix questions proposées (qui doivent résumer un chapitre ou deux. S'il en est besoin, on complète par des détails. On dicte un nouveau questionnaire pour la leçon qui doit suivre.

Il sera bon de répéter toute une période, afin de donner une idée d'ensemble. Pour cela, on fera faire aux élèves des tableaux synoptiques, c'est un excellent moyen de fixer les connaissances acquises.

GÉOGRAPHIE

On étudie d'ordinaire dans cette classe *la géographie élémentaire de l'Europe et particulièrement le bassin de la Méditerranée*.

On s'assurera, avant de commencer, que tous les élèves ont des notions suffisantes de *géographie générale*. Le devoir à donner consistera à remplir une partie d'une carte muette, ou bien à répondre à une question dans le genre de celle-ci : Vous partez de Cette, en suivant du Nord au Sud-Ouest le littoral de la Méditerranée, dites les diverses provinces que vous côtoyez, les villes principales de chacune et signalez les ports jusqu'au détroit de Gibraltar, avec quelques détails. On obligera ensuite un ou deux élèves à reproduire sur le tableau noir le littoral méditerranéen parcouru et l'on complétera, si besoin est. On fera également voyager à l'intérieur des pays, tantôt en suivant le cours des fleuves ou les chemins de fer principaux, tantôt les chaînes de montagnes, etc.[1].

ARITHMÉTIQUE

Le programme de cette classe, pour l'arithmétique, est : 1° la répétition des opérations sur les nombres entiers ; 2° le calcul des fractions ordinaires et des fractions décimales.

Il faut bien expliquer la différence entre les fractions ordinaires et les fractions décimales. Pour cela, on donnera des *exemples très simples* : v. g. une pomme qu'on partage en parties égales, s'il y a 10, 20, 30 parties égales, etc., la pomme est partagée en *fractions décimales;* si la pomme avait été partagée en 2, 3, 4, 5, 6, 7, etc., parties égales, chaque partie serait 1/2, 1/3, 1/4, 1/5, 1/6, 1/7, etc.; ce sont des *fractions ordinaires*.

On insistera sur la signification du numérateur et du dénominateur, de manière à ce que les enfants comprennent bien les valeurs : 5/10, 4/10, 1/2, 2/5, etc.

Il faudra revoir avec soin le système métrique, s'il a été commencé en septième, et on le complétera.

On donnera des exercices variés, mais toujours comme application de la leçon précédente. Ces exercices ou problèmes seront résolus, en classe, à la leçon suivante. On aura soin de faire passer au tableau tous les élèves les uns après les autres selon leur nombre, en deux ou trois leçons ; il est très important, en effet, de leur faire acquérir de bonne heure, *l'habitude du tableau.*

N. B. — Pour l'enseignement de l'histoire, de la géographie et des mathématiques, il faut que dès le commencement de l'année, le professeur calcule le nombre de classes sur lequel il peut compter, et divise son travail en conséquence. Faute de cette prévoyance, on se laisse surprendre par le temps, avant d'avoir parcouru son programme. De là, des lacunes fort regrettables dans l'instruction des enfants.

---

1. Bossuet, dans sa lettre à Innocent XI, sur l'instruction du Dauphin, dit : « Nous étudions la géographie, comme en jouant, et faisant voyage, en examinant les mœurs, surtout celles de la France, nous arrêtant dans les principales villes, etc. »

CLASSE DE CINQUIÈME

Programme et horaire de cette classe. — Distribution des devoirs pour chaque semaine. — Enseignement du catéchisme et des trois grammaires, française, latine et grecque. — Explication des auteurs, avec des exemples. — Devoirs : thème latin, version latine, version grecque. — Exercices d'orthographe, d'analyse et de lexicologie.—Exercice grec ou premières leçons de langue grecque. — Concertation et exercices divers. — Enseignement de l'histoire, de la géographie et de l'arithmétique.

Gradus hujus scholæ est rudimentorum perfecta cognitio ; incipit enim a communi declinatione nominum et conjugatione verborum (quæ jam explicata recolere sufficiet, additis anomalis) ; pergit dein ad generales et communes regulas syntaxis, quibus addi possunt pauci quidam et faciliores idiotismi ;... græce vero, nomina simplicia, verbum substantivum et barytonum discet. — Ad prælectiones, facillima aliqua et selecta ac, si fieri potest, separatim excussa ex Cicerone, fabulæ Phædri, et vitæ Cornelii Nepotis adhibeantur (Reg. 1, prof. inf. gramm.) — Le P. Jouvency ajoute pour la langue grecque : *Æsopi quædam fabellæ* (Rat. doc., cap. II, art. 8).

Le programme comprend : le *catéchisme*, la répétition des *grammaires* apprises en sixième, et particulièrement, *dans la grammaire française*, les matières fixées par le Préfet des études ; *dans la grammaire latine*, la répétition des éléments, le supplément et la partie de la syntaxe la plus importante ; *dans la grammaire grecque*, les déclinaisons simples des noms et des adjectifs, les pronoms, le verbe Eἰμί et les verbes simples. Quant aux auteurs, on voit d'ordinaire, outre des morceaux choisis en prose, les *Fables* de La Fontaine, *Esther*, etc., des morceaux choisis de *Cicéron*, *Phèdre*, *Cornélius Nepos*, *Ésope* et *Lucien* ; il faut ajouter : l'*histoire ancienne* et un Précis de l'*histoire de France* jusqu'à Henri IV, une partie de la *géographie* et la continuation du cours d'*arithmétique*.

L'horaire de la classe peut se faire à peu près de la manière suivante, d'après la règle 2 du professeur, citée pages 107 et 108[1].

HORAIRE DE LA CLASSE DE CINQUIÈME

	MATIN							
	Récitation et explication des leçons							
Lundi 8 h.	Catéchisme Gram. f^ise Grammaire latine Grammaire grecque Auteur latin Histoire	8h.3/4	Dictée et correction des devoirs [tous les jours sauf le mardi et le samedi]	9h.1/4	Explication de Cicéron	10 h.	Histoire et Géographie
Mardi 8 h.	Catéchisme Les 3 gram. Auteur latin Géographie	8h.1/2	Composition			10 h.	Exercices divers
Mercredi 8 h.	Comme le lundi	8h.3/4	Comme le lundi	9h.1/4	Explication de Cicéron	9 h. 50	Catéchisme comme le Dimanche
Vendredi 8 h.	Comme le mardi	8h.3/4	item	9h.1/4	item	10 h.	Histoire et Géographie
Samedi 8 h.	Répétition des leçons de la semaine			9 h.	Répétition des explications	10 h.	Déclamation
Dimanc. 10 h. 1/2	Explication du Catéchisme	Résumé sous forme de questionnaire auquel les élèves répondent dans un devoir écrit.					

1. Le *Ratio* répète à peu près la même règle pour chacune des classes, ce qui montre combien il y attache d'importance. L'horaire en effet détermine l'ordre et la durée des divers exercices scolaires, et tout le monde comprend que l'exactitude, sous ce rapport, est un point capital.

Le P. Jouvency ajoute, en insistant davantage : *Universe quidem videndum est, ut suum unicuique (exercitationi) sit tempus fixum et ratum, ut aliis alia temere non præponantur, ut nullæ omittantur vel accidantur* (Rat. doc. cap. II, art. 3).

SOIR

Récitation et explication des leçons							
Lundi 2 h. 1/4	Les 3 gram. Auteur f^{ais} Arithmétique	2h.3/4	Dictée et correction des devoirs. Explication de l'historien (Cornélius Népos) [tous les jours]	3h.1/4	Explication de Phèdre	4 h.	Arithmétique
Mardi 2 h. 1/4	Les 3 gram. Auteur f^{ais} Lexicologie (Mots latins ou grecs dictés)			3h.1/4	Auteur grec, Esope ou Lucien	4 h.	Explication de l'Auteur f^{ais}
Mercredi 2 h.1/4	Comme le lundi			3h.1/4	Comme le lundi	4 h.	Arithmétique
Vendredi 2 h.1/4	Comme le mardi			3h.1/4	Comme le mardi	4 h.	Explication de l'Auteur f^{ais}
Samedi 2 h. 1/4	Répétition des leçons du soir			3h.1/4	Répétition des explic. du soir	4 h.	Concertation

Les devoirs peuvent être ainsi répartis :

Du lundi soir au mardi : Thème latin, arithmétique.

Du mardi au mercredi : Version latine, devoir de lexicologie.

Du mercredi au vendredi : Thème latin, exercice grec, version latine dictée, arithmétique, version grecque, analyse grecque.

Du vendredi au samedi : Version latine, histoire et géographie.

Du samedi au lundi : Thème latin, devoir lexicologique, version grecque, analyse grecque, version latine, analyse latine[1].

---

1. *Aux études de onze heures, lundi, mardi, mercredi, vendredi et samedi*, on pourra donner des devoirs de grammaire, d'histoire et de géographie; le reste du temps sera consacré à la lecture (Voir l'horaire de la sixième).

LEÇONS

Catéchisme. — Répétition du catéchisme (texte). — *Explication :* les commandements de Dieu et de l'Église. — Vertus. — Péchés. A la fin ou au commencement de chaque catéchisme, on dictera un résumé sous forme de questionnaire auquel les enfants doivent répondre par écrit (Voir 1re partie, art. *Enseignement religieux*).

Grammaire française. — Répéter ce qui a été vu déjà l'année précédente, de manière à bien graver ces notions dans la mémoire des enfants ; et consulter le Préfet des études pour le programme des matières nouvelles. On choisira des dictées d'application des règles plus difficiles, v. g. celles des *participes*, de *quelque*, de *tout*, etc., et on fera en sorte que ces dictées contiennent des mots d'origine latine ou grecque, dont on donnera l'étymologie et la signification (Voir 1re partie, art. *Grammaires*). C'est le matin qu'on explique la leçon de grammaire ; le soir, on répète ce qui a été vu, et l'on s'assure que les explications ont été comprises.

Grammaire latine. — L'explication de la grammaire latine a lieu aussi le matin ; dans les leçons du soir, on fait répéter d'abord les matières de l'année précédente, et quand elles sont sues et bien comprises, on répète ce qui a été vu le matin, en exigeant les explications qui ont été données. Pour cette répétition des éléments, il faut comme il a été dit (1re partie, art. *Grammaires*) intervertir l'ordre des cas, pour les noms et les adjectifs, et, dans les verbes, l'ordre des temps, des personnes, etc.,... ou bien exiger le mot latin après avoir donné le français, v. g. Nous lirons? — R. *Legemus*, etc... C'est un excellent exercice pour obliger les élèves à apprendre leurs déclinaisons et leurs conjugaisons avec attention.

Dans l'étude de la syntaxe, on ira lentement[1], en proposant une multitude de phrases d'application. Lorsqu'on aura ainsi vu un chapitre entier, on le résumera, en exigeant des élèves, pour chaque

---

1. Voir règle 8 (prof. inf. gramm.), page 109.

règle un exemple autre que celui de la grammaire. Tout ce qui est nomenclature, dans le supplément, peut être donné en devoirs supplémentaires (Voir 1re partie, art. *Industries*).

Grammaire grecque. — Comme pour la grammaire latine, l'explication de la grammaire grecque a lieu le matin et la répétition le soir.

Quand les déclinaisons et les conjugaisons simples auront été bien apprises dans l'ordre où elles sont, il faudra comme il a été dit précédemment (et surtout 1re partie, art. *Grammaires*, pages 22 et 23) intervertir l'ordre des cas, ou interroger par le mot français pour avoir le mot grec. On fera aussi décliner ensemble un nom et un adjectif.

Lorsque le verbe Εἰμί aura été vu, on proposera de petites phrases, en se servant des mots grecs qu'on a dictés au tableau noir (Voir plus loin, *Exercice grec*).

Auteur latin. — Après avoir bien expliqué Cicéron, on en donne à apprendre quelques lignes tous les matins. Il faut tenir à une récitation exacte ; et il sera bon, au commencement, de répéter le français du passage que l'élève va réciter. On interroge alors ainsi : Pour dire ceci... comment Cicéron s'exprime-t-il en latin ? — Plus tard, on exigera tout d'abord la récitation de la phrase apprise, et on demandera ce que cela signifie en français. Peu à peu, on augmentera le nombre des lignes à apprendre. Commencer par deux ou trois, et aller graduellement à huit ou dix.

Auteur français. — L'auteur français sera appris le soir, après avoir été expliqué le mardi et le vendredi à quatre heures (Voir l'horaire). Il serait bon de faire lire certains passages soit d'un prosateur ou d'un poète, par chacun des élèves, de temps à autre. On pourrait corriger ainsi les défauts de prononciation et habituer les enfants à une lecture attentive.

EXPLICATION DES AUTEURS

Auteur français. — L'explication de l'auteur français se fera à peu près *comme en sixième*. Seulement, au lieu de faire analyser grammaticalement les phrases, on en demandera plus souvent l'analyse logique. On insistera sur l'origine ou l'étymologie des mots, sur les dérivés, les composés, sur la construction ordinaire et les inversions.

Il sera utile aussi d'exercer les élèves à rendre la même pensée de plusieurs manières différentes, de leur suggérer des synonymes, des locutions analogues, et, à l'occasion, de montrer la ressemblance des mots latins ou grecs avec les mots français, les gallicismes, etc. — C'est surtout dans les concertations journalières que cet exercice trouvera sa place; et ceci s'applique à l'auteur latin et à l'auteur grec (Voir 1re partie, art. *Explication des auteurs*).

Auteur latin. — *Prælectionis auctorum, quæ brevis esse debet, hæc forma sit: Primum totam continentiam pronuntiet, ejusque argumentum brevissime vulgi sermone perstringat. Secundo periodum ad verbum vulgari sermone interpretetur. Tertio, a capite recurrens structuram indicet, et periodum retexens, quæ verba, quos casus regant, ostendat; pleraque ad explicatas grammaticæ leges perpendat; latinæ linguæ observationem unam aut alteram, sed quam facillimam afferat; metaphoras exemplis rerum notissimarum demonstret, nec quidquam, nisi forte argumentum, dictet. Quarto, scriptoris iterum verba vulgi sermone decurrat* (Reg. 6, prof. inf. gramm.).

Au commencement de l'année, on fera l'explication de l'auteur latin comme en sixième.

Le P. Jouvency (*Rat. doc.* cap. II, art. 4, § 3), donne lui-même un exemple de prélection pour les basses classes.

Soit à expliquer, dit-il, la sixième fable du livre Ier, dans Phèdre :

> *Personam tragicam forte vulpes viderat :*
> *« O quanta species! inquit, cerebrum non habet. »*
> *Hoc illis dictum est, quibus honorem et gloriam*
> *Fortuna tribuit, sensum communem abstulit.*

1° *Argument.* — Un renard, ayant vu par hasard un masque de théâtre, s'écrie : Quelle belle tête ! mais de cervelle, point.

2° *Explication.* — Deux choses surtout sont à faire : rétablir l'ordre et la construction grammaticale et expliquer les mots dont le sens est plus obscur. Nous dirons donc :

> Vulpes viderat forte   Un renard avait vu par hasard
> personam tragicam, etc.   un masque de théâtre (d'acteur tragique), etc.

Le mot *persona*, en latin, désigne tantôt un masque, tantôt le rôle d'un acteur, ou bien un *personnage*, une personne. Ici, il signifie le masque, dont on se servait dans les fêtes de Bacchus (*baccanalia*), dans les danses et les tragédies, c'est-à-dire quand on voulait n'être pas reconnu, se cacher ou se déguiser. C'est pourquoi l'auteur dit : *Personam tragicam*, un masque d'acteur de tragédie. — On expliquera de même en français les autres mots, non pas une fois seulement, mais deux ou trois fois, s'il en est besoin.

3° *Grammaire.* — On reviendra sur chaque mot : *Vulpes, viderat, forte, personam, tragicam*, et l'on en donnera l'analyse grammaticale. Puis on reprendra pour l'explication des règles, v. g. : Qui est-ce qui avait vu? *Vulpes* (le renard). — A quel cas *Vulpes*, et pourquoi au nominatif? — Il avait vu quoi ? — R. *Personam* (un masque). — Pourquoi *personam* et non *persona*? D'après quelle règle ? — *Viderat vulpes personam tragicam.* Pourquoi *tragicam* à l'accusatif? Citez la règle. Ce serait donc une faute grossière si l'on disait : *personam tragica* ou *tragicas*. — Comme on le voit, on interrogera souvent. C'est en effet le moyen de captiver ou de réveiller l'attention des enfants. On expliquera de même tout le reste de la petite fable.

4° *Érudition.* — Rien n'empêche de parler ici du renard, de dire que c'est un animal plein de ruse et d'astuce, de raconter même, si l'on veut, une petite histoire intéressante, de citer et d'expliquer le proverbe : *Cum vulpe vulpinandum*, etc.

Le mot *tragicam* fournira l'occasion de dire, comme il convient de le faire pour des enfants, ce que c'est que la tragédie ; de même à propos du mot *cerebrum*, on pourra énumérer en latin, avec la traduction, les différentes parties de la tête. C'est ainsi que les enfants apprennent peu à peu.

5° *Latinité.* — Faites d'abord remarquer aux élèves, qu'en latin on change l'ordre des mots, et qu'il est élégant de mettre certains mots avant d'autres. Donnez ensuite un exemple de phrase qui imite le petit vers que vous expliquerez : de même que Phèdre a dit : *Personam tragicam vulpes viderat*, on peut dire aussi : *Fratrem tuum nuper videram* (j'avais vu dernièrement votre frère); la construction est meilleure que celle-ci : *Videram tuum fratrem nuper*. Avec les enfants, il faut multiplier les exemples familiers, qui se présentent naturellement. A *viderat* on pourra substituer d'autres verbes, comme *aspicio, intueor*, etc. — De *persona* vient l'adjectif *personatus*, et l'on dit : *personata amicitia*, etc. A la place de *persona* on peut mettre un synonyme, *larva*, d'où *larvatus*. A propos de *tragicam*, on remarquera que cet adjectif s'applique quelquefois à un événement lamentable, à un fait atroce; ainsi l'on dit : *mors tragica, tragica cædes*. Enfin, si le devoir dicté est sur le modèle du latin expliqué, il servira merveilleusement à faire mieux comprendre et retenir la prélection, v. g. *Tuum fratrem doctissimum nuper videbam* : « *O quanta eruditio, dixi, mercedem non habet.* » (Donner le français de cette imitation à traduire en latin).

6° *Moralité.* — A la fin, on pourra tirer de cette petite fable une moralité, par exemple : Ceux qui ont reçu de la nature la beauté, les richesses, manquent souvent de sagesse et de sens commun. Et à ce sujet, on aura l'occasion d'expliquer combien la sagesse (surtout la sagesse chrétienne) l'emporte sur toutes les richesses et sur les autres dons naturels, même les plus remarquables. On peut confirmer cette vérité par une historiette en latin appropriée à l'intelligence des enfants. Cette historiette sera répétée en français ou en latin par un ou deux des meilleurs élèves de la classe.

A mesure que les élèves s'habitueront au latin, on tendra peu à peu à conserver l'ordre des mots de la phrase latine, et on arrivera graduellement à expliquer, comme il a été dit (première partie, art. *Explication des auteurs*).

Les remarques porteront alors sur la grammaire déjà apprise, sur l'étymologie et la composition des mots latins, sur les dérivés français, v. g. on rencontre *facere*, d'où faire, fait, facile, facultés; composés : *afficere*, d'où *affectus*, affection; *deficio, defectio,* défection; *efficio,* effet, efficace; *interficio, interfector; præficio, præfectus,* préfet; *conficio*, confection; *officio ; proficio ; reficio*, etc., etc.

On a vu du reste plus haut combien le P. Jouvency insistait sur l'étude des mots. Il insiste aussi tout particulièrement sur la structure de la phrase latine, *structuram indicet*, dit la règle 6me citée (p. 124); c'est le meilleur moyen d'habituer les enfants au latin, et d'arriver le plus vite possible à traduire incise par incise, sans changer l'ordre des mots.

Auteur grec. — *Bis in hebdomada prælectio græca latinæ substituenda.* (Reg. 2 prof. inf. gram.).

Les *Fables* d'Ésope au commencement, et les *Dialogues des morts*, de Lucien, seront expliqués comme il suit : Γέρων καὶ θάνατος, Le vieillard et la mort (Ésope, fable 2e).

Argument. — Un vieillard accablé par son fardeau appelle la mort à son secours.

On fait ensuite le *mot à mot* en français; (dans le deuxième semestre on pourra essayer le mot à mot latin et français).

Analyser presque tous les mots au commencement. — Quand les enfants seront un peu plus familiarisés avec les formes grecques, on les interrogera sur l'analyse des noms et des verbes, et on fera surtout de la lexicologie, v. g. Il y a dans la deuxième fable d'Esope les mots : τόπῳ, φιλόζωος, μῦθος : τόπῳ est le datif singulier de τόπος, ου (ὁ), (le lieu) d'où topique, topographie, topographique, utopie (de οὐ et τόπος). Φιλόζωος, ami de la vie, adjectif composé de deux racines : φίλος (ami) et ζωή; φίλος, η, ον, d'où φιλέω, j'aime, φιλία, l'amitié, φιλότης, ητος (ἡ) l'amitié, φιλικός et φίλος, ami; bibliophile (ami des livres); philosophe, philosophie; philologue, philologie; philomèle; philanthrope, philanthropie; Philippe, Philoctète (de φίλος et κτάομαι), etc., etc.; ζωή (ἡ) la vie, de ζάω, je vis : d'où ζωός, ζωηρός, vivant, ζωτικός, vivifiant ζῶον (τό) l'animal, (d'où zoologie, zoologique), azote (gaz qui seul ne fait pas vivre), zodiaque, Zoé; Μῦθος (ὁ) la fable, d'où mythe; μυθικός, mythique (fabuleux); mythologie, mythologique. Ensuite on donne le français.

Dans les maisons où l'on suit l'*Anthologie* de M. Maunoury, il faut exiger que les enfants sachent parfaitement l'excellent commentaire que l'auteur a ajouté au livre des élèves. Quand on rencontrera, dans les auteurs, un mot déjà vu dans l'Anthologie, on ne manquera pas de demander l'étymologie, les dérivés et les composés.

DEVOIRS ET EXERCICES

Thème latin. — *Dictandum argumentum scribendi vulgi sermone ad verbum, perspicuum, quod ad præcepta grammaticæ potissimum referatur* (Reg. 7, prof. inf. gramm.)
[Voir ce qui a été dit 1re partie, art. *Devoirs*].

Version latine. — *Exercitationes discipulorum erunt... lectionem auctoris latini in vulgi sermone transferre* (Reg. 4, prof. inf. gramm.) *In scriptione corrigenda indicet, si quid contra præcepta grammaticæ, orthographiæ, interpunctionis peccatum, si declinatæ difficultates; omnia ad normam grammaticarum præceptionum expendat; conjugationes et declinationes ex occasione repetere non omittat* (Reg. 3, prof. inf. gramm).

Les cours gradués de versions latines fourniront des versions dictées assez élémentaires et intéressantes. Dans le premier semestre, on exigera le mot à mot et le français de ces versions, avec l'analyse des mots qui renferment une règle déjà apprise; ensuite le français seulement. Pour la correction, voir ce qui a été dit (1re partie, art. *Devoirs*).

Quand on n'aura pas le temps de dicter un texte latin, on pourra prendre la version latine dans *Cornelius Nepos*. Il faut avoir soin de lire préalablement le passage que l'on donne à traduire, afin d'éclaircir les difficultés, s'il s'en rencontre, et ne pas décourager les élèves dès le commencement.

Pendant le deuxième semestre, pour voir le plus possible de Cornélius Népos, on peut donner à chaque camp un chapitre différent l'un de l'autre; et s'il y a des enfants assez forts et intelligents, il est bon d'assigner deux chapitres par camp; cela excite l'émulation. Voir ce qui a été dit à ce sujet. (1re Partie, article *Industries*).

Version grecque. — Des versions grecques très faciles seront prises dans les anthologies. Au commencement, on les écrira au tableau noir ; et, au besoin, on les expliquera même à l'avance, ou tout au moins, on en donnera le sens général, afin de ne pas décourager les enfants par un travail au-dessus de leurs forces. Peu à peu, ils en viendront à écrire sous la dictée, à faire eux-mêmes ces versions, et ils seront tout fiers de ce résultat.

Le mot à mot, le français, *précédés* de l'analyse grammaticale de tous les mots dont les élèves peuvent rendre compte, doivent être exigés dans ce devoir.

Chaque enfant corrige lui-même pendant l'explication qui est faite en classe, et les copies sont recueillies et remises au professeur pour le contrôle (Voir 1re partie, art. *Devoirs*).

Orthographe. — (Voir 1re partie, art. *Devoirs*).

Analyse grammaticale et logique. — *In repetitione prælectionis capiat sæpe occasionem declinandi, conjugandi et grammaticæ quomodocumque exigendæ* (Reg. 5, prof. inf. gramm.) C'est surtout en cinquième que l'on doit faire de l'analyse latine. D'après la règle, on l'exigera dans la répétition de l'explication de l'auteur latin, et quelquefois aussi dans les versions données en devoir. Rien n'est plus utile pour faire retenir la grammaire (Voir 1re partie, article *Devoirs*).

L'analyse grecque est commencée dans cette classe. Il faut ne donner à analyser que les mots dont les élèves peuvent rendre compte, d'abord les noms, puis les adjectifs, les pronoms, et ensuite les verbes simples.

Quelques exercices d'analyse logique seront aussi fort utiles, pour compléter ou rappeler ce qui a été vu en sixième et en septième.

Exercices lexicologiques. — Dès le commencement de l'année, il sera utile de dicter aux élèves une liste des principaux préfixes français, latins et grecs, avec leurs significations, et de donner ensuite des exercices variés qui les fassent retenir. Voici à peu près cette liste :

1° FRANÇAIS		2° LATIN		3° GREC	
a (priv.) ab, abs (loin de)	athée, amovible, abjurer, s'abstenir	a, ab, abs	absimilis, amovere, abjurare, abnuere	α (privatif). ἀπό	ἀπάγω, abire. / ἀπόλογος, apologus, apologue
a, ad (vers, addition)	aborder, addition, adjoindre	a, ad	adire, adjungere, addere	ἐπί, ἐπιτίθημι, addere. (épithète).	
am, amb (amphi, autour)	amputer, ambition, amphithéâtre	am, amb	amputare, ambire, amphitheatrum	ἀμφί, ἀμφιθέατρον.	
ana (de nouveau)	analogie, anachronisme	ana	analogia	ἀνά, de nouveau (en remontant). ἀναλογία, ἀναβαίνω.	
ante (avant)	antécédent	pro, ante	procedere, antecedere	πρό, προεστώς, προβαίνω.	
anti (contre)	antidote	anti	antidotum	ἀντί, ἀντίδοτον.	
archi (chef, très, fort)	architecte	archi	architectus	ἀρχι, ἀρχιτέκτων.	
bene (bien)	bénéfice, bienfait	bene	beneficium	εὖ, bien, Eugène, euphonie.	
bis et di (2 fois)	bipède, diplôme, diphtongue	bis et dis	bipes, diploma	δίς, δίπους, δίπλωμα.	
cata (en bas, sur)	cataracte, cataplasme	cata	cataracta, cataplasma	κατά, καταβαίνω, κατάπλασμα.	
circon, cir-cum (tout autour)	circonscrire, circumnavigation.	item	circumscribere	περί, περιγράφω, (période, périphrase).	
cis, en deça	cisalpin	cis	cisalpinus	ἐντός, ἐντὸς τοῦ ποταμοῦ.	
cum, con (avec idée d'ensemble)	congrégation	cum, con	congregare	σύν, συλλέγειν.	
contre	contredire	contra	contradicere	ἀντί, ἀντιλέγειν.	
de (hors de, loin de, d'en haut, négation.	découler, défaire	de, e	defluere, destruere, effluere	ἀπό, ἀπορρέω. κατά, καταρρέω, καταβάλλειν. ἐκ, ἐκρέω.	
des (le contraire)	désespérer	des	desperare	α et αν, ἀνελπίζω.	
dia (à travers)	dialogue	dia	dialogus	διά, διάλογος.	
dis (séparation)	disperser	dis	dispergere	διά, διασπείρω.	

CLASSE DE CINQUIÈME

1° FRANÇAIS		2° LATIN		3° GREC
dys (mal)	dyspepsie	*dys*	dyspepsis	δυς, δυσπεψία.
en em	enfermer / empêcher	*in* et *im*	includere / impedire	ἐν, ἐμβάλλω, ἐμποδίζω.
entre	entremêler	*inter*	intermiscere	ἐν, κατά, ἐγκαταμίγνυμι.
ex et *e*	exclure / écondaire	*ex* et *e*	excludere / educere / emittere	ἐξ et ἐκ, ἐξείργω, ἐκπέμπειν.
extra (hors de)	extravaguer / extraordinaire	*de*	delirare	ἀπό, ἀπολῃρέω-ῶ.
hyper	hyperbole	*hyper*	hyperbola	ὑπέρ, ὑπερβολή.
hypo	hypothèse	*sub*	supponere / suppositio	ὑπό, ὑποτίθημι, ὑπόθεσις.
in (dans, sur)	inscrire / importer	*in*	inscribere / importare	ἐν, εἰς, ἐγγράφω, εἰσφέρω.
in (négation)	inapplication / inanimé	*in*	incuria / inanimatus	α, ἄψυχος, ἀμέλεια.
inter	intervenir	*inter*	intervenire	ἐπί, ἐπέρχομαι.
intro (dedans)	introduire	*intro*	introducere	εἰς, εἰσάγω.
mal	malaisé / malfaisant	*di* / *male*	difficilis / maleficus	δυς, κακῶς, δύσκολος, κακοῦργος.
me, mes (mal)	médire / mésaventure	*male* / *in*	maledicere / infortunium	δυς, δυστύχημα. κακῶς, κακολογέω-ῶ.
meta (changement)	métamorphose	*trans*	transmutare	μετά, μεταμορφόω.
ob (en face)	objecter / opposer	*ob*	objicere / opponere	ἀντί, ἀντιλέγω, ἀντιτίθημι.
ultra (outre, à l'excès)	outrepasser	*ultra* / *præter*	prætergredi	παρά, παραβαίνω.
par (à travers)	parcourir	*per*	percurrere	διά, διατρέχω.
para (contre)	paraphrase	*para*	paraphrasis	παρά, παράφρασις.
péri	périphrase	*peri*	periphrasis	περί, περίφρασις.
post (après)	posthume	*post*	posthumus	ὀψέ (tard) ὀψίγονος.
pour (en avant)	pourvoir / pourchasser	*pro*	providere / propellere	πρό, προνοέω-ῶ, προδιώκω.
pré (devant, à l'avance)	préférer / prédire	*præ*	præferre	πρό, προτιμάω-ῶ, προκρίνω.

1° FRANÇAIS		2° LATIN		3° GREC
pro (pour, devant)	pronom / proposer	pro	pronomen / proponere	ἀντί, ἀντωνυμία. πρό, προτίθημι.
re (de nouveau)	renvoyer / réagir	re	remittere	ἀνά, ἀναπέμπω.
re (en arrière) retro	rétrograder	re retro	respicere retrogredi	ἀνά, ἀναποδίζω.
se (à l'écart)	séparer	se	seligere / seponere	ἐκ, ἐκλέγομαι.
sous	soustraire / soutenir	sub	subtrahere / sustinere	ὑπό, ὑπομένειν, ὑφαιρέω.
super (au-dessus, très)	superlatif	super	superlativus	ὑπέρ, ὑπερθετικός.
sur (sur, très)	survenir / surabondant	super	supervenire	ἐπί, ἐπέρχομαι.
sus	susciter / suspendre	sus	suscitare / suspendere	ἀνά, ἀνεγείρω.
syn	syntaxe	syn	syntaxis	σύν, σύνταξις.
trans	transposer	trans	transponere	μετά, μετατίθημι.

On ne dictera, si l'on veut, en cinquième, que les préfixes français et latins; ceux de la langue grecque étant plus spécialement du domaine de la quatrième et de la troisième. Tout le monde voit le parti que l'on peut tirer de ce tableau, soit dans les explications françaises et latines, soit pour donner des devoirs lexicologiques.

Si l'on a soin de suivre l'ordre alphabétique des mots simples, français et latins pour demander les composés, le travail pourra être poursuivi en quatrième et en troisième, et les élèves arriveront vite à connaître tout ce qu'il y a de plus essentiel dans les dictionnaires. Prenons comme exemples *agere, arcere, arguere*, qui ont moins de composés que beaucoup d'autres mots. Les élèves trouveront facilement pour *agere* : circumagere, peragere, adigere, redigere, subigere, cogere, degere (surtout si l'on a pris soin de leur faire remarquer les changements de voyelles en composition); pour *arcere* : coercere, exercere; pour *arguere* : coarguere, redarguere. De même pour le français. Et l'on fera ajouter les dérivés français et latins de chaque mot.

On peut dicter de même un tableau des principaux suffixes français et latins. Ce sera un moyen de varier les devoirs, et les remarques de lexicologie dans les explications d'auteurs.

Exercice grec. — Comme il a été fait en sixième pour le latin, le professeur dictera ou plutôt écrira au tableau noir les mots grecs par famille. Par exemple :

La tête	ἡ κεφαλή, ῆς, d'où céphalalgie, acéphale, cynocéphale, Bucéphale.
le cerveau	ὁ ἐγκέφαλος, ου, d'où encéphale (la cervelle). (R. R. ἐν κεφαλῇ).
le cheveu	ἡ θρίξ, τριχός, d'où callithric[1] (plante aquatique) polythric (mousse capillaire.)
le visage	τὸ πρόσωπον, ου, d'où prosopopée.
l'œil	ὁ ὀφθαλμός, οῦ, d'où ophtalmie.
le nez	ἡ ῥίς, ῥινός, d'où rhinocéros.
la bouche	τὸ στόμα, ατος, d'où Chrysostome, stomates (pores des plantes).
la langue	ἡ γλῶττα, ης, d'où glotte, glose, glossaire, polyglotte.
la dent	ὁ ὀδούς, ὀδόντος, d'où odontalgie.
la barbe	ὁ πώγων, ωνος, d'où Constantin Pogonat; tragopogon (barbe de bouc, salsifis).
l'épaule	ὁ ὦμος, ου, d'où omoplate.
le côté	τὸ πλευρόν, ου, ἡ πλευρά, ᾶς, plèvre, pleurésie.
le sein	ὁ κόλπος, ου, d'où golfe.
l'estomac	ὁ στόμαχος, ου, d'où *stomachus*, estomac, stomachique.
le sang	τὸ αἷμα, ατος, d'où hémorrhagie, hémorrhoïdes, etc.
le bras	ὁ βραχίων, ονος, d'où *brachium*, bras, bracelet.
la main	ἡ χείρ, χειρός, d'où chirurgie, chirurgien, chirargue, enchiridion, etc.
le doigt	ὁ δάκτυλος, ου, *dactylus*, dactyle, datte.
le pied	ὁ πούς, ποδός, d'où *pes*, *pedis*, pédale, pédicure, etc.
la peau	τὸ δέρμα, ατος, derme, épiderme.

On fera de vive voix l'application, soit en faisant décliner ces noms, soit en proposant une petite phrase, dès que les élèves auront appris les adjectifs, v. g. la tête est bonne, etc.

Concertations et exercices divers. — *Concertatio, seu exercitatio sita erit, tum in iis quæ alter æmulus in alterius scriptione deprehenderit; tum in iis, in quibus se exercuerint, proponendis; tum in vernaculis locutionibus invicem ad syntaxis præscriptum exigendis (faciendumque, ut locutionem propositam statim, qui interrogatur, iisdem reddat verbis, eamque paulisper meditatus, non verbatim, sed, quoad ejus fieri potest, totam simul latine efferat); tum in difficilioribus nominibus ac verbis, quæ præsertim in prælectione occurrerint, vel continenti, vel interrupto casuum ac temporum*

---

1. Il sera bon de ne pas trop charger de noms savants et rares cette nomenclature; si nous en avons introduit quelques-uns, ce n'est que pour montrer qu'on ne doit pas les exclure tous. On choisira.

ordine, vel singulis per se, vel conjuncto simul adjectivo, substantivoque, et pronomine inflectendis; tum in rudimentorum definitionibus et exemplis proferendis; tum in verborum flexionibus ex latino in patrium, ex patrio sermone in latinum celeriter vertendis; tum in iis quæ activa voce dicta sunt passive efferendis; tum in præteritis et supinis; tum in nominum generibus et casibus, quæcumque fuerint proposita, indicandis; et horum similibus ad præceptoris arbitrium. (Reg. 9, prof. inf. gramm.)

Le *Ratio* attache une telle importance aux concertations, qu'il donne à ce sujet une règle particulière pour chaque classe; il indique même minutieusement les matières sur lesquelles on s'exercera. Comme nous en avons déjà parlé (1re partie, art. 15), nous nous contenterons de citer simplement ici la règle pour la cinquième.

Il y a encore d'autres exercices qui se font en classe; ils sont parfaitement détaillés dans la règle suivante :

Exercitationes discipulorum erunt, exempli gratia, vernacula dictata e syntaxis præscripto latina facere, lectionem auctoris e latino in vulgi sermonem transferre, eamdem latine transcribere; ex grammaticæ præceptis recens præsertim explicatis dubia æmulis, et locutiones proponendas depromere, concordantias concinnare, aut componere, græca describere, et alia generis ejusdem. Hujus modi autem exercitationes fieri poterunt alternis diebus mane, loco publicæ correctionis scriptionum, vel vespere, secunda hora, aut cum opportunius videbitur, consulto præfecto.

Saltem vero semel in hebdomada scribetur in schola per horam integram. (C'est la composition hebdomadaire.)

(Reg. 4, prof. inf. gramm.) [Voir ce qui a été dit page 70.]

HISTOIRE

On voit d'ordinaire, en cinquième, pendant le premier semestre, un *précis d'histoire ancienne*, et, après Pâques, *l'histoire de France jusqu'à Henri IV*.

Avant de commencer chacune de ces histoires, il sera bon de donner aux élèves une idée du théâtre des événements, en leur faisant remplir, par exemple, une ou deux cartes muettes, comme il a été dit à l'article *Histoire* pour la classe de sixième.

Huit ou dix questions résumant un chapitre ou deux et auxquelles les élèves répondent par écrit, tel est le devoir d'une classe à l'autre. On fait rendre compte des réponses; on les corrige, et on les complète, s'il y a lieu, à la classe suivante (Voir *classe de sixième*).

Résumer chaque période, pour donner une idée d'ensemble, et engager les élèves à faire ces résumés en tableaux synoptiques; ils retiendront ainsi plus facilement les dates et la suite des événements. Insister sur les faits importants.

GÉOGRAPHIE

On peut se proposer de parcourir, dans cette classe, *la géographie générale de l'Afrique, l'Asie, l'Amérique et l'Océanie* (sans aucun détail).

On fera, comme en sixième, usage des cartes muettes à remplir en tout ou en partie, ou bien on posera une ou deux questions, ainsi qu'il a été dit (article *Géographie*). La carte muette remplie donnera une idée d'ensemble, et les réponses aux questionnaires grouperont peu à peu les notions géographiques suffisantes. On fera toujours reproduire sur le tableau noir la leçon apprise, c'est-à-dire le devoir immédiatement précédent. Les enfants seront embarrassés au commencement pour faire ces tracés géographiques au tableau; il faut leur venir en aide, et, peu à peu ils s'y habitueront.

ARITHMÉTIQUE

Le programme de la cinquième, pour l'*arithmétique*, est : 1° la répétition des opérations sur les nombres entiers, décimaux et fractionnaires, du système métrique; 2° les rapports et proportions; 3° les règles de trois, d'intérêt, d'escompte, etc.; 4° la manière d'extraire une racine carrée.

(On insistera sur la pratique plutôt que sur la théorie).

En répétant le programme de sixième, on s'arrêtera davantage au *système métrique* et aux *fractions ordinaires et décimales*.

Il faudra expliquer les *rapports et proportions* d'une manière bien claire. On trouvera dans l'arithmétique du P. Faton un exposé qui ne laisse rien à désirer. Cette théorie des rapports et proportions est d'une importance capitale pour la solution des problèmes d'intérêt, de société, etc., et elle est absolument nécessaire pour le troisième livre de géométrie surtout. Malheureusement les enfants n'apportent trop souvent dans les hautes classes que des connaissances fort vagues et très insignifiantes sur ces matières; et, de là, un arrêt, un temps perdu qui eût été plus utilement employé à suivre le programme régulier.

La formule $\frac{ait}{100}$ servant à la solution de tous les problèmes d'intérêt simple, on aura soin de la transformer pour tous les cas possibles.

On donnera toujours, comme dans les classes précédentes, des exercices ou problèmes variés et gradués, au fur et à mesure qu'on avancera dans l'étude de l'arithmétique, et l'on fera souvent passer au tableau les élèves, comme il a été dit (*classe de sixième*).

(Voir le *N. B.* classe de sixième, § arithmétique).

CLASSE DE QUATRIÈME

Programme et horaire de la classe. — Distribution des devoirs pendant la semaine. — Enseignement du catéchisme et des trois grammaires française, latine et grecque, et de la prosodie latine. — Explication des auteurs français, latins et grecs, avec des exemples. — Devoirs : Thème latin, version latine, version grecque, thème grec. — Exercices d'orthographe, d'analyse, de lexicologie et de versification latine. — Concertations et exercices divers. — Enseignement de l'histoire, de la géographie et des mathématiques.

Gradus hujus scholæ est totius quidem grammaticæ, minus tamen plena cognitio : explicat enim præcipue genera et inflexiones nominum, et præterita ac supina verborum, nisi hæc jam in infima explicata, recolere sufficiat. Quod superfuerit temporis syntaxi impendit. — Ex græcis, ad hanc scholam pertinent nomina contracta, verba circumflexa, verba in μι, *faciliores formationes et brevis introductio ad syntaxim.*

Ad prælectiones vero e latinis Ciceronis selectæ epistolæ, narrationes, descriptiones, et alia hujusmodi ex eodem auctore, tum commentaria Cæsaris et facillima quæque Ovidii (aut Virgilii) carmina; e græcis vero,... selecti expurgatique dialogi Luciani, etc. (Reg. 1, prof. med. gramm.)

Ainsi, tout ce qu'il y a d'important dans la *grammaire française* (sauf les figures et l'histoire de la langue), la *grammaire latine* (excepté les exceptions et les idiotismes dans la syntaxe), toute la première partie de la *grammaire grecque* avec la petite syntaxe, quelques notions de *prosodie latine*, telle est une partie du programme de quatrième. Quant aux auteurs français, latins et grecs, on choisit les plus faciles parmi ceux qui sont exigés pour le baccalauréat[1].

---

1. *Par exemple, pour la langue française :* les morceaux choisis de prosateurs et de poètes des XVIIe, XVIIIe et XIXe siècles : Racine, *Esther*, *Athalie*; Boileau, *Satires et Épîtres.*
Pour la langue latine : Virgile, *Bucoliques et Géorgiques*; Cicéron, César, Salluste.
Pour la langue grecque : Xénophon, *Anabase*, et au commencement de l'année, Lucien, *Dialogues des morts*.

HORAIRE DE LA CLASSE DE QUATRIÈME

[Ex. reg. 2 prof. med. gramm., voir page 120, *note*.]

MATIN								
RÉCITATION ET EXPLICATION DES LEÇONS								
Lundi 8 h.	Catéchisme / Les 3 gram. / Auteur f⁽ᵃⁱˢ⁾ / Cicéron / Histoire et Géographie¹	8h.3/4	Correction et dictée des devoirs.	9h.1/4	Explication de Cicéron	10 h.	Géographie et Histoire
Mardi 8 h.	item	8h.1/2	Composition et exercices divers.				
Mercredi 8 h.	item	8h.1/2	Dictée et correction des devoirs	9 h.	…céron	9 h. 50	Catéchisme comme le Dimanche
Vendredi 8 h.	item	8h.3/4	item	9h.1/4	Cicéron	10 h.	Histoire et Géographie
Samedi 8 h.	Répétition des leçons du matin	9 h.	Répétition de Cicéron			10 h.	Déclamation
Dimanc. 10h.1/2	Explication du Catéchisme	Résumé sous forme de questionnaire auquel les élèves répondent par écrit.					
SOIR								
RÉCITATION ET EXPLICATION DES LEÇONS								
Lundi 2 h. 1/4	Les 3 gram. / Explic. de l'auteur f⁽ᵃⁱˢ⁾ / (Prosodie, Virgile)² / 2ᵉ semestre	2h.3/4	Dictée et correction des devoirs	3h.1/4	Explicat. du poète latin ou auteur grec	4 h.	Arithmétique

1. L'histoire et la géographie ne sont pas récitées avec les autres leçons, mais à dix heures, le lundi et le vendredi.

2. La prosodie et la leçon du poète latin sont pour le deuxième semestre. Le lundi et le mercredi soir, après la récitation des leçons (qui ne sont point à expliquer, puisque c'est une répétition dans les trois grammaires), on expliquera l'*auteur français*. Le mardi et le vendredi, à cause du cours d'allemand, on expédiera un peu plus vite la récitation des leçons, afin de consacrer plus de temps à la prélection qui suit.

CLASSE DE QUATRIÈME

	SOIR (suite)						
Mardi 2 h. 1/4	Récitation Comme le lundi	2h.3/4	Poète latin	3h.1/2	Cours de langue vivante.		
Mercredi 2h.1/4	item	2h.3/4	Dictée et correction des devoirs	3h.1/4	Auteur grec	4 h.	Arithmétique
Vendredi 2h.1/4	item	2h.3/4	Poète latin	3h.1/2	Cours de langue vivante		
Samedi 2 h.1/4	Répétition des leçons du soir	3h.1/4	Dictée du devoir et répétition des explications latines et grecques	4 h.	Concertation		

DISTRIBUTION DES DEVOIRS[1]

PENDANT LA SEMAINE

Du lundi au mardi : *Étude de onze heures* : Histoire et géographie. — *Étude du soir* : Thème latin, orthographe.

Du mardi au mercredi : *Étude de onze heures* : Langue vivante. — *Étude du soir* : Version latine, arithmétique.

Du mercredi au jeudi : *Étude de onze heures* : Histoire et géographie. — *Étude du soir* : Version grecque et analyse grecque.

Du jeudi au vendredi : 1re *Étude* : Devoir de lexicologie et analyse. — 2e *Étude* : Exercice de versification latine ou devoir français. — 3e *Étude* : Langue vivante. — 4e *Étude* : Version latine et analyse étymologique.

Du vendredi au samedi : *Étude de onze heures* : Version grecque et analyse. — *Étude du soir* : Thème latin et versification latine.

Du samedi au lundi : *Étude de onze heures* : Thème grec ou exercice grec. — *Étude du soir* : Devoir lexicologique.

[1]. Cette distribution des devoirs peut être modifiée, ainsi que l'horaire, par le Préfet des études.

Dimanche : 1ʳᵉ *Étude :* Thème latin et analyse latine. — 2ᵉ *Étude :* Arithmétique et analyse. — 3ᵉ *Étude :* Version latine.

LEÇONS

Catéchisme. — Répétition des principales vérités de la religion. *Récitation :* les prières et les réponses pour servir la sainte Messe. *Texte* du catéchisme.

A expliquer : *les sacrements et la prière.* (Voir 1ʳᵉ partie, article *Enseignement religieux*).

Grammaire française. — On fera répéter, comme leçon du soir, tout ce qui a été appris en cinquième. Le matin, on expliquera la partie qui n'a pas encore été vue, en multipliant les exemples et les interrogations, de manière à s'assurer que la leçon a été comprise. Il ne faut pas craindre de revenir sur les mêmes choses et de les faire répéter[1] (Voir 1ʳᵉ partie, art. *Grammaires*).

Grammaire latine. — *Grammaticæ prælectio non nisi singula præcepta ad summum cum brevi aliqua appendice aut exceptione contineat* (Reg. 8, prof. med. gramm.).

On expliquera surtout la syntaxe, en multipliant les exemples d'application des règles, ce qui peut se faire par des thèmes oraux proposés aux élèves, après l'explication de la leçon.

Tout ce qui est nomenclature, soit dans le supplément de la première partie, soit dans la syntaxe même, peut fournir matière à des devoirs supplémentaires (Voir 1ʳᵉ partie, art. *Grammaires*).

Prosodie latine. — La prosodie latine doit être apprise durant le deuxième semestre. Dans les explications de Virgile surtout, on trouvera des occasions nombreuses de rappeler les règles de la prosodie déjà vues et expliquées. Faute de cela, combien ne voit-on pas d'élèves chercher dans le *Gradus* la quantité d'une foule de mots sur lesquels ils n'hésiteraient point, si on leur avait montré l'application

---

1. Le programme des matières nouvelles sera déterminé par le Préfet des études, ou au moins soumis à son approbation.

des règles, en scandant des vers! Rien ne décourage les enfants dans ce travail de versification, comme l'ennui d'avoir à chercher la quantité de presque tous les mots.

Grammaire grecque. — *In græcis tradendis, eædem proportiones serventur; et fere ex usu videtur esse vernaculas voces casibus ac personis addere, omniaque plerumque voce patria declarare* (Reg. 9, prof. med. gramm.). C'est surtout en quatrième qu'il faudra répéter les déclinaisons et les conjugaisons simples, comme il a été dit (1re partie, art. *Grammaires*). Il importe que les élèves sachent ces déclinaisons et ces conjugaisons parfaitement; et ils ne les sauront jamais, si l'on se contente d'une récitation sans réflexion, et pour ainsi dire machinale. Il faut les interroger de toutes les manières, tantôt en commençant par le français ou même le latin, et toujours en intervertissant l'ordre des cas et des temps, tantôt en exigeant la déclinaison d'un nom avec un adjectif, etc.; *interrupto casuum ac temporum ordine, vel conjuncto simul adjectivo substantivoque, et pronomine inflectendis...* (Reg. 10, prof. med. gramm.)

Quand on aura ainsi vu le verbe λύω aux trois voix, et bien expliqué les règles de l'augment et du redoublement, on s'arrêtera quelques jours sur le *tableau des six classes*. On exigera qu'il soit récité avec des exemples à l'actif, au moyen et au passif comme il suit : τρίβω, τρίβομαι, τρίβομαι; futur : τρίψω, τρίψομαι, τριφθήσομαι; aor. : ἔτριψα, ἐτριψάμην, ἐτρίφθην; parfait : τέτριφα, τέτριμμαι, τέτριμμαι; γράφω, γράφομαι, γράφομαι; f. : γράψω, γράψομαι, γραφθήσομαι, etc.

On choisira, pour chacune des six classes, trois ou quatre verbes très réguliers, qu'on dictera. Il sera bon de faire conjuguer ces verbes à différents temps et à différents modes, soit à l'actif, soit au moyen, soit au passif; de cette sorte, les élèves n'oublieront pas le verbe λύω qu'ils ont appris. On donnera ensuite quelques devoirs sur les exceptions aux formations régulières.

Bien faire apprendre les règles de contraction, soit pour les noms et les adjectifs, soit pour les verbes, et cette partie de la grammaire sera facilement retenue. Les verbes en μι ne présenteront pas non plus beaucoup de difficultés, si l'on a soin de faire remarquer les ressemblances et les différences avec λύω.

Quant à la petite syntaxe, il faut la commencer, dès que les élèves sauront le verbe λύω exactement. On montrera que toutes ces règles diffèrent peu de la syntaxe latine ; on insistera sur celles qui sont propres à la langue grecque.

On donnera quelques lignes de thème, en devoir supplémentaire, pour appliquer les règles apprises (Voir plus loin, *Thème grec*).

Il sera bon de dicter aux élèves, dès le commencement de l'année, un tableau des principaux préfixes et suffixes français, latins et grecs ; ce tableau servira beaucoup dans les explications, et pourra fournir matière à une foule de devoirs lexicologiques. (Voir classe de cinquième, pages 130-132.)

EXPLICATION DES AUTEURS

Auteur français. — Prenons, par exemple, un passage d'*Athalie*. Il faudra donner : 1° une courte notice sur Racine ; 2° une exposition claire et succincte des événements historiques d'où est tirée cette tragédie ; 3° une idée générale de la pièce ; 4° un mot sur chacun des personnages.

On lit ensuite les quelques vers que l'on veut faire apprendre, et on les explique à peu près comme il suit :

> Oui, je viens dans son temple adorer l'Éternel ;

Oui... Abner est censé répondre à Joad, et lui dit : Je viens adorer l'Éternel dans son temple... l'*Éternel*, c'est-à-dire Dieu, désigné par un de ses attributs : on dit de même le Tout-puissant, etc. Tout le monde connaît la sublime paraphrase de Bossuet : Celui qui règne dans les cieux et de qui relèvent tous les empires, à qui seul, etc. — *Dans son temple...* De quel temple s'agit-il ici ? Que savez-vous sur ce temple ?...

> Je viens selon l'usage antique et solennel
> Célébrer avec vous la fameuse journée,

Que signifie le premier vers ?... Connaissez-vous des synonymes à *antique* ?... Quelle différence entre *antique, ancien, vieux* ?... Quelle est la racine du mot *solennel* ?... *Célébrer avec vous*, le jour fameux où Dieu donna à Moïse les tables de la loi ; c'était chez les Juifs une grande fête, appelée la Fête des Prémices, parce qu'on y offrait à Dieu les premiers pains de la nouvelle moisson, etc. Quelle est la racine du mot *fameux*?

> Où sur le mont Sina la loi nous fut donnée.

Où désigne-t-il ici le lieu ou le temps?... Le mont Sina ou Sinaï est une montagne de l'Arabie Pétrée, dans la péninsule formée par les golfes de Suez et d'Akba. — Que s'y passa-t-il, quand Dieu donna sa loi à Moïse?... Voir plus loin dans le chœur : *O mont de Sinaï, conserve la mémoire,* etc.

> Que les temps sont changés!

C'est-à-dire autrefois nous étions libres, et nos fêtes étaient splendides; aujourd'hui nous sommes opprimés par Athalie et à peine quelques Israélites restent fidèles au vrai Dieu. C'est un contraste qui est décrit dans les vers suivants :

> Sitôt que de ce jour
> La trompette sacrée annonçait le retour,

C'est-à-dire aussitôt que la trompette sacrée (la trompette des lévites) annonçait le retour (l'anniversaire) de la fête de ce jour. Inversion fréquente en poésie (Voir les vers suivants).

> Du temple orné partout de festons magnifiques
> Le peuple saint en foule inondait les portiques.

C'est-à-dire le peuple saint (des fidèles Israélites) arrivait en foule et inondait les portiques du temple qu'on avait orné partout de festons (de guirlandes) magnifiques. On ne se servait donc pas de cloches pour appeler aux fêtes... Et pourquoi?... Qu'est-ce qu'un portique?... Comment une foule peut-elle *inonder* des portiques?... N'y a-t-il pas une comparaison cachée sous ce mot?... De même que la mer... de même la foule, comme les vagues, etc... C'est ce qu'on appelle une métaphore; le mot *inonder* est pris au sens figuré; on dit de même *inondé* de joie; je suis *inondé* de lettres, etc.

> Et tous devant l'autel avec ordre introduits,
> De leurs champs dans leurs mains portant les nouveaux fruits,
> Au Dieu de l'univers consacraient ces prémices;
> Les prêtres ne pouvaient suffire aux sacrifices.

Et tous, en procession, en rangs, s'avançaient vers l'autel, portant eux-mêmes, dans leurs mains, les fruits nouveaux de leurs champs (inversion); ils consacraient ces prémices, c'est-à-dire ces nouveaux fruits de la terre, au Dieu qui a créé et gouverne le monde. Les offrandes étaient si nombreuses que les prêtres ne pouvaient suffire aux sacrifices, etc.

REMARQUES. — Pour bien comprendre les vers, il faut : 1° ramener les inversions poétiques à la forme usitée en prose; 2° bien saisir le sens figuré ou métaphorique des mots; les poètes s'en servent fort souvent; ainsi nous avons vu *inondait les portiques* pour remplissait les portiques; bientôt nous allons trouver : En des jours *ténébreux* a changé ces beaux jours.

Pour retenir les vers plus facilement il faut remarquer *l'enchaînement des pensées, les rimes, et se mettre bien dans l'oreille le rythme et la cadence.* Le vers employé ici est l'*alexandrin*, composé de douze syllabes formant deux hémistiches, c'est-à-dire qu'après les six premières syllabes, il y a un repos qui partage le vers en deux parties égales.

Auteur latin. — *Prælectionis auctorum hæc forma sit,* etc. (comme en cinquième, page 124). *Unam denique aut alteram phrasim excerpta, quas solas cum argumento dictabit. Quarto scriptoris iterum verba vernaculo sermone decurrat* (Reg. 6, prof. med. gr.).

D'après cette règle, on partagera l'explication de l'auteur latin en quatre parties : 1° l'argument; 2° l'interprétation de chaque phrase; 3° la traduction française; 4° les remarques d'érudition, de grammaire, de lexicologie, etc.

Soit, comme exemple ce passage d'une lettre de Cicéron à Atticus (*Ad Attic.*, VII, II).

CICERO ATTICO SAL.

VII Kal. febr. A. U. C. 705.

Quæso quid hoc est? Aut quid agitur? Mihi enim tenebræ sunt. — Cingulum, inquis, nos tenemus; Anconem amisimus; Labienus discessit ab Cæsare. — Utrum de imperatore populi romani an de

Annibale loquimur? O hominem amentem et miserum, qui ne umbram quidem unquam τοῦ καλοῦ *viderit! Atque hæc, ait, omnia facere se dignitatis causa. Ubi est autem dignitas nisi ubi honestas?* etc. etc.

ARGUMENT

Voici en quelques mots la situation de la République romaine au moment où Cicéron écrivait à Atticus. Pompée s'était fait nommer seul consul. César jaloux demande du fond des Gaules qu'il lui soit permis, quoique absent, de briguer le consulat. Le peuple romain, sur la proposition de ses dix tribuns, lui avait accordé ce privilège. Pompée le rend inutile. César irrité se jette sur l'Italie, passe le Rubicon, marche sur Rome et va assiéger Pompée dans Brindes, etc.

Dans cette lettre Cicéron se laisse donc aller en invectives contre César qui, par un faux point d'honneur, marche sur Rome les armes à la main [1].

EXPLICATION

VII Kal. febr. *A. U. C. 705.*	Le 7 des calendes de février, an de Rome 705 (à expliquer si besoin est).
Cicero Attico sal.	Cicéron à Atticus, salut.
Quæso, quid hoc est?	Je t'en prie, qu'est ceci? — Eh bien, qu'arrive-t-il?
Aut quid agitur? mihi enim sunt tenebræ.	Et que se passe-t-il? Pour moi en effet ce sont des ténèbres... C'est *la bouteille à l'encre, je n'y vois goutte:* je ne comprends rien aux événements qui se déroulent sous nos yeux? — Quels sont ces événements?
Nos, inquis, tenemus Cingulum; Anconem amisimus.	Nous, dis-tu, nous occupons encore (la ville de) Cingulum; (mais) nous avons perdu Ancône.
Labienus discessit ab Cæsare.	Labienus a fait défection à César, s'est séparé de lui.
Utrum loquimur de imperatore populi romani, an de Annibale?	Est-ce que nous parlons (ici) d'un général du peuple romain, ou bien d'un (nouvel) Annibal, c'est-à-dire: Est-ce là la conduite d'un vrai général romain ou d'un implacable ennemi de Rome?

1. Comme il a été dit plus haut (1re partie, art. 7), il faut habituer peu à peu les élèves à parler latin; on pourra donc, en quatrième, expliquer tantôt en français, tantôt en latin les auteurs anciens.

O hominem amentem et miserum, qui unquam viderit ne umbram quidem τοῦ καλοῦ!	O homme insensé et malheureux, qui jamais n'a vu même l'ombre du bien (*ne...quidem*, pas même), c'est-à-dire qui ne comprend rien de ce qui est honorable, qui ne comprend rien à la vraie vertu, à la vraie gloire.
Atque hæc, ait, se facere omnia, causa dignitatis...	Et il dit qu'il fait tout cela, par point d'honneur...
Ubi est autem dignitas nisi ubi honestas?	Mais où se trouve le véritable honneur, si ce n'est (là) où est la vertu?

N. B. Faire ensuite une traduction française exacte et fidèle.

REMARQUES

Cingulum, ville du Picénum, contrée de l'Italie sur l'Adriatique[1].

Ancône, port et ville maritime de l'Italie sur l'Adriatique.

Labienus, lieutenant de César qui s'illustra dans la conquête des Gaules; il avait une grande autorité sur les soldats.

Notez les expressions suivantes : *Quid agitur?* De quoi s'agit-il? *Mihi tenebræ sunt*, je n'y comprends rien du tout.

Discedere ab aliquo, faire défection, abandonner le parti de quelqu'un.

Ne umbram quidem, *ne* et *quidem* sont toujours séparés par le mot ou les mots sur lesquels porte l'exclusion : *ne umbram quidem*, pas même l'ombre.

Utrum... an. Dans l'interrogation directe et indirecte, quand il y a deux membres de phrase, devant le premier on met *utrum*, devant le second *an*.

O hominem, avec l'exclamation, quel cas peut-on mettre? Citez la règle.

Ait se facere, quelle règle? — Analysez *quæso, inquis, dicessit?*

Discedo, composé de *dis* indiquant séparation et *cedo*.

De *cedo* sont formés : *accedo, concedo, decedo, discedo, excedo, incedo, procedo, recedo*. — Donner les significations de ces verbes? — Donner les dérivés français.

---

1. Les remarques historiques et géographiques peuvent facilement se faire en latin dès la classe de quatrième.

Quels rapports ont avec les racines latines les mots suivants : céder, cession, accéder, accession, accessoire, accessit, accès, concéder, concession, décéder, décès, excéder, excès, procéder, procession, procès, etc.

Exiger que les élèves prennent en note les principales remarques, et qu'ils répètent l'explication.

On expliquera de même le poëte latin; on appellera l'attention des élèves sur la mesure des vers et la quantité des syllabes; à ce sujet, on exigera d'eux les règles déjà apprises dans la prosodie.

N. B. On fera apprendre quelques lignes de Cicéron, et après Pâques, quelques vers de Virgile (voir l'horaire).

L'historien sera parcouru comme il a été dit (1re partie, *Explication des auteurs*).

Auteur grec. — Il vaut mieux, au commencement, n'expliquer que quelques lignes (en donnant ou demandant l'analyse de tous les mots), que de prendre une page entière, sans remarques d'aucune sorte [comme on le fait quelquefois (commodément, à l'aide d'une traduction juxtalinéaire) presque en pure perte]. — Quand les enfants seront un peu plus familiarisés avec les formes grecques, on pourra expliquer un plus long texte, en restreignant l'analyse aux mots les moins connus. — Exiger que les élèves écrivent sur un cahier les principales remarques. — Prenons, comme exemple, les premières lignes de l'*Anabase.*

Δαρείου καὶ Παρυσάτιδος γίγνονται παῖδες δύο, πρεσβύτερος μὲν Ἀρταξέρξης, νεώτερος δὲ Κῦρος. Ἐπεὶ δὲ ἠσθένει Δαρεῖος καὶ ὑπώπτευε τελευτὴν τοῦ βίου, ἐβούλετο τὼ παῖδε ἀμφοτέρω παρεῖναι. Ὁ μὲν οὖν Πρεσβύτερος, παρὼν ἐτύγχανε; etc., etc.

On donne l'argument, puis le mot à mot français et même latin[1], par exemple : Δύο παῖδες, *duo liberi,* deux enfants, γίγνονται, *nascuntur* (*nati sunt*) naissent (naquirent), Δαρείου καί, etc. *ex Dario,* de Darius, etc., etc. Puis on fait la traduction française.

1... *Fere ex usu videtur... omnia plerumque voce patria declarare* (Reg. 9, prof. med. gr.)

REMARQUES

Donner l'analyse de γίγνονται?

La racine de ce mot est Γεν (idée de génération, de naissance). Il y a beaucoup de dérivés de cette racine : γίγνομαι, être, naître, devenir, γένος (τὸ) (*genus*), race, γένεσις (ἡ), naissance, origine, γενέθλιος, natal, natif, γενεά (ἡ), naissance, race, γεννάω, engendrer, γεννητὸς, né, γόνος (ὁ), race, origine, postérité, enfant, γονεύς (ὁ), οἱ γονεῖς, les parents.

Composés de γίγνομαι : ἀπογίγνομαι, être absent, δια-, se trouver entre, ἐκ-, naître, κατα-, habiter, μετα-, naître après, différencier, παρα-, être présent, περι-, être en plus, survivre, l'emporter sur, προς-, s'ajouter à, συγ-, se trouver ensemble, ἀγενής, d'obscure naissance, vil, ignoble, εὐγενής, noble (Eugène), etc., etc.

Comparer les mots latins : *gigno, genus, genitor, gens, gener, ingenium, nascor* (pour *gnascor*, d'où *gnatus* usité pour *natus*) *natura, natalis,* etc. De même les mots français : engendrer, genre, génération, gent, génie, naître, etc.

Donner les principaux dérivés de παῖς, ὅς? Et l'analyse de ἠσθένει, et d'ὑπώπτευε avec la formation de l'augment dans ces verbes? — Racines et dérivés français de βίος?

Analyser ἐβούλετο, ἐτύγχανε?

Quels sont les positifs de πρεσβύτερος et de νεώτερος? Pourquoi l'ω dans ce dernier?

Faire répéter l'explication.

In repetitione prælectionis capiat interdum occasionem difficiliora declinandi, conjugandi, et grammaticæ quomodocumque exigendæ (Reg. 5, prof. med. gr.).

DEVOIRS ET EXERCICES

Thème latin. — *Exercitationes... injungendæ erunt... vernacula dictata tum ad auctoris imitationem, tum præcipue ad syntaxis præcepta latina facere* (Reg. 4, prof. med. gramm.).

A mesure que l'on avance dans l'étude de la syntaxe, il faut donner des thèmes d'application; sans cette méthode exactement suivie, peu ou point de progrès. On doit corriger ces devoirs, comme il a été dit (1re partie, art. *Devoirs*).

On donnera souvent aussi des thèmes d'imitation de Cicéron, après avoir expliqué cet auteur. *Dictandum argumentum scribendi vulgi sermone ad verbum, perspicuum, quod ad præcepta syntaxis et auctorum imitationem referatur* (Reg. 7, prof. med. gramm.).

Version latine. — On dictera des versions latines prises dans les bons auteurs, et dans Cicéron surtout; il est important que les élèves s'habituent aux locutions les plus usitées, et, autant que possible, on choisira des textes d'une latinité irréprochable. Quelquefois on pourra donner un passage de l'historien adopté pour la classe. On exigera le français et non le mot à mot. Ces versions doivent être corrigées comme il a été dit (1re partie, art. *Devoirs*). *Discipuli etiam aliquam auctoris brevem versionem subscribere jubeantur* (Reg. 7, prof. med. gramm.).

In scriptione corrigenda indicet, si quid contra præcepta grammaticæ, orthographiæ, interpunctionis peccatum sit; si declinatæ difficultates, omnia ad grammaticarum præceptionum normam expendat, conjugationesque ipsas et rudimenta, sumpta occasione, in memoriam revocet (Reg. 3, prof. med. gr.).

Version grecque. — *In græcis tradendis eadem proportione serventur* (Reg. 9, prof. med. gr.). On donnera donc, en devoirs, quelques versions grecques courtes et faciles; on les dictera quelquefois, pour attirer l'attention des élèves sur l'orthographe des mots grecs. Il faut exiger le mot à mot de ces versions, *précédé* d'une analyse grammaticale détaillée[1], dans laquelle on fera entrer les principaux composés et dérivés français, latins et grecs. Nous rencontrons, par exemple, le mot παῖδες; à la suite de l'analyse ordinaire, l'élève, en consultant son dictionnaire, peut facilement ajouter, *dérivés :* παιδιά, jeu, enfance; παιδεύω, instruire; παιδεία, instruction; παιδευτής, maître; παιδευτήριον, école; παιδίον, petit enfant etc.; *composés et dérivés :* παιδαγωγός, pédagogue, pédant; παιδαγωγέω-ῶ, être précep-

---

[1] *Et fere ex usu videtur esse vernaculas voces casibus ac personis addere, etc. (Ibidem.)*

teur, παιδοτρίβης, maître de gymnase; παιδοτριβέω-ῶ, exercer le corps par la gymnastique; *cyropédie*, etc. Si l'on a soin d'exiger cette analyse en tête de la version, les élèves ne perdront pas de temps à chercher deux fois le mot dans le dictionnaire; et l'analyse bien faite facilitera l'intelligence du texte.

Thème grec. — Voir ce qui a été dit pour le thème latin, *eædem proportiones serventur*. Ces thèmes seront donc surtout des exercices sur les déclinaisons et les conjugaisons (Voir les *thèmes élémentaires* de M. l'abbé Ragon).

Exercices d'orthographe et de lexicologie. — On donnera quelques dictées sur les règles expliquées dans la grammaire française, et plus souvent encore des exercices variés de lexicologie dans les trois langues classiques. Tantôt ce sera un travail sur les dérivés ou composés français, latins et grecs de quelques mots très usités, tantôt l'analyse étymologique de certains composés d'une ou de deux racines avec le sens propre de chacun d'eux, ou bien une étude des principaux suffixes français, latins et grecs qu'on aura expliqués. Dicter de nouveau le tableau des préfixes (Voir *classe de cinquième*).

Exercices de versification latine. — Il faut rendre ces exercices le plus faciles possible, afin de ne pas habituer les élèves à donner comme travail de deux heures, deux ou trois vers souvent boiteux. On dictera donc la quantité, et l'on graduera peu à peu les difficultés. On n'oubliera pas, en dictant les longues et les brèves, de rappeler les règles de la prosodie; c'est un excellent moyen de l'apprendre pratiquement (Reg. 7, prof. gr. sup.). [Voir page 51.]

Devoirs français. — Pour varier, on donnera quelquefois une petite lettre française, une courte notice biographique d'un auteur que l'on va expliquer, ou bien à mettre en prose un passage du poète français (Voir 1re partie). *Il faut tenir à ce que tous ces devoirs soient bien écrits, avec l'orthographe, la ponctuation et l'accentuation.*

Concertations et exercices divers. — (Voir en cinquième, pages 133 et 134). Les règles du professeur de quatrième à ce sujet sont presque les mêmes que celles du professeur de cinquième; elles n'en diffèrent que sur les quelques points suivants :

Concertatio... sita erit... tum in phrasibus a præceptore habitis memoriter dicendis, tum in vernaculis locutionibus mutuo ex præcepto syntaxeos ad imitationem auctorum exigendis (non verbatim),... in græcis exigendis, et aliis id genus, arbitrio præceptoris (Reg. 10, prof. med. gramm.).

Exercitationes in schola injungendæ erunt, exempli gratia, vernacula dictata, tum ad auctoris imitationem, tum præcipue ad syntaxis præcepta latina facere : lectionem Ciceronis vel aliorum auctorum vulgi sermone convertere...

Le reste de cette règle 4me (prof. med. gr.) est comme en cinquième.

HISTOIRE

L'*histoire romaine* est ordinairement vue en quatrième, pendant le premier semestre. Après Pâques, on continue l'*Histoire de France* de Henri IV à la fin.

Donner une idée du théâtre des événements, comme il a été dit pour les classes de sixième et de cinquième, en faisant remplir trois ou quatre cartes muettes, selon qu'il est nécessaire.

On procédera comme en sixième et en cinquième, par des questions renfermant un chapitre ou deux. Les élèves répondent par écrit à ces questions, et sont ainsi obligés d'étudier la leçon donnée. A la classe suivante, on fait rendre compte oralement des réponses, on les corrige et on les complète, s'il y a lieu. Il faudra insister sur les faits importants de l'histoire romaine, et sans faire trop de philosophie de l'histoire, on montrera, par exemple, comment Dieu s'est servi des conquêtes des Romains pour la propagation de l'Évangile; comment un peuple succombe par la mollesse, etc., etc.

Id maxime spectabis, ut rerum gestarum notitia serviat instruendis moribus : in alienam quippe vitam, ut in speculum, intueri decet, in quo cernamus vitiorum fœditatem, pulchritudinem virtutum ; quanta cupiditatum ac perturbationum animi sit labes, etc. (*Ratio disc.* P. Juv. cap. II, art. 3). — Tableaux synoptiques pour résumer.

GÉOGRAPHIE

La *Géographie détaillée de la France* suffit pour toute l'année.

On procédera avec méthode dans cet enseignement ; il faut bien délimiter les frontières et exercer les élèves à ce tracé, d'abord en devoir, et ensuite sur le tableau noir, en indiquant les principaux ports de mer ; après avoir donné, de la même manière, une idée de l'ensemble de la France, divisée en versants et en bassins, et fait connaître la ligne de partage des eaux, on étudiera successivement tous les départements d'un bassin, et ainsi de suite. Toujours un devoir écrit pour chaque leçon, et ce devoir (qu'on pourra varier, soit en dictant un questionnaire, soit en exigeant une petite carte du département, du bassin, etc.), il faut le faire répéter au tableau noir, comme il a été dit (*Classe de cinquième*). On corrige et l'on complète alors la leçon.

MATHÉMATIQUES

ARITHMÉTIQUE ET ALGÈBRE

L'*Arithmétique en entier*, et le *calcul algébrique*, tel est le programme des mathématiques pour la classe de quatrième.

On commencera par une répétition du programme de cinquième, et en répétant les quatre opérations fondamentales de l'arithmétique, on expliquera parallèlement la manière de faire ces mêmes opérations sur des expressions algébriques simples. En arithmétique, on insistera sur les fractions ordinaires, sur la transformation de ces fractions en fractions décimales, et réciproquement (retour à la génératrice), sur les caractères de divisibilité par les nombres 2, 5, 4, 9, 3, sur la décomposition d'un nombre en ses facteurs premiers, sur le plus grand commun diviseur de deux nombres et le plus petit multiple de deux ou plusieurs nombres, etc. Si les rapports et proportions n'ont pas été bien compris en cinquième, il faut y revenir et s'y arrêter autant qu'il sera nécessaire pour que cette théorie soit saisie. (L'arithmétique du P. Faton en fournit une explication qui ne laisse rien à désirer.)

On aura soin de donner toujours des exercices ou problèmes d'application, au fur et à mesure que l'on avancera.

Il sera bon aussi d'exercer les élèves sur les règles de trois, d'intérêt, d'escompte, de mélanges, etc. On reviendra sur la manière d'extraire la racine carrée, sans y insister trop. Dans cette classe, comme dans les précédentes, *le professeur doit s'abstenir de toute théorie, soit pour l'arithmétique, soit pour l'algèbre.*

On se contentera donc d'exercer au calcul algébrique, aux quatre opérations fondamentales sur des expressions algébriques simples, aux équations du premier degré numériques et littérales et aux applications pratiques du calcul arithmétique et algébrique à la mesure des aires et des volumes. On donnera enfin de nombreux exercices oraux ou écrits.

(Voir le *N. B.* classe de sixième § arithmétique).

CLASSE DE TROISIÈME

Programme et horaire de la classe. — Distribution des devoirs pendant la semaine. — Enseignement du catéchisme, des trois grammaires, française, latine, grecque et prosodie latine. — Explication des auteurs français, latins et grecs, avec des exemples. — Devoirs : Thème latin, version latine, version grecque, thème grec, vers latins. — Compositions latines et françaises. — Concertations et exercices divers. — Enseignement de l'histoire, de la géographie et des mathématiques.

Gradus hujus scholæ est absoluta grammaticæ cognitio; ita enim recolit ab initio syntaxim, ut addat omnes exceptiones et idiotismos, deinde explicet constructionem figuratam, et de arte metrica; in græcis autem syntaxim, dialectis et difficilioribus idiotismis exceptis. Quod ad lectiones pertinet, ex oratoribus quidem explicari poterunt gravissimæ Ciceronis epistolæ, libri de Amicitia, de Senectute et alia hujusmodi, aut etiam, ubi mos invaluit, faciliores orationes; Sallustius quoque, Q. Curtius, et selecta ex T. Livio. Ex poetis vero... libri Virgilii faciliores; ex græcis : S. Chrysostomus, Xenophon, et horum similes. Aliquæ etiam ex mythologia (nisi forte in media grammatica factum fuerit) tradantur (Reg. 1, prof. sup. gramm.). Ainsi les trois grammaires française, latine et grecque, sauf les dialectes et les idiotismes grecs les plus difficiles, des notions *d'élégance* et de *prosodie* latine, telle est la première partie du programme de la troisième. Quant aux auteurs, ils sont donnés d'après les exigences du baccalauréat; autant que possible, pour le grec, il faut laisser aux classes de littérature, les ouvrages écrits suivant un dialecte, v. g. Homère, Hérodote, etc., et ne prendre que ceux qui sont en langue commune[1].

1. Ainsi, *pour la langue française*, on peut donner dans les classes de *septième*, *sixième*, *cinquième* : des morceaux choisis en prose et La Fontaine ; en *quatrième*, Racine, Esther et *Athalie*; Boileau, *Satires* et *Épîtres*; en *troisième* : Lettres choisies, Racine, *Les Plaideurs*, théâtre (Britannicus, Cinna, etc.); en *humanités* : Fénelon, *Lettre sur les occupations de l'Académie*, Boileau, *Art poétique*, Racine, Corneille.

Pour la langue latine : Cicéron en *sixième* et en *cinquième*; en *quatrième* : Cicéron, Virgile, les Bucoliques et Géorgiques, César; en *troisième* : Cicéron, Pro Archia, de Senectute, ou mieux

Les devoirs à donner sont : le thème latin, la version latine, la version grecque, le thème grec, les vers latins, des exercices de style, de lexicologie, d'histoire, de géographie et de mathématiques.

HORAIRE DE LA CLASSE DE TROISIÈME
[Ex Reg. 2 prof. supr. gramm.]

	MATIN						
Récitation et explication des leçons							
Lundi 8 h.	Catéchisme Les 3 gram. Cicéron Auteur f^{ais} (en prose)	8 h.1/2	Dictée et correction des devoirs	9 h.1/4	Explicat. de Cicéron	10 h.	Explicat. de l'auteur français
Mardi 8 h.	item	8 h.1/2	Composition et exercices divers				
Mercredi 8 h.	item	8 h.1/2	Dictée et correction des devoirs	9 h.	Cicéron	9 h. 50	Catéchisme comme le Dimanche
Jeudi 8 h.	Cours de langue vivante						
Vendredi 8 h.	Leçons comme le lundi	8 h.1/2	Dictée et correction des devoirs	9 h.1/4	Cicéron	10h.	Explication de l'auteur français
Samedi 8 h.	Répétition des leçons du matin	9 h.	Répétition de Cicéron et dictée des devoirs			10 h.	Déclamation
Dimanc. 10 h.1/2	Explication du catéchisme et résumé sous forme de questionnaire auquel les élèves répondent par écrit						

les *Catilinaires*, Salluste, Virgile, Tite-Live, livres XXIII, XXIV, XXV, XXVI-XXX, Térence, les *Adelphes*; en humanités : Cicéron, les *Catilinaires*, ou mieux *Pro Archia*, *de Senectute*, *de Amicitia*; Virgile, Horace, *Narrationes* (Tite-Live).

Pour la langue grecque : en quatrième : après Lucien, *Dialogues des morts*, l'*Anabase* de Xénophon; en troisième : l'*Anabase* de Xénophon, Platon, morceaux choisis, le *Criton*; Plutarque, *Vie de César* ou *de Périclès*; en humanités : Platon, *Apologie de Socrate* ou *Phédon*; Homère, *Iliade*, I, VI, XVIII, XXII, XXIV; Hérodote, Euripide, *Iphigénie en Aulis*.

Le programme du baccalauréat changeant souvent, on sera obligé de modifier cette liste d'auteurs; mais pour le grec, il est d'une importance capitale de ne donner en cinquième, en quatrième et en troisième que des auteurs attiques (Voir le *Ratio*). Rien ne déconcerterait un élève encore peu habitué au grec, comme l'amalgame de toutes ces formes dialectiques, épiques, poétiques, etc.

	SOIR					
	Récitation et explication des leçons					
Lundi 2 h. 1/4	Les 3 gramm. Élégance et Prosodie latine. Poëte latin (Virgile). Auteur f^{ais} (poëte).	2 h. 3/4	Explication de Virgile	3 h. 1/2	Cours de langue vivante
Mardi 2 h. 1/4	item	2 h. 3/4	Explication de l'Auteur grec	3 h. 1/2	Arithmétique et Algèbre
Mercredi 2 h. 1/4	item	2 h. 3/4	Virgile	3 h. 1/2	Histoire et Géographie
Vendredi 2 h. 1/4	item	2 h. 3/4	Auteur grec	3 h. 1/2	Arithmétique et Algèbre
Samedi 2 h. 1/4	Répétition des leçons et des explications du soir. Dictée des devoirs.			3 h. 1/2	Histoire et Géographie

DISTRIBUTION DES DEVOIRS

PENDANT LA SEMAINE

Du lundi au mardi : *Étude de onze heures :* Langue vivante. — *Étude du soir :* Thème latin et un devoir supplémentaire facultatif.

Du mardi au mercredi : *Étude de onze heures :* Arithmétique et algèbre. — *Étude du soir :* Version latine et analyse étymologique.

Du mercredi au jeudi : *Étude de onze heures :* Histoire et géographie. — *Étude du soir :* Version grecque et analyse grecque.

Du jeudi au vendredi : 1re *Étude :* Thème latin et un devoir supplémentaire facultatif. — 2e *Étude :* Arithmétique et algèbre, thème grec. — 3e *Étude :* Vers latins.

Du vendredi au samedi : *Étude de onze heures :* Langue vivante. — *Étude du soir :* Version latine et devoir lexicologique.

Du samedi au lundi : *Étude de onze heures :* Histoire et géographie. — *Étude du samedi soir :* Devoir français.

Dimanche : 1re *Étude :* Thème latin et devoir facultatif de latinité (locutions). — 2e *Étude :* Version grecque et analyse grecque. — 3e *Étude :* Version latine et devoir lexicologique[1].

LEÇONS

Catéchisme. — Répétition des principales vérités de la religion. Récitation des prières. *Texte* du catéchisme. *Explication* du symbole des apôtres. En troisième, on peut déjà donner des preuves de raison et apporter le témoignage de l'Écriture sainte, des Pères de l'Eglise, des Conciles, de la tradition, etc. (Voir 1re partie, *Enseignement religieux*).

Grammaire française. — La répétition de la grammaire apprise en quatrième, et ensuite tout ce qui n'a pas été vu dans les classes précédentes (Voir 1re partie, art. *Grammaires*).

Grammaire latine. — La grammaire latine en entier. Il faut revoir *avec soin* tout ce qui a été appris en quatrième (Voir *Classe de quatrième*, art. *Grammaire latine*), en multipliant les thèmes oraux et les exemples d'application. Dans la syntaxe, on insistera sur les remarques, les latinismes, les gallicismes et les locutions latines.

Grammaire grecque. — Répétition de la partie de la grammaire grecque vue en quatrième (Voir *Classe de quatrième*, art. *Grammaire grecque*).

Pour la syntaxe, on insistera particulièrement sur les règles propres à la langue grecque. Il sera utile de faire remarquer aux élèves que la plupart des règles sont exactement les mêmes que celles

---

1. Voir la note, page 139.

de la syntaxe latine; quelques-unes en diffèrent par le génitif ou le datif à la place de l'ablatif, etc. A la fin de l'année, un tableau synoptique à trois colonnes (grammaire française, grammaire latine et grammaire grecque), serait à donner en devoir, pour fixer les idées sur la ressemblance et les différences des trois syntaxes.

Prosodie latine. — Répétition de la prosodie apprise en quatrième. On y ajoutera, en donnant des exemples, la manière de composer les vers, le choix des synonymes, des épithètes, ce qui regarde le style poétique et les figures, la cadence, les périphrases, les comparaisons et autres moyens de développement, les différentes sortes de vers : iambique, alcaïque, asclépiade, glyconique, phérécratien, saphique, adonique, etc., etc.

EXPLICATION DES AUTEURS

Auteur français. — On doit expliquer l'auteur français à peu près comme l'auteur latin. *Eodem fere modo prælegantur auctores classici in lingua vernacula* (Reg. 28 comm. prof.) [Voir 1re partie, *Explication des auteurs.*]

Soit, par exemple, à expliquer le *combat singulier de Vercingétorix et de Mérovée*, dans Chateaubriand. On donnera, si on le juge nécessaire, une courte notice biographique sur l'auteur, et l'on dira, en quelques mots, ce que sont les *Martyrs* de Chateaubriand, auquel est empruntée cette *narration poétique*.

ARGUMENT

Combat singulier de Vercingétorix, chef des Gaulois, et de Mérovée, fils du roi des Francs. Mort de Vercingétorix.

EXPLICATION

Mérovée, rassasié de meurtres,	Rassasier, au propre, signifie assouvir sa faim, satisfaire pleinement le besoin de manger; ici, il est pris au figuré et signifie que Mérovée était satisfait d'avoir tué tant d'ennemis. C'est une métaphore.

contemplait	considérait attentivement et avec satisfaction.
immobile	comme un homme qui se repose dans sa victoire.
du haut de son char de triomphe,	On dit aussi char de victoire, de deuil, etc.
les cadavres dont il avait jonché la plaine.	Joncher (du latin *juncare*) proprement semer de joncs ; et par extension, étendre çà et là sur le sol, en grande quantité ; par conséquent il contemplait et semblait compter les ennemis qu'il avait étendus morts çà et là dans toute la plaine.
Ainsi se repose un lion	Voici maintenant une comparaison poétique. Mérovée se repose comme un lion après le carnage.
de Numidie	c'est-à-dire d'Afrique (depuis Carthage jusqu'à l'Atlantique), où il y avait beaucoup de lions.
après avoir déchiré un troupeau de brebis ;	expression poétique pour dire : après avoir exercé ses ravages dans un troupeau de brebis. On dirait dans le même sens métaphorique : Luther déchira l'Église de Dieu, c'est-à-dire la divisa, la troubla, la partagea, comme on déchire un habit.
sa faim est apaisée,	Apaiser, faire cesser. On dit : apaiser une sédition, une tempête, etc. Donc sa faim est apaisée, assouvie (du bas latin *assopire* ou bien *ad* et *sufficere*).
sa poitrine exhale l'odeur du carnage ;	sa respiration, son haleine exhale l'odeur du sang ; une odeur de sang se dégage de sa respiration.
il ouvre et ferme tour à tour sa gueule fatiguée	il écarte et rapproche tour à tour ses mâchoires fatiguées de broyer ; il a des bâillements fréquents, comme quelqu'un qui est bien repu et qui appelle le sommeil. C'est proprement une description et elle devient à partir de ce passage un véritable tableau qu'un peintre pourrait reproduire sur la toile.
qu'embarrassent des flocons de laine ;	il a dévoré les brebis avec leur laine, et des flocons se sont arrêtés dans sa gueule, il en est embarrassé, et c'est aussi pourquoi il ouvre et ferme tour à tour sa gueule fatiguée. D'où vient le mot *embarrasser* ?
enfin il se couche au milieu des agneaux égorgés ; sa crinière humectée d'une rosée de sang	Notez cette expression figurée : rosée de sang ; des gouttelettes, semblables à celle de la rosée, humectent de sang sa crinière.

retombe des deux côtés de son cou;
il croise ses griffes puissantes;
il allonge la tête sur ses ongles;
et, les yeux à demi fermés, il lèche encore les molles toisons étendues autour de lui, etc.

Toute cette comparaison est une peinture achevée. *Ut pictura poesis.*

REMARQUES

Rassasier — vient du latin *re satiare*. On dit : *rassasier ses yeux, rassasier quelqu'un de fêtes, de musique, d'opprobre,* etc. Qu'est-ce que cela signifie? Pourquoi rassasié de *meurtres* et non de carnage? Différences entre *massacre, carnage, meurtre.*

Contempler — de *contemplari* (de *templum*, l'étendue du ciel que les augures déterminaient avec leur bâton augural), regarder fixement. Notez *considerare* qui vient aussi de *sidus, eris.*

Immobile — de *immobilis*. Que signifie le suffixe *bilis* dans les adjectifs latins?

Cadavre — de *cadaver* (de *cadere*). On en a donné une curieuse étymologie : **Ca**ro da**ta** ver**mibus!**

Numidie — L'ancienne Numidie allait de Carthage à l'Atlantique. Auguste la divisa en deux : la Numidie à l'est, la Mauritanie à l'ouest.

Exhaler — du latin *exhalare*. On dit : exhaler son âme, sa douleur, sa bile, sa mauvaise humeur, etc. — Que signifient ces expressions?

Carnage — du latin *caro, carnis*. Quels sont les autres dérivés? L'auteur ici, parlant du lion, dit *carnage* et non pas *meurtre.*

Gueule — du latin *gula*, bouche des animaux carnassiers en général, et des poissons.

Flocon — du latin *floccus*. On dit, par extension, des flocons de neige : la neige tombe à gros flocons.

Égorger — Que signifie cette phrase : Je suis allé dans cette auberge, mais je n'y remettrai plus les pieds, car on m'y a égorgé?

Humecter — du latin *humectare* (de *humor*). Donner les autres dérivés.

Retomber	(De re et tomber), tomber de nouveau. *Au figuré*, retomber dans l'oubli. *Par extension*, signifie pendre, exemple : ses longs cheveux retombaient sur son visage.
Griffe	de l'allemand *griff*. Qu'est-ce qu'on appelle *griffes d'asperges?... griffe de l'éditeur?* Tomber sous la griffe, donner un coup de griffe à quelqu'un. Différence entre ongles et griffes.
Allonger	rendre plus long, et *par extension*, étendre, déployer.
Ongle	L'auteur a parlé tout à l'heure des griffes du lion; il se sert maintenant du mot ongle, pourquoi? On a dit : *ex ungue leonem*, à l'ongle on connaît le lion, on reconnaît aux moindres traits un homme de talent ou d'un grand caractère. Que signifie : *avoir bec et ongles, ronger ses ongles, rubis sur l'ongle?*
Les yeux à demi fermés	Tout ce passage rappelle ces vers du *Lutrin*, de Boileau :

> .... La Mollesse oppressée,
> Dans sa bouche, à ce mot, sent sa langue glacée,
> Et lasse de parler, succombant sous l'effort,
> Soupire, étend les bras, ferme l'œil et s'endort.

Toison	du latin *tonsio* (de *tondere*), c'est la *fourrure* du mouton. La *toison d'or* (la toison du bélier sur lequel, selon les anciens poètes, Phryxus et Hellé passèrent la mer), que conquirent les Argonautes. — La *Toison d'or* est aussi un ordre de chevalerie institué en 1420 par Philippe le Bon, duc de Bourgogne.

Auteur latin. — *Prælectionis forma hæc erit : primum quidem argumentum tum latino, tum patrio sermone perstringat. Deinde unamquamque periodum ita interpretetur, ut vernacula expositio latinæ subinde subjiciatur. Tertio a capite recurrens (nisi malit ipsi explicationi inserere) binas aut ternas seligat voces, quarum vim aut originem expendat, ac cum patria lingua conferat; unoque aut altero ejusdem præsertim auctoris exemplo confirmet. Translationem etiam evolvat ac demonstret; fabulas cum historiis, et quæ ad eruditionem pertinent, si quæ incidant, brevi expediat : binas etiam ternasve phrases elegantiores excerpat. Postremo scriptoris verba sermone vernaculo elegantiori decurrat. Licebit autem latinum argumentum, observationes, proprietates et phrases quam brevissime dictare* (Reg. 5, prof. gramm. sup.).

Prenons un exemple dans le *de Senectute* de Cicéron : *Sophocles*, etc. (cap. VII, § 22).

ARGUMENT

Non abstrahit senectus a studiis litterarum : illud probatur exemplo Sophoclis, qui tragœdias et fecit et recitavit in summa senectute.

N. B. On ajoute le français à l'argument et à l'interprétation en latin (dit le *Ratio*) toutes les fois que cela est nécessaire pour être compris.

EXPLICATION

Sophocles ad summam senectutem
    id est : *Sophocles valde grandis natu, et quasi polleret juventutis viribus, ad summam senectutem*, gallice, Sophocle jusqu'à son extrême vieillesse.
    (Comment diriez-vous en latin : *il est vieux ?*

tragœdias fecit,
    scripsit, composa des tragédies, — *scripsit igitur tragœdias Sophocles summa senectute, grandi admodum natu, valde grandis natu.*

Quod propter studium,
    Quod renferme ici une conjonction ; *quasi diceret Tullius : et ob illud studium*, et à cause de cette application, de cette occupation, de cette passion pour la tragédie. *Studium*, de là le mot français étude. Comment ce mot s'écrivait-il autrefois ?

quum rem familiarem negligere videretur,
    cum res domesticas negligere vel non satis curare videretur, comme il semblait négliger son bien de famille, ses affaires domestiques.
    Comment traduit-on en français le mot latin *res* ?... A-t-il un sens bien précis par lui-même ?

a filiis in judicium vocatus est, ut,
    vel in jus vocatus est, il fut appelé, cité en justice par ses fils,
afin que (*judices removerent a re familiari*).

quemadmodum nostro more,
    id est, *ut fit apud nos*, comme il arrive d'ordinaire chez nous, Rendez l'idée de *nostro more* par d'autres locutions latines.

male rem gerentibus patribus
    patribus rem domesticam male gubernantibus, aux pères de famille qui gèrent mal leur fortune,
Que signifie *rem gerere* ? Quelles autres expressions savez-vous pour rendre la même pensée ?

bonis interdici solet,
    interdictio bonorum fieri solet, il est d'usage d'interdire l'administration de leurs biens.

CLASSE DE TROISIÈME

sic illum, quasi desipientem, a re familiari removerent judices.	(sic respondet ad quemadmodum) de même, Sophocle; il fut cité en justice par ses fils, *ut,* pour que les juges l'écartassent de la gestion de son bien de famille *quasi desipientem,* comme dépourvu de sens.
Tum senex dicitur eam fabulam,	*Tunc senex dicitur eam tragœdiam recitasse judicibus.* (Fabula (a fari) une suite de paroles, unde *fabulari, confabulari. Fabula est in qua nec veræ nec verisimiles res continentur* (Cicer.). Par conséquent, toute histoire fictive et par extension *pièce de théâtre. Item fabella* (diminutif de *fabula*) *Fabellæ Euripidis, ait Cicero.*
quam in manibus habebat,	*quam præ manibus habebat.* Nous avons en français la même locution.
et proxime scripserat,	*et nuper composuerat,* scilicet Œdipum Colonæum,
recitasse judicibus,	*alta voce legisse judicibus,*
quæsissetque,	*et interrogavisse,*
num illud carmen desipientis videretur.	*num illud carmen, illa tragœdia senis desipientis, amentis opus esse videretur.*
Quo recitato,	*Post recitationem fabulæ,*
sententiis judicum est liberatus.	*omnium judicum sententiis est liberatus.*

Mores. — *Si patrem senescentem deserere turpe est, quid illum a filiis in jus vocari propter fœdam divitiarum cupiditatem? Oh! utinam ad tantum flagitium non descenderent unquam ipsi Christiani!*

REMARQUES

Sophocles	*Poeta atheniensis celeberrimus,* 127 *tragœdias fecit, quarum 7 tantum supersunt :* [Ajax, Œdipe roi, Œdipe à Colone, Philoctète, Électre, Hercule mourant ou les Trachiniennes et Antigone]; *mortuus est Sophocles annos* 92 *natus.*
tragœdias	(a τράγος, bouc, parce qu'un bouc était le prix du chant, et ᾠδή, chant). Horatius enim ait : *Carmine qui tragico vilem certavit ob hircum.* — *Auctor seu scriptor tragœdiæ, tragicus poeta vocatur; tragœdus vero qui tragœdiam agit in theatro. Vox tragœdorum,* dicit Cicero.

res familiaris	seu res domesticæ, patrimonium vel familiæ bona.
negligere	formé de *nec legere*, qu'on trouve sous cette forme archaïque dans Térence, Plaute, etc.
quemadmodum nostro more	id est [ad modum quem] ut fit apud nos.
bonis interdici solet	omnibus enim prodigis sed præsertim patribus interdicebatur bonis (Reg. gr. *Interdico tibi domo mea*).
eam fabulam	gallice, cette pièce, ce drame, cette tragédie.
desipientem	a *desipere* (*sapere de*) s'écarter de la sagesse. Syn. : *insanire* (*non sanus*) devenir fou; *delirare* (*de* et *lira*, sillon) sortir du sillon, délirer; *furere*, être fou de fureur.
remorerent	a *remorere* (*retro movere*) écarter; Syn. *semovere* (*seorsim movere*) séparer; *demovere*, déplacer; *dimovere* (*diversim movere*) écarter d'ici et de là; *submovere*, etc.
in manibus	ou *præ manibus habere*, avoir encore en mains.
Proxime	id est nuperrime, vel a paucis diebus.
Œdipum Colonæum	Qua sola fabula omnium ejusdem studii poetarum præripere gloriam potuit Sophocles, ut ait Valerius Maximus.
recitasse	(pro *recitavisse*) a *recitare*, lire à haute voix; *legere*, parcourir des yeux. *Judicibus*, quel cas? Au datif, d'après quelle règle?
quæsisse	(pro *quæsivisse*) a *quærere*, chercher en demandant, s'enquérir; Syn. *indagare*, chercher çà et là; *scrutari*, fouiller; *investigare*, suivre à la trace.
num	diffère de *an* en ce qu'il ne suppose pas de deuxième membre, ni même de réponse; ne sert à interroger et se met après un mot : *Vidistine?*

On donne ensuite une traduction, la plus fidèle et la plus élégante possible. Et il est bon de noter ici que la plupart de celles qui sont imprimées laissent beaucoup à désirer. On s'aidera donc des traductions que l'on aura, mais il faudra toujours les lire à l'avance, pour prévoir ce qu'on peut modifier et améliorer.

Auteur grec. — *Græcæ prælectionis eadem ratio sit, nisi quod, cum græcus auctor sumitur, verba singula tractanda sunt; facillimis etiam in universum, si videatur, syntaxeos regulis indicatis* (Reg. 9, prof. supr. gramm.).

Ainsi l'explication de l'auteur grec se fera à peu près de la même manière.

Prenons, comme exemple, le commencement du *Criton* de Platon. Après avoir donné une courte notice biographique et sur Platon et sur Socrate, on dira quelques mots de Criton, l'ami de Socrate, et puis on fera l'argument en latin, sauf à le traduire en français, s'il est nécessaire.

ARGUMENTUM

Socratem in carcere inclusum, primo diluculo (cum nondum luceret), invisit Crito familiaris; et confabulantur.

INTERPRETATIO

ΣΩΚΡΑΤΗΣ   Τί τηνικάδε ἀφῖξαι. — *Cur hac hora venisti?* Pourquoi es-tu venu à cette heure-ci?
ὦ Κρίτων; ἦ οὐ πρῲ ἔτι ἐστίν; *O Crito? Nonne (multum) mane etiam est?* Est-ce qu'il n'est pas encore (bien) matin?

ΚΡΙΤΩΝ   Πάνυ μὲν οὖν. — *Multum certe?* Tout à fait certainement.

Σ.   Πηνίκα μάλιστα; — *Quota (hora) fere? plane?* Quelle (heure) est-il à peu près? précisément?
(De μάλιστα *in hoc loco grammatici certant*).

ΚΡ.   Ὄρθρος βαθύς. — *Diluculum primum (obscurum adhuc).* L'aube est (encore) profonde (obscure).

Σ.   Θαυμάζω ὅπως. — *Miror (equidem) quomodo.* Je m'étonne comment,
ἠθέλησέ σοι ὁ τοῦ δεσμωτηρίου φύλαξ — *Voluerit tibi carceris custos,* le gardien de la prison a (bien) voulu
ὑπακοῦσαι. — *Obtemperare,* t'écouter (t'ouvrir).

ΚΡ.   Ξυνήθης ἤδη μοί ἐστιν. — *Familiaris jam mihi est.* Il est déjà habitué à moi.
ὦ Σώκρατες. — *O Socrates,* ô Socrate.
διὰ τὸ πολλάκις δεῦρο φοιτᾶν, — *Propterea quod crebro huc (ou istuc ventitem* (à cause du souvent venir ici), c'est-à-dire, parce je viens souvent ici.

	καί τι καί — *Et in aliqua (re) etiam*, et (aussi) en quelque chose même
	εὐεργέτηται ὑπ'ἐμοῦ. — *Beneficium accepit a me*, il a été obligé par moi, je lui ai rendu service.
Σ.	Ἄρτι δὲ ἥκεις. — *Venisti (vel) venisne modo.* Mais arrives-tu maintenant
	ἢ πάλαι; — *An dudum?* ou (es-tu venu) depuis longtemps?
ΚΡ.	Ἐπιεικῶς πάλαι. — *Satis dudum*, depuis assez longtemps.
Σ.	Εἶτα πῶς οὐκ εὐθὺς ἐπήγειράς με. — *Proinde cur (quomodo) non statim excitasti me*, eh bien! comment (pourquoi) n'as-tu pas éveillé moi aussitôt.
	ἀλλὰ σιγῇ παρακάθησαι, etc. — *Sed cum silentio assedisti?* Mais tu t'es assis auprès (de moi) en silence?

On donne ensuite la traduction française de tout le morceau expliqué et l'on fait des remarques de grammaire et de lexicologie.

REMARQUES

Τί	répond au latin *quid?* Pourquoi?
τηνικάδε	à cette heure-ci, à pareille heure. *Dicitur etiam* τὸ τηνικάδε *cum eodem sensu*.
ἀφῖξαι	2 p. perf. ἀφῖγμαι, ab ἀφικνέομαι, f. ἀφίξομαι, imperf. ἰκνούμην, aor. 2. ἰκόμην, perf. ἷγμαι, plus q. p. ἵγμην. R. R. ἀπο-ικνέομαι. *Cur tollitur* ο? *Cur mutatur* π *in* φ? *Composita præcipua sunt*: ἀφικνέομαι, *devenio*, διικνέομαι, *pervado*, ἐξικνέομαι, *pervenio*, ἐφικνέομαι, *attingo*, καθικνέομαι, *contingo*, προϊκνέομαι, *provenio*, συνικνέομαι, *convenio*.
ἤ	*Decem circiter sunt* ἤ *quæ accentu vel significatione aut contextu discernuntur*: 1° ἤ = septem.; 2° ἡ, art. fém., ὁ, ἡ, τό; 3° ἤ, adv., *vel, aut*; 4° ἤ *vel* ἤ, ἤ, interj. hé, hé, *ad vocandum*; 5° ἥ, fémin. relat. ὅς, ἥ, ὅ; 6° ἦ, attic. et poét. 3 p. s. aor². *verbi* ἧμι *pro* φημί; 7° ἦ, est-ce que? 8° ᾖ, 3 p. s. subj. *verbi* εἰμί; 9° ᾗ, dat. sing. f. relat. ὅς, ἥ, ὅ; 10° ᾗ, poét. *pro* ἑῇ dat. sing. fém. adj. possess. ὅς *pro* ἑός.
πρῴ	att. *pro* πρωΐ, de bonne heure, de grand matin.
πηνίκα	*id est* ποία ὥρα ἐστὶ τῆς ἡμέρας. Πηνίκα *et* τηνικάδε *dicuntur de hora potius quam de tempore generatim sumpto*.

μάλιστα	à peu près, environ : *sic dixit Xenophon* : μάλιστα τετρακόσιοι, environ quatre cents. *Item* μάλιστα που et μάλιστα πη.
ὄρθρος	*diluculum*, le crépuscule du matin; βαθύς, *eodem sensu Racinius noster ait :* C'était pendant l'horreur d'une *profonde* nuit; ὄρθρος βαθύς, *præceptum gr.?*
θαυμάζω	R. θαῦμα, ατος (τὸ) merveille. D. Thaumaturge.
ἠθέλησε	3 p. s. aor. de θέλω, f. θελήσω, imperf. ἤθελον, etc., *vel ab.* ἐθέλω, f. ἐθελήσω, p. ἠθέληκα.
δεσμωτηρίου	a δεσμωτήριον, ου. Qu'indique le suffixe τηριον? ὁ τοῦ δεσμωτηρίου φύλαξ, *quodnam præceptum syntaxeos?*
φύλαξ	R. φυλάσσω, je garde; — ομαι, j'évite; — λακή, — λαξις, garde; — λάκιον, — λακτήριον?...
ὑπακοῦσαι	*Quænam est hujus verbi analysis? Quænam sunt derivata et composita simplicis?* ὑπακοῦσαί σοι, *præceptum grammaticæ?*
ξυνήθης	att. *pro* συνήθης, ης, ες. R.R. σὺν et ἦθος. Ξυνήθης μοι, *præceptum syntax.?*
φοιτᾶν	*Analysis hujus verbi?...*
εὐεργέτηται	*Analysis hujus verbi?...* — *Quid significant* εὐεργεσία, ας (ἡ). εὐεργέτημα, εὐεργέτης, ου (ὁ), εὐεργετικός? εὐεργέτηται ὑπ' ἐμοῦ, *quodnam præceptum syntaxeos?*
ἥκεις	2 p. s. ind. pr. *verbi* ἥκω, f. ἥξω (*alia inusitata*).
Πάλαι	*unde* παλαιός, ancien. *Hinc* Paléologue, paléographie, paléontologie.
ἐπιεικῶς	vraisemblablement, assez. R. R. ἐπί et εἴκω.
ἐπήγειρας	2. p. s. aor. *verbi* ἐπεγείρω, f. γερῶ, aor. ἤγειρα, p. ἐγήγερκα; ἐπήγειράς με, *præceptum syntaxeos?*
σιγῇ	a σιγή, silence; σιγάω, *sileo*; σῖγα et σιγᾷ, en silence.
παρακάθησαι	2 p. s. *verbi* παρακάθημαι, imperf. ἐκαθήμην, imper. κάθησο.

DEVOIRS ET EXERCICES

Thème latin. — *Dictandum argumentum scribendi ad epistolæ, narrationis vel descriptionis formam, vulgi sermone ad verbum quod ad præcepta syntaxeos et ad auctorum imitationem referatur* (Reg. 6, prof. sup. gramm.). On choisira de préférence une lettre, une histoire, une narration ou une description tirée de Cicéron, et il faudra donner le corrigé, c'est-à-dire le texte même du morceau, dont on a donné en thème la traduction la plus littérale possible. Il est important d'habituer, de plus en plus, les élèves à la phrase cicéronienne, surtout en troisième, c'est-à-dire avant d'aborder les narrations latines. Dans le même but, on donnera souvent des thèmes d'imitation, après avoir expliqué Cicéron (Voir pour la manière de les corriger, 1re partie, art. *Devoirs*). *In scriptione corrigenda, indicet si quid contra præcepta grammaticæ, orthographiæ, interpunctionis peccatum sit; si declinatæ difficultates, si non habita elegantiæ aut imitationis ratio* (Reg. 3, prof. sup. gramm.).

Version latine. — *Eodem modo dictabitur aut ex auctore classico designabitur argumentum vernacule reddendum* (Voir ce qui a été dit pour la classe de quatrième et 1re partie, art. *Devoirs*). Il faut demander des élèves un français littéral, exact, et le plus possible calqué sur le texte latin.

Version grecque. — (Voir ce qui a été dit pour la version grecque en quatrième, et 1re partie, art. *Devoirs*, Version grecque).

Thème grec. — *Græci thematis eadem ac latinæ prosæ ratio erit, nisi quod fere ex ipso auctore depromendum, et ratio syntaxeos præmonstranda* (Reg. 8. prof. sup. gramm.). On donnera donc surtout des thèmes grecs d'imitation, après avoir expliqué ou fait expliquer les règles de la syntaxe, dans le passage de l'auteur grec qu'on veut faire imiter.

Vers latins. — *Carmina poterunt initio quidem soluto solum verborum ordine, mox etiam verbis aliquibus immutatis, ad extremum facillimo argumento cum multa locutionum varietate dictari* (Reg. 7, prof. sup. gramm.). Il faudra donc graduer les difficultés, selon la force des élèves et faciliter le travail autant que possible (Voir *Classe de quatrième* et 1re partie, art. *Devoirs*).

Compositions latines et françaises. — (Voir 1re partie, *Compositions françaises*, page 52). *Semel autem fere singulis mensi-*

bus... loco quotidianæ scriptionis... suo marte conscribant, aliquibus prius epistolis, narrationibus, descriptionibusve explicatis, indicatisque Ciceronis et aliorum auctorum locis eo pertinentibus, et aliquot ab ipso præceptore ejusdem generis dictatis exemplis (Reg. 6, prof. sup. gramm.).

Concertations et exercices divers. — Les règles du professeur de troisième à ce sujet sont les mêmes qu'en quatrième (Voir page 151) sauf ce qui suit :

Concertatio seu exercitatio sita erit... tum in vernaculis locutionibus... ad auctorum imitationem exigendis aut variandis... tum in epistolarum præceptis reddendis[1] ; *tum in exquirenda quantitate syllabarum, allata memoriter regula, vel poetæ exemplo; tum in proprietate, aut etymologia aliqua investiganda; tum in aliquo græci latinive auctoris loco interpretando; tum in græcis nominibus aut verbis inflectendis formandisque, et aliis id genus ad præceptoris arbitrium* (Reg. 10, prof. sup. gr.).

Exercitationes tradendæ discipulis erunt... (ex auctoribus) phrases elegantiores excerpere... dissolutos versus concinnare, aut conficere, græce scribere, etc. (Reg. 4, prof. sup. gramm.).

Quelques-uns de ces exercices peuvent trouver place chaque jour dans de petits devoirs supplémentaires qui prépareront aux concertations solennelles.

Ces devoirs peuvent encore être un résumé ou tableau synoptique de grammaire (Voir 1re partie, art. *Grammaires*) ou bien un devoir lexicologique (Voir *Classe de cinquième* et *Classe de quatrième*).

Des exercices d'analyse étymologique de mots français, latins et grecs seront également très utiles; on prendra, par exemple, les synonymes et les composés; de la comparaison des étymologies on tirera facilement la signification propre et l'emploi de ces mots, v. g. l'analyse étymologique des composés de βαίνω donnera le sens propre d'ἀναβαίνω, ἀμφιβαίνω, διαβαίνω, etc., etc., de même en latin pour les composés de *cedere*, de *ire*, etc., et en français pour ceux de *poser*, *fier*, etc. Notez que le sens des mots composés n'est pas seulement

---

[1]. Qu'on note bien cette recommandation du *Ratio* : *in epistolarum præceptis reddendis* ; comme la règle 6me citée plus haut, elle montre qu'il faut peu à peu acheminer les élèves vers les études littéraires de la classe d'Humanités.

déterminé par les préfixes, mais encore par les suffixes, v. g. μέτρον, μέτρημα, μέτρησις, μετριότης; *conviva, convictor, convivator; matinal, matineux, matinier;* et par les racines différentes, v. g. κάμπτω, πτύσσω, ἑλίσσω, διαστρέφω; *propinquus, affinis, gentilis, consanguineus, agnatus; brigue, intrigue, cabale* et *complot.* Qui ne voit qu'on peut donner, sur ce sujet, des devoirs aussi variés qu'intéressants, et dans lesquels l'analyse étymologique amènera toujours au sens propre des mots? Et c'est ce que recommande le *Ratio : Exercitatio sita erit... in proprietate aut etymologia aliqua investiganda,* etc. Bien entendu, il faut faciliter ce travail aux élèves, en leur donnant les notions nécessaires.

HISTOIRE

En troisième, on commence à suivre le programme d'histoire pour le baccalauréat (soit l'*Histoire de l'Europe et particulièrement de la France jusqu'en 1270*)[1]. On s'assurera tout d'abord que les élèves connaissent parfaitement le théâtre des événements.

Il y a deux méthodes généralement suivies pour l'enseignement de l'histoire : 1° Résumer soi-même, en tableau synoptique, sur le tableau noir, la leçon qu'on va expliquer; les élèves reproduisent en même temps sur un cahier le résumé synoptique, et le professeur le développe ensuite oralement. A la classe suivante, les élèves doivent répéter ce développement; 2° Donner un questionnaire, résumant un ou deux chapitres, et auquel on répond comme il a été dit en cinquième.

N'y aurait-il pas avantage à se servir des deux méthodes à la fois, en commençant par le questionnaire? Par leurs réponses aux questions proposées les élèves ont déjà une idée de la leçon qui va être faite. Le professeur dicte au tableau son résumé synoptique. A l'aide de ce résumé, plusieurs élèves seront capables de donner oralement les développements; ils s'exerceront ainsi à parler, et le maître se réservera pour corriger et compléter s'il y a lieu. Comme il est absolument nécessaire d'épargner le temps dans ces classes préparatoires au baccalauréat, si les élèves ont exactement pris à la dictée les

---

1. (Voir le *N. B.* classe de sixième § arithmétique, p. 118.)

tableaux synoptiques du professeur, ce sera un utile travail tout fait pour la répétition (Voir ce qui a été dit en quatrième).

GÉOGRAPHIE

Le programme de la géographie, en troisième, pourra être la *Géographie de l'Europe, moins la France*.

Comme en quatrième, on procédera méthodiquement. D'abord une idée d'ensemble par les limites, la ligne du partage des eaux, les versants et les bassins; ensuite étude de chacune des régions en particulier, en les groupant l'une après l'autre. On donnera des devoirs variés : tantôt les notions pour lire une carte, tantôt répondre à un questionnaire, ou bien un voyage à travers les pays déjà connus, sous certains rapports, par une carte générale, etc. Mais toujours, autant que possible, il faut faire reproduire au tableau noir la leçon apprise ou le devoir fait. C'est alors que le professeur corrige et complète. (Voir 1re partie, art. *Géographie*.)

MATHÉMATIQUES

ALGÈBRE ET GÉOMÉTRIE

En troisième, on répétera l'algèbre vue en quatrième, en y ajoutant une étude théorique élémentaire et les équations du deuxième degré, autant que possible avec les discussions.

On insistera sur le calcul des radicaux, et la méthode des déterminants, qui facilitera les opérations algébriques dans la solution des problèmes.

On aura soin aussi de bien expliquer le problème des courriers; c'est la clé de beaucoup d'autres.

Pour la géométrie, on se contentera des quatre premiers livres, mais en insistant sur le premier et le troisième. — Rien ne déroute les enfants comme les longs raisonnements, surtout au début; il faut donc s'appliquer dans les démonstrations à être le plus court possible, en réduisant l'application de chaque théorème à un syllogisme ou à un sorite, et en se servant de lettres et de formules, v. g. : *Angles opposés par le sommet sont égaux* $a \diagup\!\!\!\diagdown c$. En effet, $b + c$ = 2 dr.; $c + d$ = 2 dr.; or, deux quantités égales à une troisième sont égales entre elles; donc $b + c = c + d$; donc, en retranchant c de part et d'autre, on a $b = d$. C. Q. F. D. — Donner des devoirs d'application.

CLASSE D'HUMANITÉS

Programme et horaire de la classe. — Distribution des devoirs pendant la semaine. — Enseignement du catéchisme, de la littérature. — Histoire littéraire. — Grammaires et prosodie. — Explication des auteurs, avec des exemples. — Devoir latin. — Devoir français. — Version latine. — Version grecque. — Vers latins. — Thème grec. — Exercices divers. — Concertation. — Histoire. — Géographie. — Mathématiques.

Gradus hujus scholæ est, postquam ex grammaticis excesserint, præparare veluti solum eloquentiæ; quod tripliciter accidit, cognitione linguæ, aliqua eruditione, et brevi informatione præceptorum ad rhetoricam pertinentium. Ad cognitionem linguæ, quæ in proprietate maxime et copia consistit, in quotidianis prælectionibus explicetur ex oratoribus unus Cicero; ex historicis Cæsar, Sallustius, Livius, Curtius, et si qui sunt similes (Tacitus); ex poetis præcipue Virgilius, excepto quarto Æneidos; præterea odæ Horatii selectæ, item elegiæ... et alia poemata illustrium poetarum antiquorum, modo sint ab omni obscœnitate expurgati. Eadem ratione oratores, historici, et poetæ vernaculi adhibeantur. Eruditio modice usurpetur, ut ingenium excitet interdum ac recreet, non ut linguæ observationem impediat.

Præcepta generalia de elocutione et stylo, et specialia de brevioribus scriptionum generibus, ut epistolæ, narrationes, descriptiones, tum in versu, tum in prosa tradentur. Græcæ linguæ pars illa pertinet ad hanc scholam, quæ artem metricam et notiones quasdam de dialectis complectitur. Curandum præterea ut bene scriptores intelligant et scribere aliquid græce norint (Reg. 1, prof. hum.).

Une courte répétition de la grammaire latine, de la grammaire grecque et de la prosodie sera utile au commencement de l'année, surtout à cause des compositions latines, et de l'analyse grecque, qu'on exige d'ordinaire après l'explication d'un texte. — Après avoir revu dans la syntaxe grecque les préceptes particuliers à cette langue, on fera apprendre les dialectes et les accents.

HORAIRE DE LA CLASSE D'HUMANITÉS[1]

[Ex. Reg. 2 prof. Hum.]

MATIN							
Récitation et explication des leçons							
Lundi 8 h.	Catéchisme, Littérature, Auteur f^{ais}, Cicéron, Grammaires	8 h. 3/4	Dictée et correction des devoirs	9 h. 1/4	Explicat. de Cicéron	10 h.	Explication de l'Auteur français
Mardi 8 h.	Composition et exercices divers						
Mercredi 8 h.	Comme le lundi	8 h. 1/2	Comme le lundi	9 h.	Cicéron	9 h. 50	Catéchisme comme le Dimanche
Jeudi 9 h.	Cours de langue vivante						
Vendredi 8 h.	Comme le lundi	8 h. 3/4	Comme le lundi	9 h. 1/4	Cicéron	10 h.	Explication de l'auteur français
Samedi 8 h.	Répétition des leçons du matin	9 h.	Répétition de l'explication de Cicéron et dictée des devoirs			10 h.	Déclamation
Dimanc. 10 h. 1/2	Explicat. du Catéchisme, Résumé en forme de questionnaire	11 h.	Cours de langue vivante				
SOIR							
Récitation des leçons							
Lundi 2 h. 1/4	Histoire littéraire, Poète français, Poète latin, Prosodie ou gram. grecque	2 h. 3/4	Explication du poète latin	3 h. 1/2	Algèbre et Géométrie		

1. Cet horaire, comme celui de toutes les autres classes, pourra être modifié selon le besoin, à cause des accessoires. L'important, c'est qu'on en ait un et qu'on le suive. Il serait bon qu'il y eût dans chaque classe un élève désigné par le Professeur pour avertir à haute voix (*Est hora*) quand l'heure de l'exercice suivant est arrivée.

	SOIR (suite)					
	RÉCITATION					
Mardi 2 h. 1/4	Comme le lundi	2 h. 3/4	Explication de l'auteur grec	3 h. 1/2	Histoire et Géographie
Mercredi 2 h. 1/4	item	2 h. 3/4	Explication du poète latin	3 h. 1/2	Algèbre et Géométrie
Vendredi 2 h. 1/4	item	2 h. 3/4	Explication de l'auteur grec	3 h. 1/2	Histoire et Géographie
Samedi 2 h. 1/4	Répétition des leçons et des explications du soir. Dictée des devoirs			3 h. 1/2	Explication de l'historien

DISTRIBUTION DES DEVOIRS

PENDANT LA SEMAINE

Du lundi au mardi : *Étude de onze heures* : mathématiques. — *Étude du soir* : Devoir latin (amplification, narration, etc.).

Du mardi au mercredi : *Étude de onze heures* : Histoire et géographie. — *Étude du soir* : Version latine.

Du mercredi au jeudi : *Étude de onze heures* : Langue vivante. — *Étude du soir* : Devoir français.

Du jeudi au vendredi : *Première étude* : Version grecque. — *Deuxième étude* : Mathématiques. — *Troisième étude* : Version latine.

Du vendredi au samedi : *Étude de onze heures* : Histoire et géographie. — *Étude du soir* : Devoir français.

Du samedi au dimanche : *Étude de onze heures* : Langue vivante. — *Étude du soir* : Vers latins.

Dimanche : *Première étude* : Version latine. — *Deuxième étude* : Devoir latin ou thème grec. — *Troisième étude* : Devoir français.

LEÇONS

Catéchisme. — Répétition des principales vérités de la religion. *Récitation.* Texte du catéchisme. *Explication* des *Commandements de Dieu et de l'Église;* Vertus et péchés (Voir 1re partie, *Enseignement religieux*).

Préceptes de littérature. — *Rhetoricæ præcepta breviter illustrentur, additis ex præceptorum libello exemplis; et, si res ferat, ex quotidianis prælectionibus* (Reg. 8, prof. hum.).
On s'appliquera donc à donner des définitions bien exactes, et à les expliquer par des exemples courts et choisis avec soin. A mesure que les élèves avancent dans l'étude des préceptes, on exige d'eux qu'ils rendent compte de l'application de ces mêmes préceptes, soit dans les explications des auteurs, soit dans la correction des devoirs.

Grammaires. — (Voir 1re partie, art. *Grammaires* et art. *Tournures et locutions*).

Prosodie latine. — *Ars metrica celeriter recurretur, in iis solum inhærendo, quibus magis egere videbuntur, et exercendo potius quam explicando* (Reg. 8, prof. hum.). D'ordinaire ce sont les mètres d'Horace qu'il est besoin surtout d'étudier (Voir ce qui a été dit pour la troisième).

Histoire littéraire. — On engagera les élèves à faire des tableaux synoptiques.

EXPLICATION DES AUTEURS

Auteur français. — D'après la règle 1re du professeur d'humanités (voir plus haut), l'explication de l'auteur français se fait comme celle de l'auteur latin, c'est-à-dire qu'on visera à la connaissance parfaite de la langue, des préceptes et de l'histoire de la littérature, *cognitione linguæ, aliqua eruditione et brevi informatione præcepto-*

rum ad rhetoricam pertinentium. Tout morceau de littérature peut être considéré au double point de vue du fond et de la forme. Pour le fond, on montrera les divers procédés d'amplification mis en œuvre dans le passage; on fera ensuite l'examen de la forme, c'est-à-dire du style, en notant les figures et les autres ornements.

Pour donner une idée de ce genre d'explication, prenons, par exemple, ce passage de la lettre de Fénelon (§ 4), *Sur les occupations de l'Académie française : Il ne faut pas faire à l'éloquence le tort de penser qu'elle n'est qu'un art frivole,* etc. (*vide locum.*)

ARGUMENT

Après avoir parlé, dans ce chapitre, de la nécessité d'une rhétorique, de la supériorité des anciens orateurs profanes sur les modernes, et cherché dans Cicéron et saint Augustin les règles de la véritable éloquence, après avoir dit qu'il y a *une bienséance à garder pour les paroles comme pour les habits,* Fénelon définit l'éloquence par le but qu'on doit s'y proposer, ou plutôt par l'usage qu'il en faut faire. Il tourne ensuite sa définition contre les déclamateurs beaux-esprits, *qui trafiquent de la parole,* comme des *charlatans.*

EXPLICATION

Ce morceau est écrit simplement, comme du reste toute la lettre à l'Académie, et il n'y faut pas chercher la pompe et les ornements du style (On peut ici, si l'on veut, faire répéter les préceptes sur le style).

Fénelon définit donc d'abord l'éloquence par l'usage qu'il en faut faire. En rhétorique, on vous donnera d'autres définitions; nous n'avons à étudier ici que celle de Fénelon : *Definitio fit per negationem et affirmationem* (disaient les anciens rhéteurs), c'est-à-dire en montrant ce qu'une chose n'est pas, pour aider à comprendre ce qu'elle est. Ainsi l'éloquence *n'est pas un art frivole, dont un déclamateur se sert pour imposer à la faible imagination de la multitude, et pour trafiquer de la parole;* — *C'est un art très sérieux, qui est destiné à instruire, à réprimer les passions, à corriger les mœurs, à soutenir les lois, à diriger les délibérations publiques, à rendre les hommes bons et heureux* (Amplification par énumération)[1].

Notez bien ce mot *destiné;* d'après Fénelon, l'éloquence est un art *destiné* (dans la pensée de Dieu) à rendre l'homme meilleur. Bossuet, qui s'y connaissait, pense de même « que l'éloquence n'est *inspirée d'en haut* que pour enflammer les hommes à la vertu. »

Ce principe posé, Fénelon en fait immédiatement l'application ; il prend à partie le déclamateur vaniteux ; il se met en scène et semble le défier de l'éblouir jamais, lui Fénelon, par la magie de la parole : *Plus un déclamateur ferait d'efforts pour m'éblouir par les prestiges de son discours, plus je me révolterais contre sa vanité.* Remarquez l'énergie de cette expression : *Je me révolterais.* Et pourquoi le doux Fénelon se révolterait-il contre ce vain déclamateur? C'est que, *son empressement pour faire admirer son esprit me paraîtrait le rendre indigne de toute admiration.* Telle est l'application de la première partie de la définition citée plus haut. — Voici celle de la seconde : l'éloquence étant un art *sérieux,* Fénelon veut aussi un orateur *sérieux* qui parle non pour lui-même, mais pour les autres. *Je cherche un homme sérieux qui me parle pour moi, et non pour lui, qui veuille mon salut et non sa vaine gloire.* Évidemment Fénelon, d'accord avec La Bruyère (*Confer* art. *la Chaire*) fait allusion ici aux prédicateurs beaux-esprits « qui semblent moins chercher la gloire de Dieu que la leur, » a-t-il dit au commencement du paragraphe 4 (*Confer etiam* 1er *dialogue sur l'éloquence*).

Fénelon va nous dire maintenant l'orateur qu'il cherche : *L'homme digne d'être écouté est celui qui ne se sert de la parole que pour la pensée, et de la pensée que pour la vérité et la vertu.* Quelle splendide traduction de ce passage de saint Augustin : *Eloquentia facultas dicendi est, congruenter explicans quæ sentimus, qua tunc utendum est cum recta sentimus !*

Cette belle et éloquente sentence, si souvent répétée, exprime d'abord que toute parole, comme tout style, qui ne rend pas dignement la pensée est une parole vaine ; et elle met ensuite en pleine

---

1. Cicéron (*de Oratore,* lib. I, cap. VIII) trace aussi un magnifique tableau des effets de l'éloquence. Mais combien Fénelon l'emporte par l'élévation des pensées sur l'orateur romain, qui ne se préoccupe que de la puissance et de la gloire d'une éloquence toute humaine (*Vide locum*)!

umière le double but que doit se proposer tout orateur digne de ce nom : l'amour de la vérité et de la vertu. *Bene dicere non potest, nisi vir bonus,* avait dit Quintilien; et Cicéron : *Nihil est aliud eloquentia, nisi copiose eloquens sapientia* (*De part. orat.*, 23).

Voici la conclusion : *Rien n'est plus méprisable qu'un parleur de métier, qui fait de ses paroles ce qu'un charlatan fait de ses remèdes.* Conclusion écrasante de mépris pour ceux qui *trafiquent de la parole.* Notez bien ce *parleur,* non pas de *profession,* mais de *métier.* Le métier est au-dessous de la profession : on dit le métier de cordonnier, la profession d'avocat. Et le vil déclamateur ne semble pas encore à Fénelon suffisamment flétri par cette expression méprisante de *parleur de métier;* il le compare au charlatan (de l'italien *ciarlano,* dérivé de *ciarlare,* bavarder) qui *impose à la faible imagination de la multitude pour vendre ses drogues.*

REMARQUES

Faire tort à l'éloquence. — Expression originale, qui amène bien la première partie de la définition :

Art frivole, — opposé à *Art sérieux,* frivole (*frivolus* de *friare,* d'où *friable*), peu solide; *syn.* futile (*futilis,* de *fundere*) vide et vain.

Imposer à la faible imagination de la multitude. — imposer, *syn.* abuser, attraper, duper, embabouiner (*fam.*), enjôler, leurrer, surprendre, tromper (à expliquer ces syn.) — La multitude ignorante se laisse surtout conduire par l'imagination, dont on a dit avec raison : C'est la folle du logis.

Trafiquer de la parole. — Expression d'une rare énergie. Trafiquer se prend souvent en mauvaise part; c'est le bas négoce. *Syn.* vendre.
(Interroger les élèves sur instruire, réprimer, corriger, diriger, soutenir, etc.)

Eblouir, — *Syn.* fasciner. Ce qui éblouit est éclatant, spécieux, propre à imposer; ce qui fascine est mystérieux, magique, artificieux.

Prestiges, — (de *præstigiæ,* d'où *præstigiator,* escamoteur) artifices, tours de passe-passe. *Syn.* charme, enchantement, fascination, magie, etc. (Faire remarquer le rapprochement de *l'empressement pour faire admirer* et de *indigne de toute admiration;* de même : qui *me* parle pour *moi;* la *parole* pour la *pensée,* et la *pensée* pour la *vérité* et la *vertu*).

Un parleur, — terme de mépris, et surtout un parleur de métier; métier, *syn.* art, état, profession (Voir le Dict. des Synon. de Lafaye).

Charlatan, d'où charlatanisme, charlatanerie; l'un est le genre, l'autre le fait; on dit d'un homme qui ne parle que pour se faire admirer : c'est du charlatanisme et son fait est une charlatanerie.

Auteur latin. — *Prælectio eruditionis ornamentis leviter interdum aspersa sit, quantum loci explicatio postulat: se totum potius magister effundat in latinæ et vernaculæ linguæ observationes; in vim etymologiamque verborum, quam ex probatis petet auctoribus, in locutionum usum ac varietatem, in collationem indolis utriusque linguæ, in auctoris imitationem. Quando autem orationem explicat, præcepta artis exploret. Ad extremum, licebit, si videatur, omnia patrio sermone, sed quam elegantissimo, vertere* (Reg. 5, prof. hum.). Comme on le voit, c'est toujours le même travail, mais plus sérieux qu'en troisième : la propriété et l'étymologie des mots, les locutions diverses, la comparaison des deux langues latine et française, l'imitation de Cicéron. Il n'y a d'étude nouvelle que l'application des préceptes de littérature.

Soit à expliquer le commencement de la première narration du *de Signis* (§ 2-3).

ARGUMENTUM

Prima narratio est de Hejo, in quem Verres tria scelera commisit: ab eo abstulit signa quatuor pulcherrima. In furti hujus narrationem ingreditur Cicero ab adjunctis hospitalitatis et ornamentorum domus Heji ante Verris adventum. Signa describuntur ab adjunctis loci in quo erant posita, ab artificio, nobilitate, artificibus, religione, a contrariis exemplis, etc.

INTERPRETATIO

(Ad copiam verborum præsertim.)

C. Hejus est Mamertinus [omnes hoc mihi facile concedent qui Messanam accesserunt] *omnibus rebus in illa civitate ornatissimus,* id est, C. Hejus (communi consensu, consensione, omnium judicio, sententia, approbatione, nemine dissentiente, discrepante illorum, qui Messanam inviserunt, adierunt, etc.), est omnium Mamertinorum omnibus fortunæ muneribus instructissimus, copiosissimus, opulentissimus. — *Hujus domus est vel optima Messanæ, notissima quidem certe, et nostris hominibus apertissima, maximeque hospitalis.* — Cujus domus Messanæ summum tenet gradum vel locum, amplissima quidem est et notissima, nostratibus semper aperta et admodum hospitalis. — *Ea domus ante adventum istius sic ornata fuit, ut urbi quoque esset ornamento.* Illa Heji domus ante Verris adventum adeo erat decorata, ut civitatis fere solum atque unicum esset ornamentum, ut urbem ipsam illustraret, decoraret, exornaret. — *Nam ipsa Messana, quæ situ, mœnibus portuque ornata sit, ab his rebus, quibus iste delectatur, sane vacua atque nuda est.* Messana enim, quamvis situ portu et mœnibus inclyta, his ornamentis, quæ isti sunt voluptati, delectationi, omnino certe est destituta atque orbata.

Erat apud Hejum sacrarium magna cum dignitate in ædibus, a majoribus traditum, perantiquum, in quo signa pulcherrima quatuor, summo artificio, summa nobilitate; quæ non modo istum hominem ingeniosum (amateur) *atque intelligentum* (connaisseur), *verum etiam quemvis nostrum, quos iste idiotas appellat, delectare possent.* Hejus habebat in domo sua sacrarium pulcherrimum, mira pulchritudine, præstanti decore conspiciendum, a majoribus acceptum et antiquissimum; in illo sacrario erant signa, statuæ quatuor, incredibili venustate, egregia pulchritudine, arte summa, omni ex parte perfectæ et elaboratæ seu perpolitæ, celebritate et fama conspicuæ, quæ non solum homini omnibus artibus exculto, instructo, sed etiam cuivis nostrum, quos Verres idiotas et barbaros vocat, placere, arridere, delectationem afferre possent. — *Unum Cupidinis, marmoreum, Praxitelis; nimirum didici etiam, dum in istum inquiro, artificum nomina; idem, opinor, artifex ejusdem modi Cupidinem fecit illum qui est Thespiis, propter quem Thespiæ visuntur, nam alia visendi causa nulla est.* — Una scilicet statua Cupidinis, ex marmore, opus Praxitelis; nec enim miremini : inquirendo contra Verrem, varia variorum artificum nomina didici ; idem, ni fallor, artifex marmoreum illum elaboravit Cupidinem, qui est Thespiis, et propter quem invisitur a peregrinis hæc civitas, quæ quidem nihil aliud visu dignum, vel visu mirandum continet. — *Itaque ille L. Mummius, quum Thespiadas, quæ ad ædem Felicitatis sunt, cæteraque profana ex illo oppido signa tolleret, hunc marmoreum Cupidinem, quod erat consecratus, non attigit.* — Idcirco celeberrimus ille L. Mummius, cum ex illa urbe auferret alia signa omnia profana cum musis Thespiadibus, quæ nunc Romæ visuntur prope Felicitatis templum, religione motus ab hoc marmoreo Cupidine, quod erat sacer, abstinuit.

Cette variété de locutions et d'expressions, plus ou moins synonymes, fournira l'occasion de faire connaître les nuances qui les distinguent (*locutionum usum*, dit la règle 5me citée plus haut). Toutes les fois que le texte à expliquer ne présente aucune difficulté pour le sens, on pourra, suivant la même règle, exercer utilement les élèves à rendre de diverses manières la pensée de l'auteur.

Toujours d'après la même règle, on fera rendre compte des préceptes dont on trouve l'application dans le passage expliqué. Ici, par exemple, peut venir tout ce qui regarde la narration. — Il sera facile de tirer un enseignement moral, soit de l'exemple de Verrès à jamais flétri pour son brigandage, soit du respect religieux de Mummius, *qui Cupidinem, quod erat consecratus, non attigit.*

ANNOTATIONES QUÆDAM

C. Hejus,	ditissimus Mamertinus civis, et hospitibus comis. Illud opponitur Verris avaritiæ.
in illa civitate,	*Syn.* urbs, oppidum. Cœtus hominum jure sociati, *civitates* appellantur (Cic.) Domicilia conjuncta *urbes* dicimus (Cic.) conjunctionem tectorum *oppidum* vel *urbem* appellarunt... *Oppidorum* appellationem usurpatione appellatam esse existimo, quod *opem* darent (Cic.) Oppidum igitur fere est urbs modica.
ornatissimus	(græce κεκοσμημένος), instructus, decoratus, honorificus.
Messana,	seu Mamertina civitas, ut ait Cicero, urbs Siciliæ est, sita in littore maris e regione Italiæ.
Ante adventum istius,	modus notandæ Verris avaritiæ; mos hic Ciceronis est criminis ostendendi, antequam res exponat. — Quid differt inter *hic, iste, ille, ipse!*
Quæ situ... ornata sit,	rno quamvis ornata sit. Cur hic subjunctivus?
Sacrarium	domesticum seu Lararium, in quo Lares Diique domestici colebantur (gallice oratoire). Solebant ibi veteres non Deorum tantum, sed magnorum quoque virorum, aut eorum quos præcipue admirarentur, imagines habere.

Magna cum dignitate,	seu pulchritudine, religiosoque cultu. Dignitas, *syn.* amplitudo, decorum, gradus honoris, honestas, meritum, pretium, pulchritudo, etc.
in quo	(SUBAUDITUR inerant). — *Summo artificio, d'un travail parfait.*
Summa nobilitate	(gallice), très célèbre.
Ingeniosum,	irrisione condita laus est; (gallice) *un amateur. Syn,* solers, ingenio pollens.
Intelligentem	(gallice, un connaisseur) *syn.* sciens, peritus artis.
Idiotas,	græca vox (ἰδιώτης, ου) privatos significans. At quia privati homines usu magnarum rerum carentes, earum judicium nullum adipiscuntur, *idiota* sæpe usurpatur, ut hic, *pro* imperito, rustico et barbaro. Vis eadem fere est apud nos in vocabulo *idiot*.
Praxitelis,	insignis fuit statuarius, natione græcus, qui floruit anno 360 ante J.-C.
Nimirum, etc.	Non semel sic se excusat orator, quod artificum græcorum nomina pronuntiet, quasi rerum istarum cognitio græculorum levitati magis quam Romanorum gravitati conveniat.
in istum inquiro,	inquirere (gallice, *faire une enquête*) unde *inquisition*.
ejusdem modi,	id est marmoreum quoque.
Thespiis.	Thespiæ, urbs Beotiæ ad Heliconis montis radices circa meridiem.
visuntur	(græce ἐπισκοπεῖν) visitare, invisere (visiter) sæpe adhibetur *pro* videre, spectare, inspicere.
L. Mummius,	qui, excisa Corintho, de Achæis triumphavit, anno 608, et Achaïcus est appellatus.
Thespiadas	musas scilicet vocat a Thespiis, ubi colebantur.
Ædem Felicitatis.	Ædes singulari numero *templum*, plurali vero domum significat. Vide superius *in ædibus* (pag. 181).
Tolleret.	Tollo, is, sustuli, sublatum etc. (græce αἴρω) proprie elevare, et auferre.
Non attigit.	Hanc Mummii religionem Caligula non est imitatus postea, qui illum Cupidinem Romam deportandum curavit. Thespiensibus deinde remissum Nero iterum deportavit Romam, ubi tandem igne est consumptus, non tamen in incendio illo Neronis, quo urbs tota conflagravit.

On donne enfin une bonne traduction française, comme il a été dit, page 164[1].

Auteur grec. — *Græca prælectione alternis diebus præcepta et auctor explanabitur. Quoad præcepta quidem, breviter decursis iis quæ in præcedentibus scholis tradita fuerant, artem metricam et diversas dialectos explicet.* (Reg. 9, prof. hum.). C'est surtout dans Homère qu'on pourra étudier pratiquement la métrique grecque et les dialectes. Le *Ratio*, en mettant sous un même article l'explication de l'auteur grec, l'étude de la prosodie et des dialectes, ne semble-t-il pas indiquer que c'est principalement par les observations faites dans les auteurs qu'on arrivera à ces connaissances. Notons ici que l'explication d'Hérodote préparera avantageusement les élèves aux nombreuses formes homériques. La règle ajoute : *Explicatio autem, ut hujus scholæ fert gradus, linguæ potius cognitioni quam eruditioni serviat.*

DEVOIRS ET EXERCICES

Devoir latin. — *Dictandum argumentum scribendi juxta præcepta hujus scholæ propria plurimum proderit ita componere, ut ex prælectionibus jam explicatis hinc inde decerptum sit, et ad auctorum imitationem, quoad fieri possit, conficiatur. Dictabitur autem pro captu discipulorum vulgi sermone ad verbum, vel facili fusoque themate proposito, ut suo marte illud elaborent* (Reg. 6, prof. hum.). Le P. Jouvency explique ainsi cette règle : *Quidam servandi sunt gradus : ita ut primo dentur componendæ periodi*[2]; *tum figuræ periodis immixtæ, postea ratiocinationes;... loci oratorii extrinseci et intrinseci..., narrationes... Identidem inserentur epistolæ, fabulæ... et aliæ id genus scriptiunculæ* (Rat. doc. cap. II, art. 3). On trouvera dans le P. Lejay (*Bibl. Rhetor.*) un cours parfaitement fait et adapté

---

1. Le P. Jouvency parlant des prélections en général, dit : *In auctoris explicatione tria observabis : 1º proprietatem vernaculi, et cum latino consensionem, si qua sit, aut dissensionem, ut linguam alteram ex altera discipuli condiscant ; 2º deinde proprietatem et elegantiam sermonis latini ; 3º denique notabis sententias instituendis moribus et judicio puerorum formando fingendoque aptas, expendes hominum consilia, improborum pœnas, effata sapientum.* (Rat. doc. cap. 2, art. 3, § 3.)

2. Le *Ratio* demande aussi : *Aliquid præcipue de numero ac pedibus oratoriis ut iis, initio anni, assuescant (aures)* (Reg. 1 prof. Hum.).

aux préceptes appris en classe (Voir ce que nous avons dit (1re partie, art. *Devoirs*.)

Devoirs français. — On suivra exactement (en commençant surtout) la même méthode d'imitation (Voir 1re partie, art. *Devoirs*). *Ad stylum ac patriam linguam melius addiscendam, vernacula etiam argumenta variorum generum accurate præscribantur* (Reg. 6, prof. hum.).

Version latine. (Voir 1re partie, *Version latine*, pages 49 et 50). On visera surtout à une traduction exacte, fidèle et élégante Il sera bon de lire et de comparer phrase par phrase le travail de deux bons traducteurs.

Version grecque. — *Dialecti variæ*, dit encore le P. Jouvency, *cognoscendæ erunt; voces difficiliores, quæ occurrunt in Homero aliisque vatibus græcis... In legendo tria, quæ diximus, observentur: verba singula, eorum nexus et collocatio; demum vis, proprietas et elegantia universæ dictionis* (Voir ce que nous avons dit, art. *Version grecque*, 1re partie; et 2e partie. *Classes de quatrième et de troisième*).

Vers latins. — *Carminis argumentum latine dictet multa locutionum varietate* (Reg. 6, prof. hum.). (Voir 1re partie, art. *Devoirs*, vers latins.)

Thème grec. — *Græci thematis eadem ac latinæ prosæ ratio erit, nisi quod fere ex ipso auctore depromendum, et ratio syntaxeos præmonstranda* (Reg. 6, prof. hum.).

Les principaux de ces devoirs, c'est-à-dire les devoirs latins et français, la version latine seront, en tout ou en partie, exactement annotés par le professeur ; quelques-uns seront corrigés *privatim*, comme dit le *Ratio*; la correction des autres se fera en classe (Voir 1re partie, art. *Devoirs*, page 46). *In scriptione corrigenda indicet, si quid minus proprium, aut elegans, aut numerosum sit; si minus recte locus ad imitandum propositus expressus; si quid in orthographia aliterve peccatum sit; variis modis idem efferri jubeat, ut dicendi copiam ex hac exercitatione nanciscantur* (Reg. 3, prof. hum.). Ce dernier point n'est-il pas un peu négligé ?

Exercices divers. — *Exercitationes erunt, exempli gratia, ex prælectionibus phrases excerpere easque pluribus modis variare, Ciceronis periodum dissolutam componere (aut imitari),versus condere, carmen unius generis (id est metri) alio permutare, locum aliquem imitari, græce vel vernacule scribere, et alia generis ejusdem* (Reg. 4, prof. hum.). Le *Ratio* recommande pour toutes les classes ces exercices divers faits sous la direction immédiate du professeur. C'est un point très important (Voir ce qui a été dit à ce sujet 1re partie, p. 70).

Concertation. — La règle du professeur d'humanités, pour les concertations, est la même que celles que nous avons déjà citées, (pages 150, 151 et 169), sauf les points particuliers suivants : *Concertatio seu exercitatio sita erit... tum in præceptis reddendis aut applicandis;... tum in aliquo græci, latini vernaculive auctoris loco explanando, et aliis generis ejusdem ad præceptoris arbitrium* (Reg. 7, prof. hum.).

Remarquez bien cette prescription : *in aliquo vernaculi auctoris loco explanando*. C'est précisément ce qu'on exige aujourd'hui des candidats au baccalauréat et à la licence; et, en dehors des prélections françaises, il faut y exercer souvent les élèves.

Le *Ratio* ajoute à la fin : *Affigantur carmina scholæ parietibus alternis fere mensibus ad aliquem celebriorem diem exornandum..., selectissima quæque a discipulis descripta; imo etiam, pro regionum more, aliquid prosæ brevioris,... quales sunt descriptiones... narrationes*, etc. (Reg. 10, prof. hum.). Ce qui n'empêche pas d'avoir aussi un *cahier d'honneur*, dans lequel les élèves écrivent et signent leurs meilleures compositions [Voir page 72].

HISTOIRE

On suit d'ordinaire, pour l'histoire, le programme du baccalauréat, (soit l'histoire de l'Europe et particulièrement de la France, de 1270 à 1610).

Après avoir résumé brièvement et fait répéter les principaux faits du cours précédent, c'est-à-dire de troisième, on commencera l'étude des matières nouvelles.

Les professeurs d'histoire suivent généralement deux méthodes qui semblent bonnes. Les uns commencent la classe en dictant huit ou dix questions qui résument la leçon prochaine. Les élèves doivent y répondre par écrit; à la classe suivante ils sont interrogés, selon l'ordre des faits, et le professeur corrige et complète.

D'autres commencent à dicter, au tableau noir, un résumé synoptique de la leçon qu'ils vont faire; les élèves reproduisent en même temps sur un cahier le résumé qu'ils ont sous les yeux, et le maître donne alors les développements nécessaires. N'y aurait-il pas avantage à suivre les deux méthodes à la fois (Voir ce qui a été dit sous ce rapport, *classe de Troisième*).

Quoi qu'il en soit, on insistera, comme le recommande le programme du baccalauréat, sur les institutions. Cela est d'autant plus nécessaire que ces points sont souvent traités contrairement à la saine doctrine de l'Église. Or il importe que les élèves emportent de cet enseignement des convictions bien arrêtées et puissent au besoin les défendre avec connaissance de cause.

(Voir le *N. B.* classe de sixième § arithmétique).

GÉOGRAPHIE

La Géographie physique, politique et économique de l'Europe, des notions plus complètes sur l'*Asie*, l'*Afrique*, l'*Amérique* et l'*Océanie* (déjà étudiées dans les classes précédentes), constituent le programme de la classe d'Humanités.

On procédera méthodiquement comme il a été dit (*classes de Quatrième et de Troisième*).

MATHÉMATIQUES

ARITHMÉTIQUE, ALGÈBRE ET GÉOMÉTRIE

En humanités, on répétera l'arithmétique et l'algèbre en donnant les théories et les discussions des équations; et après avoir fait répéter les quatre premiers livres de la géométrie, on expliquera les quatre derniers.

Donner des devoirs d'application pour l'arithmétique, l'algèbre et la géométrie.

CLASSE DE RHÉTORIQUE

Programme de cette classe. Enseignement du catéchisme, des préceptes de rhétorique et de l'histoire littéraire. — Explication des auteurs avec des exemples. — Devoir latin. — Devoir français. — Vers latins. — Thème grec. — Exercices divers. — Concertation. — Baccalauréat (1re partie). La version latine. — La composition française. — Explication des auteurs exigés par le programme. — Histoire et Géographie. — Mathématiques et Cosmographie.

Gradus hujus scholæ non facile certis quibusdam terminis definiri potest: ad perfectam enim eloquentiam informat, quæ duas facultates maximas, oratoriam et poeticam comprehendit (ex his autem duabus primæ semper partes oratoriæ tribuantur); nec utilitati solum servit, sed etiam ornatui indulget. — *Illud tamen in universum dici potest, tribus maxime rebus, præceptis dicendi, stylo, et eruditione contineri.*

Ad præcepta (explicanda) præter Ciceronem, Quintilianus quoque et Aristoteles adhiberi possunt.

Stylus (quanquam probatissimi etiam historici, et poetæ delibantur) ex uno fere Cicerone sumendus est; et omnes quidem ejus libri ad stylum aptissimi; orationes tamen solæ prælegendæ, ut artis præcepta in orationibus expressa cernantur. — *Quoad linguam vernaculam, stylus ad normam optimorum auctorum efformetur*[1].

Eruditio denique ex historia et moribus gentium, ex auctoritate scriptorum et ex omni doctrina, sed parcius ad captum discipulorum, accersenda.

Ex græcis ad rhetoricam pertinet plenior auctorum ac dialectorum cognitio (Reg. 1, prof. rhet.).

---

1. C'est en étudiant les langues anciennes, le latin surtout, qu'on se formait autrefois à la langue française; disons mieux : c'est par cette étude que la langue française a été formée. On a cité souvent les traits qui suivent : On demandait un jour à Patru, où il avait si bien étudié le français?.. — Dans Cicéron et Horace, répondit-il. — Bossuet écrivait au Cardinal de Bouillon : J'ai peu lu de livres français, et ce que j'ai appris de style en ce sens, je le tiens des livres latins et un peu des grecs. — Et comme on consultait Arnauld sur la manière de se former le style : Lisez Cicéron, dit-il. — Mais il ne s'agit pas, lui dit-on, d'écrire en latin : on désire se former au style français. — Alors, reprit Arnauld, lisez... Cicéron. — Le *Ratio*, comme on le voit, est de l'avis d'Arnauld, mais il est moins exclusif. Ceci soit dit, en passant, pour ceux qui lui reprochent de négliger le français.

La règle 2 est à peu près la même que celle du professeur d'humanités et renferme l'horaire (Voir *Humanités*, pages 174 et 175).

LEÇONS

Quoniam memoriæ quotidiana exercitatio rhetori necessaria est, atque in hac classe sæpe longius prælectiones excurrunt, quam ut tradi commode memoriæ possint, præceptor statuet ipse quid, quantumque ediscendum, et quomodo, si exigere velit, recitandum. Imo ex usu esset, ut subinde aliquis e suggestu recitaret, quæ ex optimis auctoribus didicisset, ad memoriæ exercitationem cum actione jungendam (Reg. 3, prof. rhet.).

Cette règle laisse donc au professeur le soin de choisir, dans les auteurs expliqués, ce qu'il faut faire apprendre, et, jusqu'à un certain point, l'opportunité et le mode de la récitation.

Catéchisme. — Comme il a été dit (page 9, *Enseignement religieux*), c'est surtout dans les catéchismes faits en rhétorique et en philosophie qu'il faudra prémunir les élèves contre les fausses maximes et les erreurs modernes. *Provideat... ut scholæ superiores... habeant... peculiares instructiones circa pleniorem doctrinæ christianæ cognitionem, quibus obarmentur juvenes ne tam facile, tum in fide, tum in moribus, detrimentum accipiant* (Reg. Rect. 20).

Préceptes de rhétorique et histoire littéraire. — *Quod autem ad interpretandi rationem attinet, sic explicentur præcepta : primo, præcepti sensus aperiendus, si obscurior sit. Secundo, alii rhetores, qui idem præcipiant, vel idem auctor, si alibi idem præcipit, afferendus. Tertio, ipsius præcepti ratio aliqua excogitanda. Quarto, oratorum ac poetarum loci aliquot similes, maxime illustres, in quibus eo præcepto usi sunt, adducendi. Quinto, si quid ex varia eruditione, et historia ad rem facit, addendum. Ad extremum, quomodo ad res nostras accommodari possit, indicandum, idque quanto maximo fieri potest delectu ornatuque verborum* (Reg. 7, prof. rhet.). (Voir *Humanités*, page 176 et ci-après *Baccalauréat*.)

EXPLICATION DES AUTEURS

Auteurs français. — *Si explicetur oratio vel poema, primo exponenda sententia, si obscura sit, et variæ interpretationes dijudicandæ. Secundo, tota artificii ratio, inventionis scilicet, dispositionis, et elocutionis exploranda, quam apte se orator insinuet, quam apposite dicat, vel quibus ex locis argumenta sumat ad persuadendum, ad ornandum, ad movendum; quam multa sæpe præcepta uno eodemque loco permisceat, quo pacto rationem ad faciendam fidem figuris sententiarum includat, rursusque figuras sententiarum figuris verborum intexat. Tertio, loci aliquot tum re, tum verbis similes afferendi, aliique oratores et poetæ producendi,... vernaculi, qui eodem præcepto ad aliquid simile persuadendum vel narrandum usi sunt. Quarto, res ipsæ sapientium sententiis, si res ferat, confirmandæ. Quinto, ex historia, ex fabulis, ex omni eruditione, quæ ad locum exornandum faciant, conquirenda. Ad extremum verba perpendenda, eorum proprietas, ornatus, copia, numerus observandus. Hæc autem non ideo allata sunt, ut semper omnia consectetur magister, sed ut ex iis seligat, quæ opportuniora videbuntur* (Reg. 8, prof. rhet.).

Prenons, comme exemple, l'exorde de l'*Oraison funèbre* de Henriette-Marie de France.

Après avoir donné brièvement une notice historique sur cette princesse, on dira dans quelles circonstances Bossuet prononça cette oraison funèbre, qui est un des plus beaux monuments de l'éloquence française; on y trouve en effet réunies toutes les qualités qui distinguent une œuvre de ce genre : magnifique conception oratoire, gravité des pensées, grandeur des images, chaleur dans les mouvements, énergie, concision, et en même temps, harmonie et originalité du style. Tel peut être, si l'on veut, l'*argument*.

EXPLICATION

Le texte de cette oraison funèbre : *Et nunc, reges, intelligite; erudimini, qui judicatis terram*, est admirablement choisi, et pour le fond, et pour la forme : pour le fond, parce qu'il nous révèle tout de suite l'idée première de Bossuet : instruire les rois de leurs devoirs ; pour la forme, car c'est une apostrophe aux rois eux-mêmes qu'il convoque aux leçons de la mort. On sait que Cromwell, quelques jours après l'exécution de Charles Ier, avait fait frapper une médaille représentant un glaive avec ces mots : *Et nunc, reges, intelligite*. Bossuet ne pouvait guère ignorer cette particularité ; et qu'il ait choisi, oui ou non, tout exprès ces mêmes paroles pour son texte, on comprend ce que dut éprouver, en l'entendant, un auditoire parfaitement au courant des moindres détails de cette lamentable histoire.

L'exorde est peut-être le plus imposant qui ait jamais ouvert un discours religieux. C'est sans contredit l'un des plus beaux qui existent. Tout s'y trouve : hauteur et magnificence, et en même temps simplicité ; le nombre oratoire y est en parfaite harmonie avec la gravité des pensées. Nul exorde ne contint jamais mieux en germe tout le discours.

C'est d'abord cette thèse générale : Dieu instruit les rois par la bonne et la mauvaise fortune. *Il est le seul qui se glorifie de faire la loi aux rois, et de leur donner*, etc. *Soit qu'il élève les trônes, soit qu'il les abaisse*, etc. — De là l'espèce d'enthousiasme sacré et le ton lyrique du début : *Celui qui règne dans les cieux*, etc.

Mais, dans une oraison funèbre, il faut louer ; faire l'éloge du défunt est le but obligé de l'orateur. Aussi Bossuet, après avoir agrandi, en quelque sorte, son sujet, par sa thèse générale (ce qu'il fait toujours), applique cette thèse à son héroïne, en disant que la reine d'Angleterre a reçu et compris les enseignements de Dieu. C'est l'hypothèse ou si l'on veut l'amplification par le genre et l'espèce.

On peut remarquer trois parties bien distinctes dans cet exorde que nous allons parcourir en détail : *Celui qui règne dans les cieux et de qui relèvent tous les empires*, etc. Dans cette première partie, Bossuet développe avec une imposante solennité sa thèse générale, et il conclut, pour rendre son auditoire attentif, par ces mots : *C'est ainsi qu'Il instruit les princes non seulement par des discours et par des paroles, mais encore par des effets et par des exemples : Et nunc reges, intelligite*, etc.

La deuxième partie est comme une préparation, une transition à l'hypothèse dont nous avons parlé plus haut, c'est une rapide esquisse du sujet, une vive énumération des principaux faits de la vie de son héroïne. Pour captiver davantage l'attention de ses auditeurs, il les interpelle, en quelque façon, par ces mots : *Chrétiens, que la mémoire d'une grande reine*, etc. A la fin, et comme pour résumer son esquisse, il revient à sa thèse générale : *Voilà les enseignements que Dieu donne aux rois*, etc.

Puis, pour se concilier la bienveillance, pour donner à sa parole une autorité divine, il ajoute : *Si les paroles me manquent, si les expressions ne répondent pas à un sujet si vaste et si relevé, les choses parleront assez d'elles-mêmes*, etc., et, *s'il n'est pas permis aux particuliers de faire des leçons aux princes sur des événements si étranges, un roi me prête ses paroles pour leur dire : Et nunc, reges, intelligite ; erudimini, qui judicatis terram* (Ps. xi, 10).

Dans la troisième partie de l'exorde, Bossuet arrive peu à peu à l'application de sa thèse générale : *Mais la sage et religieuse princesse*, etc. *J'ai dit que ce grand Dieu les enseigne, et en leur donnant et en leur ôtant leur puissance. La reine, dont nous parlons, a également entendu deux leçons si opposées, c'est-à-dire qu'elle a usé chrétiennement de la bonne et de la mauvaise fortune.* Telle est la proposition, et en même temps la division du discours. Voyez comme l'orateur rapproche l'hypothèse de sa thèse générale ; la vie de la princesse devient par cette union une source féconde en hauts et pathétiques enseignements.

On pourra profiter de cette circonstance pour faire répéter les préceptes de rhétorique, en ce qui regarde l'oraison funèbre (*Oraison funèbre chez les anciens, chez les modernes*). Ou bien on fera rendre compte de ce qui touche à l'*exorde*, à la *proposition* et à la *division* du discours.

REMARQUES

Le champ est vaste. On peut commencer, si l'on veut, par quelques observations sur les périodes de Bossuet. L'harmonie chez lui n'est pas aussi étudiée que dans Fléchier. Chez Bossuet le nombre est dans la coupe des périodes brisées ou suspendues à propos, non moins que dans la quantité longue ou brève des syllabes. Mais ce qu'il ne néglige presque jamais, lorsqu'il exprime quelque chose de grand, c'est de donner des appuis à la voix sur des syllabes sonores. Pour en juger, à la place de la période : *Celui qui règne dans les cieux*, etc., mettez cette phrase : Celui qui règne dans le *ciel*, et de qui tous les empires *relèvent*, à qui seul la gloire, la majesté et l'indépendance *appartiennent*, est aussi le seul qui se glorifie de faire *aux rois la loi*, et de leur donner, quand il *veut*, des leçons *grandes et terribles*. Il suffit d'avoir un peu d'oreille pour saisir la différence.

Prenons encore la période suivante : *Soit qu'il élève les trônes, soit qu'il les abaisse, soit qu'il communique sa puissance aux princes, soit qu'il la retire à lui-même et ne leur laisse que leur propre faiblesse, il leur apprend leurs devoirs d'une manière souveraine et digne de lui*. Le commencement et la fin de cette période sont remarquables : les mots *trônes*, *abaisse*, font contraste. Plus loin, si Bossuet, au lieu de *souveraine et digne de lui*, avait dit : d'une manière *royale, absolue et digne de lui*, combien l'harmonie y perdrait ! C'est le son déployé sur la pénultième de *souveraine* qui lui donne son éclat.

Le style périodique a deux avantages principaux : il est harmonieux et tient l'esprit en suspens : les incises ou plutôt le style coupé a plus de force et de vivacité. Mais il faut que ni l'un ni l'autre ne soient trop continus ; il en résulterait la monotonie. Aussi Bossuet, après ce début périodique, place cette longue énumération, où l'on ne compte pas moins d'une vingtaine d'incises : *Vous verrez dans une seule vie*, etc.

Il sera facile d'ajouter des remarques de détail sur les diverses expressions que présente le texte. Contentons-nous de signaler, par ordre, les principales : *Celui qui règne dans les cieux*, etc. Combien cette périphrase est plus majestueuse que le mot simple *Dieu* ou l'*Éternel!* Notez de même : *de qui relèvent, qui se glorifie, leur majesté est empruntée, fille, femme, mère de rois, fera paraître* au lieu de *montrera, étaler la vanité, accumulé sur une seule tête, sa propre patrie... lieu d'exil, l'Océan étonné, ainsi fait-il voir, les paroles nous manquent, un sujet... si relevé, le cœur d'une grande reine autrefois élevé* (allusion au cœur de la reine ; il était déposé dans l'église où parlait Bossuet), *un roi me prête ses paroles* (précaution oratoire qui n'était peut-être pas inutile avec cet auditoire de grands seigneurs et de princes), *les conseils* (consilia), *les desseins*, latinismes fréquents chez Bossuet; ainsi *fatales* (de fatalis), providentielles; *ce grand Dieu; a entendu deux leçons, entendu* dans le même sens que lui donne Bossuet lui-même dans la traduction qu'il fait de *reges, intelligite, entendez,* c'est-à-dire comprenez. Étudier aussi le mot *disgrâces* au XVIIe siècle. La fin : *très haute, très excellente,* etc. est une formule officielle encore en usage de nos jours dans les oraisons funèbres (Voir 1re partie, *Explication française,* p. 40 et suiv.).

Auteurs latins. — *Prælectio duplex est. Altera ad artem pertinet, in qua præcepta; altera ad stylum, in qua orationes explicantur. In utraque autem duo animadvertenda. Primum, qui auctores ad prælegendum suscipiantur, deinde quis modus interpretandi teneri possit. De primo satis dictum est regula 1; unus enim Cicero ad orationes... Oratio nunquam prætermittenda; præceptorum etiam explicatio toto fere anno continuanda esset (ingens enim est vis oratoriorum præceptorum); hujus tamen loco, ubi mos ferat, inclinante jam anno, alicujus auctoris usus, qui majorem eruditionem aut varietatem contineat, non interdicitur* (Reg. 6, prof. rhet.; confer etiam superius, Reg. 8)[1].

Nous donnons ici un exemple d'explication latine pour la rhétorique, d'après les PP. Abram et Jouvency. C'est l'exorde de la seconde Philippique : *Quonam meo fato,* etc. jusqu'à ces mots : *Cui priusquam de ceteris rebus respondeo.*

ARGUMENTUM

Cum Philippicam primam dixisset Cicero, in eum paucis post diebus invectus est M. Antonius. Illi hac secunda Philippica Tullius respondet in senatu, ostenditque oratione tota se injuria fuisse reprehensum ab Antonio; ipsum vero propter gravissima flagitia merito esse reprehendendum.

Ea pars orationis, quam explicamus, exordium est, in quo tria continentur :

---

1. Evidemment ici le *Ratio* n'exclut pas la prélection des discours surtout que l'on rencontre dans Virgile, puisque dans la règle 2, il dit : *Vespere, secunda hora, poeta prælegatur,* et du reste le P. Jouvency (*Rat. doc.* cap. II, art. 4, § 2) a donné lui-même un modèle de ce genre d'explication. Il veut parler sans doute des discours qui se trouvent dans Tite-Live, Tacite, etc. Au lieu de les expliquer, comme on explique l'historien (voir 1re partie, page 40), on pourra, pour varier, les substituer quelquefois à Cicéron.

1° Profitetur Cicero sibi susceptas fuisse cum multis inimicitias; 2° M. Antonium cæteris suis inimicis eo atrociorem ac dementiorem esse, quod eum ipse ne verbo quidem unquam violaverit; 3° hanc odii tam iniqui causam affert, quod Antonius non existimaverit probari posse commodius se hostem esse patriæ, quam si esset Tullio inimicus. — Sic auditores præparat ad reliquam orationem, quod exordii munus est.

EXPLANATIO

Exordium incipit *ex abrupto* per dubitationem : *Quonam meo fato, Patres conscripti, fieri dicam?* Potest esse duplex hujus commatis sententia; hæc prior : Adeone me infelici fato natum esse dicam; posterior ista : Quam felix et invidenda sors mea est... Utraque explanatio ad animos conciliandos idonea. — *Ut nemo his annis viginti* (ex quo nempe consulatum gessi, id est ab anno 690 urbis conditæ), *nemo... reipublicæ fuerit hostis qui non bellum eodem tempore mihi quoque indixerit?* Gallice igitur diceremus : Par quelle fatalité, attachée à ma personne, est-il arrivé, Pères conscrits, je puis le dire, que nul, pendant ces vingt dernières années, n'ait été l'ennemi de la république, qu'il ne m'ait en même temps déclaré la guerre.

Nec vero necesse est a me quemquam nominari vobis, quum ipsi recordamini (Catilinas scilicet, Clodios, Pisones, Gabinios, etc.). *Mihi pœnarum illi plus quam optarem dederunt.* Eos Respublica gravius ulta est quam ipse postulassem. *Te miror, Antoni, quorum facta imitere* (id est, qui eorum in me vim, odium scelera imiteris) *eorum exitus* (decreta scilicet in eos a senatu facta, plena ignominiæ, mortem luctuosam, ac feralem, etc.) *non perhorrescere.* — Gallice : Vous m'étonnez, Antoine, vous qui imitez leurs actions, sans que leur fin vous épouvante, vous fasse trembler.

Atque hoc (nempe indictum mihi bellum fuisse) *in aliis minus mirabar : nemo illorum inimicus mihi fuit voluntarius* (ultro nempe, et sua voluntate). — *Omnes a me reipublicæ causa lacessiti,* id est cum eorum detexi scelera, improbitatem agitavi, consilia reipublicæ funesta disturbavi. *Tu, ne verbo quidem violatus, ut* (afin que) *audacior quam Catilina, furiosior quam P. Clodius viderere, ultro maledictis me lacessisti.* — *Tuamque a me alienationem commenda-*

tionem tibi ad cives impios fore putavisti. Ordo est : putavisti alienationem a me tuam tibi fore commendationem gloriæ ad impios cives. — Gallice : Une rupture avec moi devait être une recommandation pour vous auprès des mauvais citoyens, voilà votre calcul.

Quid putem? Contemptumne me? Que dois-je penser? Serais-je méprisé? Dubitatio et subjectio est, qua singulas causas inquirit odii Antonii, ut a confutatione reliquarum possit ad veram devenire. Eæ autem causæ quatuor lacessendi Tullium subesse potuerunt Antonio : 1º Contemptus Ciceronis; 2º Auditorum benevolentia in Antonium et odium in Ciceronem; 3º Quædam æmulatio dicendi; 4º Studium sui odii contra rempublicam probandi.

Non video (primam causam confutat petitam a contemptu) *nec in vita* (in privata scilicet ratione vivendi et domesticis officiis) *nec in gratia,* id est in benevolentia civium, *nec in rebus gestis* (nempe in administratione reipublicæ) *nec in hac mea mediocritate ingenii* (modestia est oratoris ad sibi conciliandos animos) *quid despicere possit Antonius.* Gallice : Je ne vois, ni dans ma vie privée, ni dans mon crédit, ni dans mes actes publics, ni dans mes faibles talents, rien qui puisse justifier le mépris d'Antoine.

An in Senatu facillime de me detrahi posse credidit? Secundam causam refellit ab honoribus quos Senatus ipsi decreverat, ut sequitur : *Qui ordo clarissimis civibus bene gestæ reipublicæ testimonium multis, mihi uni conservatæ dedit.* — *An decertare mecum voluit contentione dicendi?* A-t-il voulu faire avec moi assaut d'éloquence? *Hoc quidem beneficium est,* id est beneficium erit mihi, si mecum in eloquentiæ certamen descenderit. *Quid enim plenius* (quel sujet en effet plus riche), *quid uberius* (quelle matière plus abondante), *quam mihi et pro me et contra Antonium dicere?* Quasi Tullius diceret : Nihil plenius et uberius *quam mihi,* qui non sum adeo dicendi rudis et imperitus, *et pro me,* qui et vitam innocenter exegi, multasque res præclare gessi, *et contra Antonium dicere* permultis nempe sceleribus et flagitiis inquinatum. — *Illud profecto est :* (Remotis aliis, illa restat ratio, cur Antonius Ciceroni bellum indixerit) : *Non existimavit sui similibus probare posse, se esse hostem patriæ, nisi mihi esset inimicus.*

RHETORICA

Sous ce titre, le P. Jouvency, conformément à la règle du *Ratio*, comprend les préceptes. Outre ce qui a été dit déjà à ce sujet dans l'explication précédente, on pourra donc ici faire répéter, si l'on veut, tout ce qui regarde l'exorde, et l'on en montrera l'application dans la page expliquée.

Posset aliquis (ajoute le même P. Jouvency) fusius explicare, quare *tria exordii* cujuslibet *munera* sint; nempe cum *tres animi facultates* præcipuæ numerentur, prima *intelligendi,* secunda *recordandi,* tertia *volendi;* mentem attentione quasi teneri, memoriam docilitate, benevolentia voluntatem. On éveille en effet l'*attention*, en s'adressant à l'*intelligence* des auditeurs, en leur promettant de parler de choses importantes, nouvelles, utiles ou agréables; et ils écoutent *docilement*, si l'on prend soin de graver dans leur *mémoire* par une exposition claire et simple ou par une division bien nette et précise le sujet que l'on va traiter; enfin c'est surtout à la *volonté* que l'on s'adresse pour obtenir la *bienveillance*, et la bienveillance mène à la persuasion.

A l'occasion, on expliquera, dit encore le P. Jouvency, les figures de pensées et de mots.

ERUDITIO

A propos de *his viginti annis*, on peut donner les dates de la naissance de Cicéron, de son consulat et de sa mort, etc. — *Bellum indixerit*. On dira de quelle manière les Romains déclaraient la guerre; et, si on le juge opportun, on ajoutera quelques significations moins ordinaires de ce mot, *indicere*, v. g. ce que l'on entendait par *funera indictiva*, etc.

Cette phrase : *Mihi pænarum illi plus quam optarem dederunt,* fournira l'occasion de parler de la vengeance et de montrer combien elle est indigne d'une âme véritablement grande. (Exemples à citer au besoin.)

LATINITAS

Dire le sens du mot *fatum* chez les païens et sa signification chez les chrétiens. Item *recordari*, *meminisse*; *hostis*, *inimicus*; la force de ce *perhorrescere*. A propos de *verbo violatus*, citer d'autres expressions, v. g. corpus violare vulnere, violare ebur ostro; violare fidem, fœdus, jura, sacra, etc. — Le mot *maledictis* donnera lieu d'expliquer la différence qu'il y a entre maledictum, convicium et contumelia.

MORES

Si quis improborum malefacta imitetur, eorum exitus debet perhorrescere. — Quot homines suam a viris bonis alienationem commendationi sibi apud impios et gloriæ fore putant! (La peste et la lâcheté du respect humain). — Improbi existimant sui similibus probari se non posse, nisi bonis fuerint inimici.

Auteurs grecs. — *Græca prælectio sive oratorum, sive historicorum, sive poetarum non nisi antiquorum sit et classicorum, Demosthenis, Platonis, Thucydidis, Homeri, Hesiodi, Pindari et aliorum hujusmodi (modo sint expurgati), inter quos jure optimo SS. Nazianzenus, Basilius et Chrysostomus reponendi. Ac alternis quidem vicibus oratores, historici, ac poetæ explicentur. Interpretandi autem ratio, quanquam quæ eruditionis artisque sunt respuere omnino non debet, proprietatem tamen potius usumque linguæ spectabit. Quamobrem locutiones aliquæ singulis prælectionibus dictandæ* (Reg. 13, prof. rhet.).

Après ce que nous avons dit à ce sujet (surtout 1re partie, p. 27-28 et 40) inutile de rien ajouter. — [Voir aussi Reg. 1, prof. rhet.].

DEVOIRS ET EXERCICES

Devoir latin. — *Dictandum argumentum orationis, vel initio cujusque mensis totum, vel singulis hebdomadis per partes (singulis enim mensibus ad summum singulæ absolvendæ orationes). Sit autem breve, quod per omnes eat orationis partes; locos confirmationis et amplificationis, figuras præcipuas, quæ adhiberi possint, locos etiam* *aliquos bonorum auctorum ad imitandum, si videbitur, indicet. Interdum demonstrato scriptore aliquo, ad cujus imitationem orationem informent, verbo tenus res proponantur* (Reg. 9, prof. rhet.).

D'après cette règle, le professeur doit non seulement donner les principales idées à mettre en œuvre dans les diverses parties du discours, mais encore indiquer les passages des bons auteurs à imiter pour le style. Le *Ratio* insiste sur l'imitation [Voir ce que nous en avons dit, 1re partie, pages 53-54].

Devoir français. — *Vernaculi... thematis eadem fere sit ratio.* (Reg. 11, prof. rhet.) *Quoad linguam vernaculam, stylus ad normam optimorum auc...rum efformetur* (Reg. 1, prof. rhet.).

[Voir plus loin *Baccalauréat, Composition française*]. On trouvera là aussi la règle du professeur de rhétorique concernant la correction de ces devoirs. Cette règle ajoute : *Denique oratione absoluta, suam quisque, quam ante per partes attulerat, totam simul descriptam, aut saltem correctam præceptori offerat, ut eas esse ab omnibus perfectas appareat* (Reg. 4, prof. rhet.).

Version latine. — Voir plus loin *Baccalauréat, Version latine*.

Version grecque. — *Ex græcis ad rhetoricam pertinet plenior auctorum ac dialectorum cognitio* (Reg. 1, prof. rhet.).

[Voir plus loin *Baccalauréat, Auteurs grecs*].

Vers latins. — *Carminis etiam argumentum aut scripto aut verbo, vel solam significando rem, vel certa adjecta sententia tradi potest; idque aut breve, ut epigrammatis, odæ, elegiæ, epistolæ, quod singulis vicibus expediatur; aut longius, ut pluribus vicibus quemadmodum orationem, sic poema contexant* (Reg. 10, prof. rhet.).

Thème grec. — *Græci thematis eadem fere sit ratio, nisi in græco per aliquod tempus verbatim omnia dictanda semel saltem in singulas hebdomadas, vel soluta oratione, vel carmine censeantur* (Reg. 11, prof. rhet.).

Exercices divers. — *Exercitationes discipulorum erunt, exempli gratia, locum aliquem poetæ vel oratoris imitari; descriptionem* *aliquam hortorum, templorum, tempestatis et similium efficere; phrasim eamdem modis pluribus variare; græcam orationem latine vel vernacule vertere; poetæ versus tum latine, tum græce, soluto stylo complecti; carminis genus in aliud commutare;... phrases ex bonis oratoribus et poetis, seu græcas, seu latinas, seu vernaculas excerpere; figuras rhetoricas ad certas materias accommodare* (Voir le P. Lejay); *ex locis rhetoricis et topicis plurima ad rem quampiam argumenta depromere, et alia generis ejusdem* (Reg. 5, prof. rhet.).

Declamatio vel prælectio latina vel vernacula, vel carmen latinum, humanistis convenientibus, postrema semihora antemeridiana, ab uno aut altero discipulorum e suggestu alternis sabbatis habeatur (Reg. 15, prof. rhet.).

Concertation. — La règle est la même qu'en humanités; sauf les points suivants : *Concertatio seu exercitatio sita erit... tum in figuris dignoscendis aut conficiendis; tum in rhetoricæ aut epistolarum, aut carminum aut historiæ præceptis reddendis applicandisve; tum in exponendis auctorum locis difficilioribus et difficultatibus explanandis; tum in moribus antiquorum rebusque ad eruditionem pertinentibus exquirendis... et similibus, ad præceptoris arbitrium* (Reg. 12, prof. rhet.).

Le *Ratio* ajoute comme en humanités (Voir page 186) :

Affigantur carmina scholæ parietibus alternis fere mensibus ad aliquem celebriorem diem exornandum, etc. (Reg. 17, prof. rhet.).

BACCALAURÉAT

PREMIÈRE PARTIE

Malheureusement aujourd'hui, le programme de la rhétorique n'est le plus souvent que celui du baccalauréat.

Quelque chargé et compliqué que soit ce dernier, les élèves n'auront pas grand' peine à le préparer en rhétorique, s'ils ont été exactement formés selon la méthode et les règles du *Ratio*, que nous venons d'expliquer.

Nous supposons évidemment qu'après les examens de fin d'année, on a fait répéter les classes mal faites et qu'on n'a laissé monter à la classe supérieure que les enfants capables d'en profiter. Ceci est un point capital pour maintenir à la hauteur voulue le niveau des études dans une maison[1]. Les classes qu'il importe de faire répéter sont surtout la septième, la sixième, la cinquième et la troisième.

Le programme du baccalauréat de rhétorique comprend : *les épreuves écrites :* 1° *une version latine;* 2° *une composition française, et les épreuves orales,* c'est-à-dire : *les auteurs grecs, les auteurs latins, les auteurs français, les auteurs de langues vivantes, l'histoire, la géographie et les éléments de mathématiques et de cosmographie.*

Version latine. — Il semble qu'il convient de donner, en rhétorique, le plus de versions (dictées ou lithographiées) possible, et d'habituer les élèves à traduire le latin des différents auteurs. On commencera donc par dicter les passages des prosateurs ou des poètes qui ont été imités par les auteurs français, ou ont servi de sujets à des œuvres quelconques, v. g. *les embarras de Rome,* de Juvénal, imités par Boileau, *le Passage des Alpes* de Tite-Live, etc., etc. Ces morceaux sont souvent donnés en version dans les Facultés. D'ailleurs on fera bien de s'en tenir le plus souvent aux auteurs de la meilleure latinité, sans exclure les autres.

S'il est une classe où l'on doive corriger avec soin les versions latines, c'est assurément celle de rhétorique, à cause de l'importance toute spéciale de cette composition, à la veille d'un examen.

Il sera bon de voir à ce sujet les élèves chacun en particulier; on peut ainsi leur faire en peu de temps bien des observations qu'il serait trop long d'écrire, en annotant leurs versions.

On exigera une traduction exacte et la plus fidèle possible. Si l'on peut trouver des passages que l'on a dictés deux traducteurs de quelque mérite, on lira successivement l'un et l'autre, phrase par phrase, pour les comparer.

Composition française. — La composition française porte sur un sujet historique ou sur la littérature.

Le champ est vaste, et il est impossible assurément de le parcourir entièrement. On se contentera donc des notions de littérature et de rhétorique et de l'histoire littéraire. En préparant les auteurs, on

---

1. Voir la règle 25 du Préfet des études, page 205.

analysera plus à fond les œuvres principales, comme nous le dirons bientôt. Quant à la composition historique, elle dépend en grande partie de l'étude de l'histoire.

Dès le commencement de l'année, il faut habituer les élèves à se faire un plan avant d'écrire; ils n'y songent ordinairement pas. On donnera donc les premiers devoirs avec un plan bien clair, et ensuite un simple canevas, en exigeant en tête de la composition le plan qu'on a suivi. Il sera très utile de lire quelquefois un bon corrigé du devoir, même avant de dicter l'argument [surtout au début de l'année], et plus tard, après la correction faite en classe (Voir 1re partie, art. *Devoirs*).

Cette composition, comme la version latine, doit être corrigée avec soin.

In scriptione corrigenda indicet, si quid in artificio oratorio, aut poetico, in elegantia cultuque sermonis, in connectenda oratione, in numeris concinnandis, in orthographia, aut aliter peccatum fuerit, si quis locus perperam, si obscure, si humiliter tractatus; si decorum minime servatum; si qua digressio longior fuerit, et alia generis ejusdem (Reg. 4, prof. rhet.).

La correction sera d'autant plus profitable qu'on ne louera ou qu'on ne reprendra rien sans en donner la raison. Et comme cela demande souvent d'assez longues observations, on fera en classe toutes celles qui concernent la composition en général; les autres seront faites à chacun des intéressés en particulier.

Auteurs grecs. — Il est certainement impossible de les expliquer tous. On se contentera donc de prendre, dans chacun, les passages les plus remarquables. Il y a ordinairement sept ou huit *colles* ou examens préparatoires dans l'année. On distribuera donc à l'avance les auteurs pour chaque mois. On les donnera à préparer aux élèves, comme il a été dit (1re partie, art. *Industries*), en insistant sur l'analyse des formes difficiles. *Exercitatio sita erit... tum in exponendis auctorum locis difficilioribus, et difficultatibus explanandis...* etc. (Reg. 12, prof. rhet.). Le maître explique lui-même les passages les plus remarquables des auteurs de rhétorique.

Auteurs latins. — On fera de même pour les auteurs latins, en consacrant moins de temps à ceux qui sont plus faciles. — C'est bien ici le cas d'appliquer la méthode dont nous avons parlé

(1ʳᵉ partie, art. *Industries*). Les élèves parcourent eux-mêmes ces auteurs ; chacun note ce qui l'embarrasse, et il suffit d'une classe ou deux pour résoudre toutes les difficultés. Le professeur expliquera lui-même les auteurs particulièrement assignés à la rhétorique.

S'il n'est pas nécessaire, s'il est même impossible d'expliquer tous les auteurs grecs et latins du programme, il est important et indispensable de donner une analyse détaillée et une appréciation de chaque œuvre littéraire, en prévision des compositions françaises du baccalauréat. Il faudra aussi dicter des devoirs à faire sur les auteurs, au fur et à mesure qu'on les expliquera, v. g. l'*Iliade* et l'*Énéide*, l'*Art poétique* d'Horace et celui de Boileau, etc.

Auteurs français. — On les distribuera comme les auteurs latins et grecs dans tout le cours de l'année, suivant le nombre des *colles*. Il est nécessaire de donner sur chacun d'eux, aux élèves, des idées claires. *Non multa sed multum*. Le meilleur moyen de les étudier, c'est de faire faire des compositions françaises (dissertations littéraires, comparaisons, etc.), à mesure qu'on les explique.

(Voir ce que nous avons dit (1ʳᵉ partie, art. *Devoirs*, analyse littéraire et oratoire).

Auteurs de langues étrangères. — (Voir 1ʳᵉ partie, *Enseignement des langues vivantes*).

Histoire et Géographie. — (Voir 1ʳᵉ partie et 2ᵉ partie, *Classes de troisième et d'humanités*).

On donnera souvent, en rhétorique, des compositions françaises portant sur des sujets d'histoire, d'après le programme du baccalauréat.

MATHÉMATIQUES ET COSMOGRAPHIE

Récapitulation de l'arithmétique, de l'algèbre et de la géométrie, d'après le programme du baccalauréat.

Pour la cosmographie, on suivra exactement le même programme. Cette étude fournira de nombreuses occasions de parler de la grandeur de Dieu, de sa puissance et de la petitesse de l'homme perdu en quelque sorte dans l'immensité des mondes créés. *Cœli enarrant gloriam Dei.*

A la demande de quelques Préfets, nous ajoutons en appendices les règles des examens, des compositions et des académies, avec les usages plus généralement reçus.

APPENDICES

I — EXAMENS

Il y a dans les collèges, pendant l'année scolaire, différents examens. Les uns sont déterminés par les règles du *Ratio* (v. g. les examens de fin d'année ou de promotion); les autres ont été introduits par l'usage, selon les besoins des temps; ce sont les examens avant Pâques ou du premier semestre, et les *colles* ou examens préparatoires au baccalauréat.

§ 1. Examen de promotion

Aucun élève suffisamment intelligent, ne doit être promu à une classe supérieure, sans avoir montré, par un examen sérieux, qu'il est capable d'en suivre les cours avec fruit[1]. Cet examen a lieu avant les vacances. Mais, à toutes les époques de l'année, le Préfet des études devra faire monter tout élève qui, par ses progrès, s'est mis en état de suivre, avec plus de profit, une classe supérieure à la sienne.

... *Si qui tamen longe excellant, atque in superiore schola magis quam in sua profecturi videantur, nequaquam detineantur, sed quocumque anni tempore, post examen, ascendant.* La règle ajoute : *Quanquam a suprema grammatica ad humanitatem, et ab humanitate ad rhetoricam vix patet ascensus* (Reg. Præf., 13).

L'examen de la promotion comprend deux parties : *les épreuves écrites* et *les épreuves orales*.

Les épreuves écrites sont : pour toutes les classes, une ou deux compositions en prose; à partir de la troisième, on ajoute les vers latins et, si on le juge à propos, une composition grecque.

---

1. *Si quis nulla ratione ad gradum faciendum videatur idoneus, nullus deprecationi sit locus. Si quis ægre quidem aptus, sed tamen propter ætatem, tempus in eadem classe positum, aut aliam rationem promovendus videatur, id ea conditione,... fiat, ut, si minus suam magistro probarit industriam, ad inferiorem scholam remittatur... Si qui denique ita sint rudes, ut nec eos promoveri deceat, nec ullus... fructus speretur,... eorum parentibus aut curatoribus perhumaniter admonitis, locum non occupent* (Reg. 25, Præf. stud.).

Ad examen semel, aut, si opus sit, iterum ab omnibus classibus soluta oratione : a suprema vero grammaticæ, et humanitate semel etiam carmine, et si videatur, semel græce aliquo dierum intervallo in schola scribendum est (Reg. Præf., 14)[1].

Quelques jours avant les épreuves écrites, chaque professeur doit en prévenir les élèves et leur donner connaissance du règlement de ces compositions.

Efficiat ut, biduo vel triduo ante examen, magistri scribendum esse examinis causa denuntient; scribendique ad examen leges,... singulis in classibus recitentur (Reg. Præf., 15).

Règlement des épreuves écrites. — Aucun élève n'est dispensé de ces compositions, à moins de raisons graves (Reg. 1, *ad scribendum*).

Le silence et l'exactitude sont de rigueur. Tous les élèves doivent être munis de ce qui leur est nécessaire pour composer, sans avoir besoin de le demander à d'autres (Reg. 2 et 3).

Les copies seront écrites très lisiblement; et, dans chaque classe, on tiendra compte de ce qui est demandé, soit par le maître, soit par l'énoncé du devoir à faire. Tout ce qui n'est pas lisible est compté comme faute; de même, un mot omis ou changé maladroitement pour éviter une difficulté (Reg. 4).

Les voisins surtout doivent être surveillés; deux compositions qui seraient, en tout ou partie, parfaitement semblables, sont considérées toutes deux comme suspectes, puisqu'on ne sait quelle est celle qui a été copiée (Reg. 5).

Pour éviter toute fraude de ce genre, si quelqu'un, après avoir commencé sa composition est absolument obligé de sortir, il remettra, avant de s'absenter, tout ce qu'il a écrit à celui qui préside (Reg. 6).

Après avoir terminé, chacun doit relire avec soin sa copie, la corriger, la perfectionner, car, dès qu'il l'aura remise à celui qui préside, il sera trop tard d'y revenir : on ne la lui rendra point (Reg. 7).

---

[1]. Dans la classe élémentaire, on exige une dictée et une analyse grammaticale; dans les autres classes, c'est une composition latine ou un thème, et une version. N'est-il pas regrettable qu'on ne puisse, selon l'esprit du *Ratio*, multiplier les compositions (en français, en latin et en grec)? Les épreuves écrites sont certainement un mode d'examen plus sûr que l'oral, dans lequel les enfants sont souvent intimidés. Malheureusement, la fin de l'année scolaire est tellement encombrée de compositions et examens d'accessoires qu'on est obligé de se contenter d'un thème et d'une version latine. Dans certains collèges, on fait compter les compositions des prix, comme compositions d'examen; c'est un excellent moyen de tout concilier.

Au signal donné, chacun pliera sa copie et écrira son nom et son prénom d'une manière bien visible, pour qu'on puisse plus facilement ranger ces devoirs par ordre alphabétique, si l'on veut (Reg. 8).

L'élève qui a fini et remis sa composition prendra ses livres et sortira en silence[1]; les autres resteront à leur place pour terminer (Reg. 9).

Si quelqu'un n'a pu finir le devoir dans le temps fixé, il remettra ce qu'il aura fait. Il est donc important que tous comprennent que, sur le temps accordé pour composer, ils doivent se réserver ce qui est nécessaire à la copie et à la revision (Reg. 10).

Il n'est pas du tout de règle que le professeur surveille la composition dans sa classe; ce peut être le Préfet lui-même ou tout autre qu'il choisira. Le texte ou le canevas à dicter sera plutôt court que long[2].

Scribentibus præsit ipse Præfectus, aut alius quem ipse sibi substituerit; qui argumentum breve potius quam longum tradat (Reg. Præf. 16).

Toutes les compositions sont remises au Préfet, qui les distribuera aux examinateurs, afin qu'ils puissent en prendre connaissance et noter les fautes en marge, si on le juge à propos.

Compositiones in fasciculum ordine alphabeti conjectas apud se habeat; et dividat examinatoribus, ut legere, et errata, si videatur, in margine notare possint (Reg. Præf. 18).

Il y aura trois examinateurs pour une ou deux classes, selon le nombre des élèves; autant que possible, on évitera de choisir comme examinateur d'une classe le professeur de cette même classe. *Examinatores... si fieri potest, magistri non sint* (Reg. Præf. 18).

Un mois environ avant l'examen oral, on dictera aux élèves le programme des matières sur lesquelles ils auront à répondre; et, dans toutes les classes, excepté en rhétorique, on les exercera pour les préparer à cet examen. Si pendant l'année un élève se distingue des autres d'une manière particulière, le professeur en référera au Préfet des études; on l'examinera à part, et il pourra monter (comme nous l'avons déjà dit) dans une classe plus élevée (Reg. comm. 37).

---

1. Des motifs d'ordre, que l'on comprendra, ont engagé à ne laisser sortir personne avant la fin de la classe.

2. Il est d'usage de soumettre ce texte ou ce canevas à l'approbation du Préfet des études.

Il faut que le professeur compte le nombre de classes comprises dans le temps destiné à repasser l'examen, et fixe, d'après cela, le nombre de pages ou de lignes qu'il donnera par jour à apprendre ou à expliquer; il est assuré ainsi de ne pas trop charger son programme. Ni trop, ni trop peu. On consultera, à ce sujet, le Préfet des études [Voir pages 74-75].

Quant aux préceptes, on doit donner tout ce qui est déterminé pour chaque classe, ou du moins tout ce qui est important.

Les épreuves orales peuvent avoir lieu pendant les classes; alors rien n'est changé à l'ordre du jour. Les élèves se rendent dans les locaux assignés à chaque groupe d'examinateurs, avec les livres qui ont été expliqués pendant l'année et sur lesquels ils seront interrogés. Pendant que les uns passent l'examen, les autres écoutent attentivement et en silence, sans faire aucun signe à celui qu'on interroge, et sans le reprendre, à moins d'en être priés.

Cum ad examen accedunt, libros, qui explicati sint eo anno, de quibus interrogandi sunt, afferant; dumque unus interrogatur, cæteri, qui adsunt, diligenter attendant; verum neque annuant aliis, neque corrigant, nisi rogati (Reg. ad examen 11).

On examinera les élèves par groupe ou série de trois, de quatre ou de cinq suivant les classes; et l'on a soin de commencer par ceux qui sont le mieux notés, afin de tenir les autres occupés et de leur laisser le temps de se préparer (Reg. Præf. 19).

Les examinateurs tiendront grand compte des notes du professeur sur chaque élève (Reg. 20).

Voici maintenant la manière de faire passer l'examen oral:

On pourra d'abord lire à chaque élève une partie de sa composition, en l'obligeant à signaler lui-même les fautes, et en même temps les règles qu'il a violées. Dans les classes de grammaire, on proposera une ou deux phrases françaises à traduire en latin immédiatement; on interrogera sur les préceptes et les autres matières enseignées[1]. Enfin, s'il en est besoin, on fera expliquer un passage des auteurs de la classe.

---

[1]. On fait un examen à part pour le catéchisme. Quant aux accessoires (langues vivantes, histoire, géographie, mathématiques) on donne une composition écrite; et il n'y a d'examen que pour les élèves dont l'écrit n'est point satisfaisant.

Examinis ratio hæc erit. Primum suæ quisque compositionis partem, si videatur, recitet; deinde errata corrigere, et eorum rationem reddere jubeatur, præcepto, contra quod peccatum sit, indicato. Postea grammaticis vernaculum aliquid statim latine vertendum proponatur; omnesque de præceptis et rebus, quæ in quaque schola traditæ sunt, interrogentur. Denique brevis, si sit opus[1], loci cujuspiam ex libris in schola explicatis interpretatio exigatur (Reg. 21).

Immédiatement après l'examen de chaque groupe d'élèves, de peur d'oublier, on marquera les notes méritées, en tenant compte des compositions, des interrogations faites, et aussi de la note du professeur.

Post cujusque ternarii examen, recentibus adhuc examinatorum judiciis, sententiæ de interrogatis ferantur, habita compositionis, notæ a magistro additæ, et interrogationis ratione (Reg. 22).

Si le résultat de l'examen paraît douteux, le Préfet des études qui a toutes les notes entre les mains, se fait remettre quelques-uns des devoirs journaliers de l'élève en question; il consulte les examinateurs, le professeur; et, s'il le juge opportun, il peut permettre un nouvel examen. Dans ce cas, on aura égard à l'âge, au temps passé dans la même classe, à l'intelligence et à l'application de l'élève (Reg. 23).

Une fois l'examen terminé, on doit garder le secret le plus absolu soit sur les notes, soit sur les décisions prises. Le professeur a seul le droit de connaître celles qui regardent sa classe (Reg. 24).

Quand un élève n'est pas jugé apte à monter dans la classe supérieure, il doit répéter la classe qu'il vient de quitter, quelques prières que l'on fasse pour obtenir le contraire. Cependant, si à la rigueur il peut profiter à être promu, soit à cause de son âge, soit à cause du temps passé dans les mêmes études ou pour tout autre motif, on le fera monter, mais à la condition qu'il redescendra dans la classe inférieure, si le professeur n'est pas satisfait de son travail et de son

---

[1]. Cette clause (*si sit opus*) indique assez clairement qu'on peut dispenser de cette partie de l'examen oral les bons élèves, dont les compositions ont été satisfaisantes. Si on les fait comparaître, ce n'est guère que pour les encourager, et exciter l'émulation chez leurs condisciples. — De la sorte, on se réservera assez de temps pour examiner bien sérieusement ceux dont l'écrit est à peine passable ou fort médiocre. C'est assez dire que les épreuves écrites sont regardées par le *Ratio* comme la partie importante de l'examen. Aussi arrive-t-il qu'un élève paresseux ou étourdi, ayant de bonnes compositions et ne sachant presque rien à l'oral, est promu quand même à la classe supérieure, après avoir subi à la rentrée, l'examen pour lequel il a échoué.

application. Quant aux élèves incapables, on les rendra à leurs familles, en gardant toutefois les convenances commandées en pareil cas (Reg. 25).

La promotion se fait solennellement, à la rentrée, dans la salle des exercices (Reg. 26).

Les élèves nouveaux, à quelque condition qu'ils appartiennent (*neminem, eo quod ignobilis sit aut pauper, excludat*) sont placés provisoirement dans les classes pour lesquelles ils se présentent, sauf à descendre ou à monter, après examen (Reg. 9, 10 et 11).

§ 2. — 1° Examen de paques

Avant les vacances de Pâques, il y a l'examen du premier semestre. Il se fait absolument comme le précédent.

Les épreuves écrites sont ordinairement : dans la classe élémentaire une dictée et une analyse grammaticale ; dans toutes les autres classes, un thème latin ou une amplification, et une version latine.

Mais on ne donne pas à ces compositions la même importance qu'à celles de la fin de l'année. Cet examen a été établi surtout pour constater le travail des élèves, pour les obliger à étudier les préceptes, à écouter les explications et leçons des maîtres. C'est pourquoi l'on tient compte ici de l'épreuve orale surtout.

2° Examen public

Dans la plupart des collèges, on a établi (suivant l'esprit des règles comm. 32, reg. Præf. 4) pour le premier semestre, comme pour le deuxième *un examen public* appelé *examen d'honneur*. A cet examen sont admis, dans la proportion de 1 à 5, les élèves bien notés pour les compositions et capables de répondre d'une manière très convenable aux questions proposées, non seulement par les maîtres, mais aussi par les étrangers, que l'on peut inviter en cette circonstance. [*Externi etiam invitentur ad examinandum* (Reg. Præf., 4).] Outre les matières inscrites au programme de la classe, ils présentent ordinairement chacun un travail supplémentaire spécial ; les uns demandent à être interrogés sur tout César, par exemple ; les autres, sur deux ou trois livres d'un auteur grec, etc. Tous les professeurs sont invités à cet examen, et il se fait en présence des élèves de la classe.

3° COLLES OU EXAMENS PRÉPARATOIRES AU BACCALAURÉAT

Tous les mois, les rhétoriciens subissent un examen sur une partie du programme. Avant cet examen, ils font des compositions écrites (version latine et devoir français) qui sont corrigées et classées suivant les notes méritées. Aux jours et heures fixés par le Préfet des études, ils sont appelés par série de six devant chacun des six examinateurs (1 pour l'explication des auteurs français, 1 pour l'explication latine, 1 pour l'explication grecque, 1 pour les langues vivantes, 1 pour l'histoire et la géographie, 1 pour les mathématiques). Au bout de trois quarts d'heure ou une heure au plus, on fait appeler une deuxième série de six élèves.

On proclame ensuite les résultats de ces examens, et l'on en informe les familles par un bulletin particulier.

II. — COMPOSITIONS ET CONCOURS POUR LES PRIX

Ainsi que nous l'avons dit (pages 55-56), il y a chaque semaine dans toutes les classes, une composition sur une des matières de l'enseignement classique. Les places de ces compositions servent à déterminer les prix et accessits d'*excellence*. Pour cela on additionne, au moins pour les dix ou douze premiers élèves, les places de *toutes* les compositions de l'année (et non pas les places d'excellence de chaque mois), sans oublier les compositions *secrètes* du commencement de l'année scolaire et de la rentrée de Pâques qui ont une valeur *double* ou *triple*, ni celle du 1er de l'an qui a une valeur *double*. Si un élève, pour des raisons légitimes, a omis quelque composition, on prend, à la fin de l'année, la moyenne des places obtenues par lui dans la même faculté. Mais s'il s'est abstenu sans raison valable, il est classé le dernier.

Tous les mois, et dans quelques collèges, deux fois par mois, on donne des places de *diligence* (résultat des notes méritées pour les leçons, les explications et l'attention en classe). Ces places servent aussi à déterminer les prix et accessits de *diligence;* comme pour l'excellence, on additionne toutes les places de l'année, secrètes ou non.

L'élève qui entre à Pâques ne peut concourir pour les prix d'excellence et de diligence.

Pour chacune des matières de l'enseignement, la composition de la fin de l'année décide *seule* des prix et des accessits.

Voici à ce sujet les règles du *Ratio* et les usages établis un peu partout.

La première règle fixe le nombre des prix pour chaque matière dans chacune des classes. Il y a ordinairement un *premier* et un *second prix,* selon le nombre des élèves. On donne un *accessit* pour chaque série de 10 élèves, complète ou commencée (ainsi 21 = 3 accessits, 15 = 2 accessits).

Quatre ou cinq accessits donnent droit à un prix, lorsque l'élève n'a pas été couronné par ailleurs.

Des jours et des heures fixes sont assignés aux diverses compositions (Reg. præm. 2 et 3).

Une fois que le sujet de la composition a été donné, personne ne sort de la classe avant d'avoir terminé et remis sa copie. Si pourtant un élève a besoin de sortir et en obtient la permission, il déposera, avant de s'absenter, tout ce qu'il a écrit entre les mains de celui qui préside, et ne communiquera en aucune manière avec quelqu'un du dehors ou de la maison (Reg. 4).

Un temps déterminé est fixé à l'avance pour chacune des compositions (Reg. 5).

Chaque élève, en sortant, remet à celui qui préside sa copie bien écrite, mais non signée. A la place de son nom, il écrit une devise avec un chiffre quelconque, et sur une feuille de papier distincte, il met son nom et son prénom avec le lieu de sa naissance. Ces renseignements sont placés par lui sous enveloppe fermée; mais la devise et le chiffre qu'il a choisis sont répétés sur l'enveloppe (Reg. 6).

Les compositions sont remises au Préfet, avec les enveloppes, qui ne seront ouvertes qu'après le classement des copies de chaque classe (Reg. 6).

On choisira trois examinateurs qui ne connaissent pas les écritures des concurrents; l'un d'eux peut être un étranger, si l'usage du pays le comporte. Après avoir lu avec soin toutes les compositions d'une classe sur le même sujet, ils décideront, à la majorité des voix, quels sont les vainqueurs dans chaque faculté par ordre de mérite, et quels sont ceux qui en ont le plus approché (Reg. 8).

Dans leur appréciation, ils tiendront compte plutôt du style que de la longueur du travail. Si deux compositions semblent d'un mérite égal pour le fond ou pour la forme, on donnera la préférence à celle où le sujet est le mieux développé ; et si, même pour le développement elles se valent, on comptera l'orthographe, la ponctuation et jusqu'à la calligraphie. Enfin s'il y a égalité sous tous les rapports, on tirera le prix au sort, ou bien on en donnera deux *ex æquo*. Il peut arriver que le même élève mérite tous les prix de sa classe, dans toutes les facultés ; on les lui donnera, à moins que l'usage soit établi d'accorder en ce cas un prix extraordinaire *hors concours* (Reg. 9).

Quand toutes les compositions auront été classées par ordre de mérite, le Recteur et le Préfet des études ouvriront les enveloppes qui renferment les noms des vainqueurs. On contrôlera avec soin les devises et les noms, pour ne pas commettre d'erreur. Ce dépouillement fait, le résultat doit rester secret, sauf peut-être pour les professeurs, chacun en ce qui les regarde. La plus grande discrétion est recommandée (Reg. 10).

Les règles 11 et 12 sont relatives à la distribution solennelle des prix.

La dernière prescrit de ne tenir aucun compte de la copie d'un élève qui aurait commis une fraude quelconque en composant ; et il faut que les professeurs en avertissent les concurrents, avant la première composition [Voir page 206 le règlement des compositions].

Contra has leges si quis peccaverit aut fraudem ullam commiserit, ejus scriptionis nulla ratio habeatur (Reg. 13).

III. — ACADÉMIES

Sous le nom d'*Académie* nous entendons une réunion d'élèves, distingués par leurs talents et leur piété, qui, sous la direction d'un maître, s'exercent d'une manière particulière sur des sujets se rapportant à leurs études (Reg. 1).

D'après cette règle, pour avoir l'honneur d'être *académicien*, il faut se distinguer non moins par l'application et le succès dans les études que par la vertu et la régularité d'une conduite exemplaire. L'*Académie* est donc l'élite des élèves d'un collège ; et voilà pourquoi on n'y admet généralement que ceux qui font partie des Congrégations de la très Sainte Vierge (Reg. Acad. 2 et 3).

Il y a ordinairement deux Académies, qui ont chacune leur directeur ; la première est pour les classes de littérature, la seconde pour celles de grammaire. Cette dernière peut recevoir, non seulement des élèves de troisième et de quatrième, mais des classes inférieures même, pourvu qu'ils puissent profiter des exercices académiques (Reg. Acad. 4 et 5)[1].

Comme c'est surtout par l'assiduité aux exercices et le zèle de chacun de ses membres que l'Académie produira les fruits qu'on attend d'elle, on n'y admettra ni les élèves peu réguliers, ni ceux dont la légèreté pourrait devenir une cause de trouble et de désordre. *Turpius ejicitur quam non admittitur hospes.* De tels sujets devraient en être exclus, s'ils en faisaient partie (Reg. Acad. 6)[2].

Chacune des Académies a ses dignitaires, qui sont élus au moins deux fois par an, à la pluralité des voix et par bulletins secrets[3]. Ces dignitaires sont le président de l'Académie, deux conseillers au moins et un secrétaire[4] (Reg. 7).

---

1. Pour être reçu dans l'Académie, il faut en avoir témoigné le désir au Directeur ou à l'un des trois premiers dignitaires, et avoir fait preuve de talent par une composition en prose ou en vers. Cette composition est examinée en séance ; et si le candidat obtient les deux tiers des suffrages, avec l'agrément de son Professeur, du Directeur, et du Préfet des études, il est admis aux réunions académiques. Mais sa réception définitive est encore soumise à un temps d'épreuve plus ou moins long, suivant qu'il se montre plus ou moins digne de l'honneur qui lui est fait.

2. La règle dit : *saltem bis in anno*, car, si quelqu'un des dignitaires, même le président, par sa conduite peu régulière ou sa négligence à s'acquitter de ses fonctions, se rendait indigne de sa charge, il serait procédé à la déposition par voie de scrutin secret.

3. La règle ajoute qu'on pourra multiplier ces dignités, suivant le nombre des académiciens et l'usage reçu. Dans la plupart des Collèges, on a ajouté aux dignitaires ci-dessus indiqués un *maître des cérémonies*. Il est ordinairement choisi par le président de l'Académie et les conseillers. Ses fonctions consistent à veiller à ce que la salle soit préparée et à tout disposer pour les réunions. Il est de plus chargé d'introduire les récipiendaires dans la salle des séances, au moment de leur admission ou de leur réception, et de faire placer les étrangers ou les professeurs qui voudraient bien honorer l'Académie de leur présence.

4. On procède à l'élection des dignitaires, en commençant par celle du président. D'après la règle 8, on doit choisir celui qui possède au plus haut degré les qualités d'un bon académicien, lors même qu'il appartiendrait à la classe moins élevée. Si le président élu est dans la classe supérieure, la charge de premier conseiller sera dévolue à un académicien de la classe inférieure. Les autres dignitaires seront pris dans l'une ou l'autre classe.

Quant au mode d'élection, voici ce qui se pratique généralement : chaque membre de l'Académie dépose son suffrage dans l'urne, qui est présentée par le maître des cérémonies. Le Directeur fait

Le président de l'Académie doit être celui des académiciens qui l'emporte sur tous les autres par la vertu, le talent et le savoir. Il aura soin de donner à tous l'exemple de l'assiduité et du zèle pour les exercices académiques (Ex Reg. 8)[1].

Les conseillers tiennent le premier rang après le président. Le premier conseiller remplace le président en son absence, et si le premier conseiller est aussi absent, c'est le second conseiller qui remplit les fonctions de président. Les attributions des conseillers sont réglées par le directeur de l'Académie (Reg. 9)[2].

Le secrétaire est le dépositaire des registres de l'Académie. Il doit avoir un cahier où il inscrira les noms de tous les académiciens, suivant leur ordre de réception, et, à part, ceux des dignitaires, après chaque élection, etc. Dans un autre cahier, il conservera toutes les compositions qui ont mérité l'approbation de l'Académie, avec les noms des auteurs, la date, etc.; il collectionnera aussi toutes les copies de quelque mérite recueillies par le directeur. Il préviendra à temps ceux qui ont été désignés pour les exercices suivants, afin qu'ils puissent s'y préparer. A la fin de chaque réunion, il lira le programme de la prochaine réunion (Ex Reg. 10)[3].

Deux fois par an, après l'élection du président, ou même plus souvent, on tient un conseil privé composé des premiers dignitaires et du directeur pour examiner quels seraient les abus à réformer ou les mesures à prendre afin de promouvoir l'Académie (Reg. 11).

Dans cette occasion, ou bien avant l'élection du président, on

ensuite à haute voix le dépouillement, en présence de tous les académiciens. Le secrétaire tient note des suffrages proclamés, et, après vérification, celui qui a obtenu la majorité des voix est déclaré président. On procède successivement de la même manière à l'élection des autres dignitaires. En cas de ballottage, on recommence le vote.

1. Le président a une sorte d'intendance sur toute l'Académie. Il veille sur tous les académiciens et il est chargé de faire exécuter le règlement. En tout, il prendra l'avis du Directeur. C'est lui qui préside aux séances académiques, et occupe la place d'honneur. Il dirige également les concertations et autres exercices hebdomadaires.

2. Ils ne peuvent être moins de deux, quel que soit le nombre des académiciens. Le premier remplissant les fonctions de vice-président, le second est conseiller-électeur, c'est-à-dire qu'il propose à l'Académie les candidats qui se présentent. Mais il ne doit point le faire, sans avoir pris l'avis du président, des autres conseillers et obtenu l'agrément du directeur. Il faut qu'avant de proposer un sujet, son admission soit présumée comme certaine avec quelque fondement, afin d'éviter au candidat le désagrément d'un échec. — La dignité de conseiller exige en proportion les mêmes qualités que celle de président.

3. C'est aussi le Secrétaire qui lit aux réunions académiques les compositions présentées par les candidats à l'Académie.

relira les règles de l'Académie qui sont écrites sur un tableau, ou dans le registre contenant les noms des académiciens (Reg. 12).

Règles du directeur de l'Académie. — Il doit veiller aux progrès des académiciens dans la piété, non moins que dans les études, et il y parviendra plus encore par son exemple que par ses bons avis (Reg. 1).

Avec le président, il aura soin de faire observer les règles de l'Académie, et il exigera des académiciens l'assiduité et l'application (Reg. 2).

Il fera en sorte que tous les académiciens, autant que possible, prennent part, chacun à son tour, aux divers exercices académiques (Reg. 3).

Il insistera particulièrement sur ce que désirent et demandent les professeurs; il respectera les usages reçus et n'en introduira pas de nouveaux (Ex Reg. 4).

Il prendra grand soin d'exercer surtout les académiciens qui doivent paraître en public (Ex. Reg. 5).

Enfin il fixera les heures où doivent avoir lieu les exercices académiques, de façon à ne pas contrarier les Congrégations, et à donner aux académiciens toute facilité de prendre part aux deux exercices. Sans de graves motifs, il ne retiendra personne aux heures des Congrégations (Reg. 6).

ACADÉMIE DE LITTÉRATURE

Chaque semaine, ou au moins deux fois par mois, aux jours fixés, les académiciens se réuniront, sous la présidence du directeur, dans le local qui leur est assigné (Reg. 1)[1].

Les exercices (qu'il faudra varier le plus possible) porteront sur les points suivants : 1° Une question intéressante de rhétorique ou de

---

1. Les réunions hebdomadaires ont lieu ordinairement une fois par semaine le jeudi ou le dimanche, matin ou soir, selon la saison. Elles s'ouvrent et se clôturent par les prières accoutumées : *Veni Sancte Spiritus*, et *Sub tuum*. — Le président se place au milieu, avec le premier conseiller à sa droite, le second conseiller à sa gauche, et les autres, s'ils sont plus de deux à la suite de celui-ci. A la droite du premier conseiller prend place le secrétaire, puis le maître des cérémonies. Les autres membres de l'Académie se rangent ensuite à droite et à gauche selon l'époque de leur réception ; puis viennent les candidats admis. Après la prière, le secrétaire donne le compte rendu de la réunion précédente, et sur les indications du Directeur, il appelle à la suite les académiciens inscrits au programme ou à l'ordre du jour.

poésie; chacun à ce sujet proposera ses difficultés, sa manière de voir, etc.; 2° Exercices de déclamation (prose ou vers) suivis d'observations sur la voix, le geste et l'action en général[1]; 3° Explication d'un passage remarquable d'un auteur français, latin ou grec; 4° Déclamation ou lecture de discours, narrations, descriptions, poésies, etc., composés par les académiciens, ou faits à l'imitation des meilleurs auteurs; 5° Discussion sur un sujet mis à l'étude, ou plaidoyers (pour lesquels on désignera le défenseur, la partie adverse et le juge qui doit décider la question; 6° Analyses oratoires ou littéraires soignées pour le fond et pour la forme; 7° Exercices, (a) sur l'*invention*, (b) la *disposition*, (c) l'*élocution*.— (a) Après avoir proposé un sujet à la portée des élèves, ou l'avoir mis à l'étude, chacun devra trouver les idées qui peuvent servir à la confirmation et à la réfutation; (b) sur le même sujet, on rangera dans le meilleur ordre les preuves et les mouvements oratoires; (c) on examinera les figures de pensées ou de mots qu'on peut mettre en œuvre dans ce sujet ou dans tout autre qui serait proposé; 8° Compositions diverses pour l'application des préceptes; 9° Commentaire ou étude particulière d'un auteur français, latin ou grec; on peut distribuer ce travail entre tous les accadémiciens : les uns exposent le sujet et en donnent l'analyse; d'autres l'expliquent selon la méthode des prélections; d'autres enfin font des remarques de littérature, d'histoire, etc. Enfin on s'exercera sur tout ce qui sert à l'éloquence. Le directeur donnera lui-même l'exemple, en lisant un travail de sa composition; et il dirigera tous les exercices (Ex Reg. 2)[2].

---

1. « La lecture à haute voix, qui est négligée dans la plupart des Lycées et des Collèges, est la meilleure manière d'apprendre à parler; et elle doit compter comme un des éléments de l'instruction publique... La parole ne compte-t-elle pas parmi les plus puissants moyens d'action dans la vie?... » (Circulaire de M. Bardoux, 1877.) Depuis longtemps, comme on le voit, le *Ratio* avait compris cette importance de la lecture à haute voix et de la déclamation. Outre les exercices qui se font chaque semaine dans les classes, le samedi (voir les horaires), il prescrit encore le même exercice dans les Académies de littérature et de grammaire. L'expérience en effet a démontré combien il est important de vaincre, dès la jeunesse, ce trouble involontaire que Cicéron appelle *timor forensis*. C'est surtout aux élèves que la Providence destine aux fonctions de la chaire, du barreau ou de la tribune, qu'il est nécessaire de surmonter de bonne heure cette timidité naturelle à tout homme, qui veut parler en public. Les académiciens obligés de prononcer leurs discours, de lire à haute voix leurs compositions dans les séances, s'enhardiront insensiblement, et prendront peu à peu cette noble et modeste assurance, qui donne tant de lustre au talent de la parole, et sans laquelle les plus heureuses qualités deviennent souvent inutiles.

2. L'usage, l'industrie et les circonstances feront trouver encore d'autres exercices qui pourront, comme ceux-ci, joindre l'agréable à l'utile. C'est à ce double but qu'il faut tendre, et on y par-

Trois ou quatre fois par an, le directeur fera préparer une séance publique et plus solennelle (Reg. 3)[1].

On pourra, de temps en temps, donner des récompenses aux académiciens qui se sont le plus distingués. Ce point est laissé à la libéralité du Recteur du collège (Ex Reg. 4)[2].

Au moins une fois chaque année, à l'occasion d'une fête de la très Sainte Vierge ou du patron de l'académie (saint François de Sales), les académiciens offriront une séance publique et pourront, avec l'agrément du directeur, exposer leurs travaux (Ex. Reg. 5).

ACADÉMIE DE GRAMMAIRE

Le plus souvent, le directeur expliquera à l'avance certaines parties de la grammaire que les élèves reverront en classe; il fera la prélection d'un passage d'auteur intéressant et agréable, ou bien il reviendra sur ce qui a été déjà vu (Reg. 1).

Au commencement de chaque réunion, un académicien désigné à cet effet se présentera pour répondre aux questions proposées à la dernière réunion. Trois ou quatre autres sont chargés de lui faire des

---

viendra, surtout en mettant le plus de variété possible dans ces exercices. — Avant qu'un académicien écrive sa composition dans le registre de l'Académie, son travail doit être examiné d'abord par trois membres désignés à cet effet; il est lu ensuite en séance, et l'Académie décide s'il peut figurer avec honneur au cahier, ou bien si l'auteur doit le retoucher. Il en est de même pour les compositions présentées par les candidats. L'ouvrage du P. Lejay (Bibliotheca rhet.), peut suggérer au Directeur l'idée d'une foule de devoirs utiles et variés. La grande édition in-4° renferme quelques modèles de plaidoyers français; on pourra les faire lire et les donner à imiter avant d'en proposer d'autres. — Consulter aussi le *Candidatus rhetoricæ* du P. Jouvency, etc.

1. Ces séances publiques et solennelles ont ordinairement lieu la veille de la fête du Recteur du Collège, vers la fin de l'année, pour les souhaits du premier de l'an, et à l'occasion de la visite d'un grand personnage. Dans ces circonstances, les deux Académies fonctionnent à tour de rôle. Quand l'heure est arrivée, le maître des cérémonies va chercher le Recteur du Collège, le Préfet des études, les maîtres, etc; il en avertit auparavant les académiciens, qui font alors leur entrée sur la scène, et prennent place, après avoir salué l'assemblée, sur les fauteuils, qui leur sont préparés. Ils se placent dans le même ordre que dans les réunions ordinaires, sauf le maître des cérémonies, qui est à gauche devant une petite table, et le secrétaire qui siège de la même manière à droite, et qui est chargé de lire le programme de la séance, d'abord en entier, et ensuite par partie.

2. Dans les séances publiques, les académiciens, portent leurs décorations. Pour le président, c'est un médaillon suspendu au cou par un large ruban. Les conseillers et le secrétaire sont distingués par une boucle dorée attachée à un ruban et fixée à la boutonnière. Les autres académiciens n'ont qu'un simple ruban.

Parmi les autres privilèges accordés aux académiciens, on peut signaler celui d'être mentionnés, chacun avec son titre, sur les listes de composition, d'excellence et de diligence, qui sont affichées au salon.

objections, de lui soumettre des difficultés, de lui donner des phrases françaises à traduire en latin, ou des phrases latines à traduire en français. On répétera ensuite la prélection faite par le directeur (Reg. 2).

Souvent il y aura concertation. On s'exercera tour à tour à la composition, à la récitation de mémoire, à rendre une pensée de différentes manières; on proposera des exercices de version, de grammaire grecque, d'histoire, de géographie, etc., selon l'avis du directeur (Reg. 3).

Chacun des académiciens sera désigné à son tour pour faire de mémoire un récit (Ex Reg. 4).

De temps en temps, ils répéteront une prélection faite en classe, en y ajoutant un petit préambule et quelques remarques (Voir page 217) [Reg. 5].

Comme les académiciens de littérature, ils offriront quelques séances publiques et plus solennelles (Ex Reg. 6).

Si quelque membre de l'Académie montrait de l'indifférence pour les exercices qui s'y font ou se faisait remarquer par sa légèreté, le directeur pourra lui imposer un devoir supplémentaire ou bien faire proclamer publiquement son nom (Reg. 7).

On variera le plus possible les exercices académiques; tout en mêlant l'agréable à l'utile, il faut leur donner un certain éclat, afin que cet éclat engage les académiciens à travailler de plus en plus avec ardeur[1] (Ex Reg. 8).

---

1. Ainsi on pourra, avec l'agrément du Préfet des études, faire préparer des pièces ou comédies latines, qu'on représentera avec les costumes de l'époque; des dialogues latins et français, etc. On trouvera ces pièces, soit dans le P. Lejay (Bibl. rhet.), soit dans des recueils imprimés ou manuscrits (voir l'ouvrage du P. Palumbi, *Comœdiæ, Romæ, typ. aurel.*). On peut utiliser aussi le *Guide de conversation latine*, les *Progymnasmata latinitatis* du P. Pontanus, les particules des PP. Pomey et Tursellin, etc.

Il sera utile de faire expliquer dans Quintilien les principaux passages qui regardent l'action. On consultera aussi avec fruit Delsarte, *Pratique de l'art oratoire*, etc.

A. M. D. G.

PLAN D'ÉTUDES

INSTRUCTION RELIGIEUSE

Cours de lettres. — L'enseignement du catéchisme est divisé en trois parties : le symbole, les commandements de Dieu et de l'Église, les sacrements. Chacune de ces trois parties est vue deux fois ; d'abord en sixième, en cinquième et en quatrième d'une manière élémentaire, puis en troisième et dans les classes de littérature d'une façon plus approfondie.

Les élèves, jusqu'en rhétorique exclusivement, devront apprendre chaque jour le texte du catéchisme.

N. B. — En expliquant le symbole, on insistera, soit en sixième, soit en troisième, sur la vie de Notre-Seigneur Jésus-Christ.

Cours de philosophie et de sciences. — Mgr Cauly. — Cours d'instruction et d'apologétique, chez Poussielgue.

— Conférences sur la religion. Explication du cours du P. Devivier, Retaux-Bray, (ou P. Schouppe, Cours de religion. Bruxelles, Société générale de librairie).

Le catéchisme aura lieu deux fois par semaine dans toutes les classes.

— Pour l'enseignement religieux, les professeurs peuvent consulter avec fruit les catéchismes d'Hauterive, Guillois, Noël, Bougeant, etc., etc.

COURS PRÉPARATOIRE (SEPTIÈME)

LIBRAIRES

Catéchisme. — Apprendre et expliquer d'une manière élémentaire le texte du catéchisme.

Langue française. — P. Sengler. — Petite grammaire française (1) .... Lefort, à Lille.
(1ʳᵉ partie, ch. i-xii. — 2ᵉ partie, les principales règles et le chapitre xiii.)

G. Gabiolle. — Exercices sur la petite grammaire du P. Sengler... Briguet, à Lyon.

La Fontaine. — Fables (édition Meurisse) (2).............. Poussielgue.
Morceaux choisis. — Cours élémentaire (Feugère ou M. Ragon)... Delalain, Poussielgue.

LIBRAIRES

Langue latine. — P. SENGLER. — Grammaire latine (Quelques notions [2ᵉ semestre]).. Lefort.

Histoire et géographie. — EDOM. — Histoire sainte (3).......... Delagrave.

P. GAZEAU. — Histoire sainte..................................... Mame.

L'abbé COURVAL. — Histoire sainte et petite Histoire de France. Poussielgue.

L'abbé MELIN. — Eléments d'Histoire de France (2ᵉ semestre). Bloud et Barral.

PAULY et HAUSERMANN. — Le monde moins la France (Texte-atlas) ou l'Atlas primaire avec texte en regard............ G. Guérin, Paris.

L'abbé DUPONT. — Les 5 parties du monde et la France (Texte-atlas, classes de 7ᵉ et 8ᵉ)................................. Poussielgue.

NIOX. — Le 1ᵉʳ et le 2ᵉ livre de géographie (Texte-atlas)...... Delagrave.

DUBAIL. — Texte-atlas (cours élémentaire)..................... Masson.

P. CARREZ. — Atlas des commençants............................ Lefort.

Arithmétique. — P. LEYSSENNE. — L'année préparatoire d'arithmétique (la première ou deuxième année)........................ A. Colin.

P. VARROY. — Arithmétique (4)................................. Desclée.

F. J. J. — Arithmétique élémentaire........................... Poussielgue.

F. P. B. — Exercices de calcul et problèmes d'arithmétique (Les quatre règles) (5)... Poussielgue.

Dictionnaires. — GUÉRIN et BOVIER-LAPIERRE. — Nouveau dictionnaire universel illustré.. Poussielgue.

LITTRÉ. — Petit dictionnaire universel........................ Hachette.

BÉNARD. — Dictionnaire classique universel français.......... E. Belin.

OUVRAGES RECOMMANDÉS AUX PROFESSEURS

(1) F. P. B. — Cours d'analyse grammaticale et logique (Livre du maître).... Poussielgue.
F. P. B. — Exercices orthographiques ; les trois années (Livre du maître).. Poussielgue.
LECLAIR et ROUZÉ. — Le cours de grammaire française (Livre du maître)..... E. Belin.
LARIVE et FLEURY. — Le cours de grammaire française (Livre du maître)..... A. Colin.
(2) LA FONTAINE. — Fables (édition Aubertin).............................. E. Belin.
(3) EDOM. — Histoire sainte. Cours supérieur.............................. Delagrave.
(4) RAPET. — Cours d'études primaires (Livre du maître). Chez les bouquinistes ou P. Dupont.
(5) F. P. B. — Exercices de calcul (Livre du maître)...................... Poussielgue.
P. LEYSSENNE. — Le livre du maître correspondant à l'année préparatoire, à la première ou deuxième année d'arithmétique.......................... A. Colin.
M. BRÉAL. — Les mots latins (Leçons de mots). Cours élémentaire.......... Hachette.

N. B. — Dans les collèges où il y a deux ou trois classes préparatoires au latin, on déterminera pour chaque section les ouvrages à adopter et les matières à voir.

SIXIÈME

LIBRAIRES

Langue française. — P. SENGLER. — Petite grammaire française (1) (Répétition de la 1re partie, 2e partie).................... Lefort.

G. GAMOLLE. — Exercices sur la petite grammaire française du P. Sengler... Briguet.

FEUGÈRE. — Morceaux choisis (Cours élémentaire) (2).......... Delalain.

M. RAGON. — Morceaux choisis (Cours élémentaire).......... Poussielgue.

Ch. LEBAIGUE. — Morceaux choisis (Lectures expliquées)....... E. Belin.

LA FONTAINE. — Fables (édition Meurisse) (3).............. Poussielgue.

Langue latine. — P. SENGLER. — Grammaire latine (Livre Ier jusqu'au supplément)... Lefort.

P. SENGLER. — Cours de thèmes et de versions (Exercices latins) (septième et sixième) (4).................................. Lefort.

LHOMOND. — Epitome historiæ sacræ (édition Mingasson)........ Poussielgue.

LHOMOND. — Epitome historiæ sacræ (édition Simore et Doret).. E. Belin.

LHOMOND. — De viris (éd. A. M. D. G. Courval et Lejard)........ Poussielgue.

LHOMOND. — De viris (édition Rouzé) (6)..................... E. Belin.

CICÉRON. — Lettres et histoires choisies (Cours élémentaire).... Delalain.

Langue grecque. — M. RAGON. — Grammaire grecque......... Poussielgue.

P. SENGLER. — Grammaire grecque (2e semestre) (Lecture, écriture et déclinaisons simples)..................................... Lefort.

Histoire et géographie (2 classes de trois quarts d'heure par semaine).

P. GAZEAU. — Histoire ecclésiastique........................ Mame.

MAUNOURY. — Histoire ecclésiastique....................... Poussielgue.

MELIN. — Petite histoire de France (7).................. Bloud et Barral.

COURVAL. — Petite histoire de France....................... Poussielgue.

L'abbé DUPONT. — Les cinq parties du monde et la France. (Texte-atlas, classes de 6e et 5e)....................... Poussielgue.

PAULY et HAUSERMANN. — La France et ses colonies (Texte-atlas). G. Guérin.

FONCIN. — La première année de géographie (dernière édition) (Texte-atlas)... A. Colin.

GRÉGOIRE. — La France et ses colonies (Texte-atlas).......... Garnier.

DUBAIL. — La France et ses colonies (Texte-atlas, cours moyen).. Masson.

LEVASSEUR. — Atlas scolaire (Notions élémentaires, livre de l'élève). Delagrave.

NIOX. — Le 1er et le 2e livre de géographie (Texte-atlas)..... Delagrave.

P. CARREZ. — Atlas des commençants........................ Lefort.

Arithmétique (2 classes de trois quarts d'heure par semaine).

P. Leyssenne. — La deuxième année d'arithmétique (8)........ A. Colin.
(Répétition des 4 règles. Calcul des nombres entiers et décimaux. Système métrique. Opérations sur les fractions. Petits problèmes).

F. P. B. — Problèmes d'arithmétique (9)..................... Poussielgue.

Arithmétique pratique, édition Chailan..................... Poussielgue.

P. Varroy. — Arithmétique................................ Desclée.

Dictionnaires. — Guérin et Bovier-Lapierre. — Nouveau dictionnaire universel illustré............................ Poussielgue.

Littré. — Petit dictionnaire universel.................... Hachette.

Bénard. — Dictionnaire classique et universel français..... E. Belin.

G. Edon. — Lexique latin-français........................ E. Belin.

Goelzer et Martel. — Lexique latin-français............... Garnier.

Geoffroy. — Lexique latin-français....................... Delalain.

E. Benoist et Uri. — Lexique français-latin............... Garnier.

Geoffroy. — Lexique français-latin....................... Delalain.

OUVRAGES RECOMMANDÉS AUX PROFESSEURS

(1) F. P. B. — Cours d'analyse grammaticale et logique (Livre du maître).... Poussielgue.
F. P. B. — Exercices orthographiques. Les trois années (Livre du maître). Poussielgue.
(2) Sardou. — Nouveau dictionnaire des synonymes français................. Delagrave.
(3) La Fontaine. — Fables (édition Aubertin)............................. E. Belin.
Rouzé. — Analyses littéraires des Fables de La Fontaine................. E. Belin.
(4) C. Rouzé. — Pratique de la langue latine (Thèmes d'imitation)......... E. Belin.
C. Rouzé. — Le jeune latiniste (Thèmes d'imitation).................... E. Belin.
J.-B. Blanchin. — Le disciple de Lhomond (Ire partie)............. Poussielgue.
(5) L'abbé Viot. — Méthode pratique et théorique de la langue latine..... Gaume.
(6) M. Bréal. — Les mots latins (Leçons de mots). Cours élémentaire..... Hachette.
(7) Hubault. — Simples récits d'histoire de France...................... Delagrave.
(8) P. Leyssenne. — Le livre correspondant à la deuxième année d'arithmétique. (Livre du maître)... A. Colin.
(9) F. P. B. — Problèmes d'arithmétique (Partie du maître).............. Poussielgue.

CINQUIÈME

Langue française. — P. Sengler. — Grammaire française (1).. Lille, Lefort.
Morceaux choisis de prosateurs et de poètes des XVIIe, XVIIIe et XIXe siècles (2)...................................... (Ad libitum).

Racine. — Esther (P. Sengler)............................ Lefort.

Racine. — Esther (Edition Jacquinet)..................... E. Belin.

Racine. — Esther (Edition Figuière)...................... Poussielgue.

La Fontaine. — Fables (Edition Meurisse)................. Poussielgue.

Langue latine. — P. Sengler. — Grammaire latine (3) .... Lefort.
(Répétition des éléments. Le supplément et la syntaxe en gros caractères).

    P. Sengler. — Cours de thèmes (4)........................ Lefort.

    Cicéron. — (Ad usum quintanorum) (5).................... Mame.

    Cornelius Nepos (6)..................................... Poussielgue.

    Phèdre. — Fables.. Poussielgue.

Langue grecque. — M. Ragon. — Grammaire grecque......... Poussielgue.

    P. Sengler. — Grammaire grecque (7) .... Lefort.
(Répétition, adjectifs, pronoms, εἰμί et les verbes simples).

    Maunoury. — Anthologie (1er livre, commentaire expliqué et développé).. Poussielgue.

    Rouzé. — Le jeune helléniste (Fables d'Ésope, exercices, notes, thèmes, dict.)... E. Belin.

    Ésope. — Fables (édition Ragon) (8)...................... Poussielgue.

    Chrestomathie grecque (édition Feuillet)................. E. Belin.

    Maunoury ou Ragon. — Chrestomathie grecque .... Poussielgue.

    Lucien. — Dialogues des morts (édition Rouzé) .... E. Belin.

Histoire et géographie (2 classes de trois quarts d'heure par semaine).

    P. Gazeau. — Histoire ancienne (9) .... Lefort.

    L'abbé Gagnol. — Histoire ancienne...................... Poussielgue.

    Mougenot. — Histoire ancienne........................... Poussielgue.

    L'abbé Courval. — Histoire ancienne..................... Poussielgue.

    J. Dupont. — Texte-atlas (classes de 6e et 5e)........... Poussielgue.

    P. Carrez. — Atlas général.............................. Lefort.

    Dubail. — Texte-atlas. Cours supérieur. Les 5 parties du monde. Masson.

    Grégoire. — Texte-atlas. Les 5 parties du monde.......... Garnier.

    Levasseur. — Atlas scolaire avec texte des 5 parties du monde (Livre de l'élève) .... Delagrave.

Arithmétique. — (2 classes de trois quarts d'heure par semaine).

    Chailan. — Arithmétique pratique........................ Poussielgue.
(Répétition, rapports et proportions. Règles de trois, d'intérêts, etc. Racine carrée (sans théorie). Problèmes).

    P. Varroy. — Arithmétique............................... Desclée.

    P. Leyssenne. — La deuxième année d'arithmétique........ A. Colin.

    — Livre du maître pour les professeurs.......... —

Dictionnaires. — (Voir en sixième).

OUVRAGES RECOMMANDÉS AUX PROFESSEURS

	LIBRAIRES
(1) A. Eyssette. — Dictées françaises (Cours élémentaire)...........	Paris, Élie Gauguet.
Delacroix. — Les racines et la signification des mots français...........	E. Belin.
Delacroix. — Exercices sur l'étude des mots (Livre du maître)...........	E. Belin.
(2) Rouzé. — Cours pratique de composition et de style (Partie du maître)......	E. Belin.
Sardou. — Nouveau dictionnaire des synonymes français................	Delagrave.
A. Gazier. — Traité d'explication française...........	E. Belin.
(3) E. Poiret. — Recueil complet des règles de grammaire...........	E. Belin.
Dom Bousson, bénédictin. — Grammaire latine...........	Briguet.
(4) M. Bréal. — Les mots latins (Cours intermédiaire)...........	Hachette.
V. Charpy. — Exercices latins (Thèmes et versions)...........	Masson.
Masselin. — Cours de versions élémentaires...........	Delalain.
Commelin. — Textes latins faciles et gradués...........	Garnier.
G. Edon et J.-E. Favre. — Cours de versions latines...........	E. Belin.
Rinn. — Cours de thèmes latins (Texte et corrigés)...........	Delalain.
Lhomond. — Le petit disciple de Lhomond (Texte et corrigés)...........	Poussielgue.
(5) Gardin-Dumesnil. — Synonymes latins...........	Delalain.
(6) Cornelius Nepos. — (édition Caron, avec thèmes d'imitation)...........	E. Belin.
(7) M. Bréal et Bailly. — Les mots grecs...........	Hachette.
L. Person. — Exercices de trad. et d'application sur les mots grecs de M. Bréal.	Hachette.
L'abbé Ragon. — Exercices grecs (Corrigés)...........	Poussielgue.
Tournier et Riemans. — Premiers éléments de grammaire grecque........	Hachette.
G. Benoist. — Nouveaux exercices grecs (1er cours)...........	Delalain.
(8) L'abbé Moreau. — Dictionnaire des racines grecques...........	Sarlit.
Ésope. — Édition Rouzé avec thèmes corrigés...........	E. Belin.
(9) Raffy. — Lectures historiques...........	Paris, Thorin.

QUATRIÈME

Langue française. — P. Sengler. — Grammaire française (1)........ Lefort.
   Morceaux choisis de prosateurs et de poètes des XVIIe, XVIIIe et XIXe siècles... (Ad libitum).
   Boileau. — Satires et épîtres........................... Poussielgue.
   Racine. — Athalie et Esther (P. Sengler) (2)................. Lefort.
   Racine. — Athalie (Figuière)............................ Poussielgue.

Langue latine. — P. Sengler. — Grammaire latine (3)............ Lefort.
   (Répétition et syntaxe).
   P. Sengler. — Cours de thèmes......................... Lefort.
   P. Sengler. — Prosodie................................ Lefort.
   P. Bainvel. — Prosodie latine........................... Poussielgue.
   Cicéron. — Ad usum quartanorum (4).................. Mame.
   César. — (Édition Collenot ou édition Boué)............. Poussielgue.
   Méry. — Exercices de versification latine................ Poussielgue.
   Virgile. — Les Bucoliques et les épisodes des Géorgiques........ Mame.

Langue grecque. — M. Ragon. — Grammaire grecque......... Poussielgue.
    P. Sengler. — Grammaire grecque (1re partie et petite syntaxe).. Lefort.
    M. Ragon. — Exercices grecs (5)....................... Poussielgue.
    Maunoury.—Anthologie(Répétition et 2^eliv.Commentaire expliqué).Poussielgue.
    Maunoury ou Ragon. — Chrestomathie grecque............ Poussielgue.
    Lucien. — Dialogues des morts (édition Rouzé),............. E. Belin.
    Xénophon. — Anabase................................. Poussielgue.
    Saint Jean Chrysostome. — Eutrope .... Poussielgue.

Langue allemande (2 classes d'une heure par semaine).
    Lévy et Courtin. — Petite grammaire.................... Fouraut.
    A. Peÿ. — Enseignement grammatical et auteurs 1er degré (classe de septième ou de huitième)............................... Delagrave.
    Stoffel. — Petite Grammaire.......................... Lyon, Vitte.
    Stoffel. — Méthode élémentaire (1re partie).............. Lyon, Vitte.
    E. Morel. — Lectures enfantines....................... Delagrave.
    Dresch. — Dialogues................................. Delalain.
    Schmid. — Contes choisis par Peÿ .... Delagrave.
    A. Lévy. — Méthode pratique de l'allemand (cours préparatoire). Le Soudier.
    P. Valès. — Petite Grammaire et Exercices............... Lyon, Vitte.
    Bossert et Beck. — Les mots allemands................... Hachette.

Langue anglaise (2 classes d'une heure par semaine).
    Ollendorff. — Grammaire avec exercices .... Croville-Morant.
    A. Elwall. — Grammaire anglaise avec exercices........... Delalain.
    A. Beljame. — Première année d'anglais.................. Hachette.
    A. Elwall. — Cours théorique et pratique de langue anglaise. Delalain.
    A. Elwall et J. East. — Dialogues, conversations, etc....... Delalain.
    Bossert et Beljame. — Les mots anglais................... Hachette.

Histoire et géographie (2 classes d'une heure par semaine).
    Melin. — Histoire romaine .... Bloud et Barral.
    P. Gazeau. — Histoire romaine .... Lefort.
    L'abbé Gagnol. — Histoire romaine .... Poussielgue.
    L'abbé Courval. — Histoire romaine .... Poussielgue.
    L'abbé Dupont. — Texte-atlas (Texte et cartes)........... Poussielgue.
    Dupont. — Géographie générale, Amérique................ Poussielgue.
    Levasseur. — Atlas scolaire avec cartes (Livre de l'élève) .... Delagrave.
    P. Carrez. — Texte-atlas............................... Lefort.
    H. Mager. — Atlas en relief (sans texte)................ Paris, Bertaux.

Mathématiques (2 classes d'une heure par semaine).

    Chailan. — Arithmétique pratique........................ Poussielgue.
    (Revision de toute l'arithmétique sans théorie. Problèmes d'application.)
    Ou bien :
    Mauduit, André, Briot, Ponchon, Rebière, etc. (cours de
      quatrième et de troisième)........................... Masson, etc.
    Chailan. — Résumé d'algèbre élémentaire................ Poussielgue.
    P. Vaulroy, André, Porchon, Tombeck, etc............... Desclée, etc.

Dictionnaires. — Guérin et Bovier-Lapierre. — Nouveau dictionnaire
    français universel illustré........................... Poussielgue.
    Littré ou Bénard. — Dictionnaire français (comme en sixième).
    Quicherat ou Lebaigue. — Dictionnaire latin-français (comme en
      troisième).
    De Vailly. — Dictionnaire français-latin (nouvelle édition)... Delagrave.
    Noel. — Gradus ad Parnassum........................... Hachette.
    Pessonneaux. — Dictionnaire grec-français.............. Belin.
    Bailly. — Nouveau dictionnaire grec-français........... Hachette.
    Chassang et Durand. — Lexique grec-français............ Garnier.

OUVRAGES RECOMMANDÉS AUX PROFESSEURS

(1) A. Eyssette. — Dictées françaises (Cours supérieur)........... Élie Gauguet.
(2) Sardou. — Nouveau dictionnaire des synonymes français .... Delagrave.
(3) M. Bréal. — Les mots latins (Cours intermédiaire)............ Hachette.
    Dom Boussion. — Grammaire latine .... Briguet.
(4) Meynal. — Recueil de versions latines (Texte et traduction)... E. Belin.
    Gardin-Dumesnil. — Synonymes latins.......................... Delalain.
    J. Méry. — Exercices de versification latine (Livre du Maître).. Poussielgue.
(5) M. Bréal et Bailly. — Les mots grecs....................... Hachette.
    L. Person. — Exercices de trad. et d'applic. sur les mots grecs de M. Bréal... Hachette.
    L'abbé Bernier. — Etymologie classique, grecque, latine et française..... Poussielgue.
    Pessonneaux. — Recueil de versions grecques (Texte et traduction)......... E. Belin.
    G. Benoist. — Nouveaux exercices grecs (1er cours)........................ Delalain.
    L'abbé Moreau. — Dictionnaire des racines grecques....................... Sarlit.
(Voir en cinquième et en troisième).

TROISIÈME

Langue française. — P. Sengler. — Grammaire française (1)....... Lefort.
    (Répétition de toute la grammaire).
    Morceaux choisis (comme en quatrième (2).
    Boileau. — Satires et épîtres (3)........................ Poussielgue.

RACINE. — Britannicus... P. Sengler (ou édition Poussielgue). (4)   Lefort.
RACINE. — Les Plaideurs (édition Figuière)............... Poussielgue.
CORNEILLE. — Cinna... P. Sengler (ou édition Poussielgue)..... Lefort.
Mme DE SÉVIGNÉ. — Lettres choisies (édition J.-C.).......... Poussielgue.

Langue latine. — P. SENGLER. — Grammaire latine (Répétition de toute la grammaire) (5).. Lefort.
P. SENGLER. — Cours de thèmes (6)............................. Lefort.
P. SENGLER. — Prosodie latine (7)............................. Lefort.
P. BAINVEL. — Prosodie latine................................. Poussielgue.
CICÉRON. — Les Catilinaires (8)............................... Poussielgue.
SALLUSTE. — Catilina et Jugurtha.............................. Poussielgue.
VIRGILE... Poussielgue.
TÉRENCE. — Les Adelphes....................................... Poussielgue.
Narrationes (édition Vauchelle, Lebaigue ou Dubner).
                                         Poussielgue, Belin, Lecoffre.
Narrationes (édition Guiard)................................. Delagrave.

Langue grecque. — P. SENGLER. — Grammaire grecque (toute la grammaire (9)... Lefort.
RAGON. — Grammaire grecque (9)............................... Poussielgue.
MAUNOURY. — Anthologie (Révision, 3e livre, commentaire expliqué)... Poussielgue.
XÉNOPHON. — Anabase (10)..................................... Poussielgue.
PLATON. — Criton... Poussielgue.
PLUTARQUE. — Vie de César ou de Périclès..................... Poussielgue.
PLUTARQUE. — Morceaux choisis................................ E. Belin.
HÉRODOTE. — (Extraits). (Éd. Vérin).......................... Poussielgue.

Langue allemande (2 classes d'une heure par semaine).
STOFFEL. — Petite grammaire.................................. Vitte.
LÉVY et COURTIN. — Petite grammaire.......................... Paris, Fouraut.
A. PEŸ. — Enseignement grammatical et auteurs. 2e degré (classe de sixième ou cinquième) .... Delagrave.
BOSSERT et BECK. — Les mots allemands........................ Hachette.
DRESCH. — Dialogues.. Delalain.
STOFFEL. — Méthode élémentaire (2e partie)............... Vitte.
A. LÉVY. — Méthode pratique de l'allemand.................... Paris, Le Soudier.
SCHERDLIN. — Contes et morceaux choisis (7 auteurs).......... Hachette.
STOFFEL. — Extraits (3e partie)......................... Vitte.
NIEBUHR. — Histoires tirées des temps héroïques de la Grèce...... Koch.

	LIBRAIRES
Schiller. — Guillaume Tell................................	Delalain.
(A choisir les autres auteurs à expliquer dans le programme).	
Dresch. — Dictionnaire français-allemand..................	Delalain.
Dresch. — Dictionnaire allemand-français..................	Delalain.

Langue anglaise (2 classes d'une heure par semaine).

Ollendorf. — Grammaire avec exercices..................	Croville-Morant.
A. Elwall. — Cours théorique et pratique de la langue anglaise.	Delalain.
A. Elwall. — Cours gradués de thèmes anglais.............	Delalain.
A. Elwall et J. East. — Dialogues, conversations, etc......	Delalain.
Soult. — Exercices sur les mots anglais....................	Hachette.
H. Elwall.— Recueil de morceaux choisis (anecdotes, fables, etc.).	Delalain.
Lamb. — Tales from Shakespeare........................	Poussielgue.
(A choisir dans le programme les auteurs à expliquer.)	
A. Elwall. — Dictionnaire français anglais................	Delalain.
A. Elwall. — Dictionnaire anglais-français................	Delalain.
Clifton. — Dictionnaires..................................	Croville-Morant.

Histoire et géographie (2 classes d'une heure par semaine).

Melin. — Histoire de l'Europe (395-1270) (11).........	Bloud et Barral.
Gagnol. — Histoire de l'Europe (395-1270).............	Poussielgue.
Dupont. — Asie, Afrique, Océanie.......................	Poussielgue.
Drioux. — Atlas général.................................	Belin.
P. Carrey. — Texte-atlas.................................	Lefort.
F. T. D. — Géographie-atlas (cours supérieur).............	Lyon, Vitte.
H. Mager. — Atlas en relief (sans texte)..................	Bertaux.

Mathématiques (2 classes d'une heure par semaine).

Chailan. — Résumé d'Algèbre élémentaire...............	Poussielgue.
(Ou bien P. Varroy, André, Burat, Vacquant, etc.	

Géométrie. — F. Girod. — Géométrie plane.................. André Guédon.
  Ou bien Bos, André, Porchon, Rebière, Combette (cours de quatrième et de troisième).

Dictionnaires. — Guérin et Bovier-Lapierre. — Nouveau dictionnaire

universel illustré.......................................	Poussielgue.
Littré. — Petit dictionnaire universel.....................	Hachette.
Bénard. — Dictionnaire classique universel français...........	E. Belin.
Quicherat. — Dictionnaire latin-français (édition Chatelain)....	Hachette.

	LIBRAIRES
LEBAIGUE. — Dictionnaire latin-français	E. Belin.
DE VAILLY. — Dictionnaire français-latin	Delagrave.
NOEL. — Gradus ad Parnassum	Hachette.
PESSONNEAUX. — Dictionnaire grec-français	E. Belin.
A. BAILLY. — Dictionnaire grec-français	Hachette.

OUVRAGES RECOMMANDÉS AUX PROFESSEURS

(1) A. EYSSETTE. — Dictées françaises (Cours supérieur)	Élie Gauguet.
DELACROIX. — Dictées raisonnées	E. Belin.
(2) BERNIER. — Étymologie classique grecque, latine et française	Poussielgue.
SARDOU. — Nouveau dictionnaire des synonymes français	Delagrave.
(3) BOILEAU. — Édition Travers	Dezobry.
BOILEAU. — Édition Aubertin	E. Belin.
BOILEAU. — Édition J. C.	Poussielgue.
(4) Théâtre classique (Aderer, Aulard, Gidel, etc.	E. Belin.
GAZIER. — Traité d'explication française	E. Belin.
DITANDY. — Analyse explicative et raisonnée de 100 morceaux choisis	E. Belin.
PELLISSIER. — Sujets et modèles de composition française (classes de gramm.)	Hachette.
(5) BRELET. — Grammaire latine	Masson.
PESSONNEAUX. — Thèmes oraux sur la syntaxe latine	E. Belin.
(6) BLANCHIN. — Le petit élève de Lhomond (Texte et traduction)	Delalain.
RINN. — Cours de thèmes (Texte et traduction)	Delalain.
MAILFAIT. — Exercices latins (Texte et traduction)	E. Belin.
EDON. — Cours de thèmes gradués (Texte et traduction)	E. Belin.
LECLAIR et FEUILLET. — Exercices sur la grammaire latine (Partie du maître)	E. Belin.
LEBAIGUE et CAUBLOT. — Recueil gradué de thèmes latins (Partie du maître)	E. Belin.
L'abbé PAUL. — Cours de latinité	Delalain.
P. F. X. PASSARD. — Petit dictionnaire de locutions latines (2e édition)	Briguet.
(7) DELTOUR et MARCOU. — Choix de matières et de pièces de vers latins	Delalain.
GRUMBACH et WALTZ. — Nouvelle prosodie latine	Garnier.
QUICHERAT. — Traité de versification latine	Hachette.
LEBAIGUE. — Choix gradué de versions latines (Texte et traduction)	E. Belin.
(9) CLAIRIN. — Grammaire grecque	Garnier.
TOURNIER et RIEMANN. — Grammaire grecque	Hachette.
KOCH. — (Traduction de l'abbé Rouff). Grammaire grecque	A. Colin.
RAGON. — Cours de thèmes sur la syntaxe (Partie du maître)	Poussielgue.
RAGON. — Grammaire grecque complète	Poussielgue.
G. BENOIST. — Nouveaux exercices grecs (2e cours)	Delalain.
A. BAILLY. — Grammaire grecque	Chez les bouquinistes.
(10) VASSEL. — Cours gradué de versions grecques (Texte et traduction Rogier)	E. Belin.
L'abbé MOREAU. — Dictionnaire des racines grecques	Sarlit.
SCAPULA. — Dictionnaire grec par racines et dérivés (Éd. corrigée).	Chez les bouquinistes.
(11) DEZOBRY et BACHELET. — Dictionnaire d'histoire et géographie	Hachette.

HUMANITÉS

                                                                                      LIBRAIRES

Langue française. — P. Mestre. — Principes de littérature..   Lyon, Briguet.

    Urbain et Jamey. — Principes de littérature.............   Lyon, Vitte.

    Mouchard et Blanchet. — Les auteurs français du baccalauréat.   Poussielgue.

    P. Mestre. — Analyses des auteurs du baccalauréat ....   Briguet.

    P. Caruel. — Analyses des auteurs...................   Tours, Cartier.

    Buffon. — Extraits (édition du P Léon ou de J. Labbé.
                                                       Poussielgue ou E. Belin.

    La Bruyère. — Les Caractères (édition Julien)............   Poussielgue.

    Voltaire. — Lettres choisies (édition Martin)..............   Poussielgue.

    Fénelon. — Lettre à l'Académie (édition Degove ou édition
        Bauron)..   Lecoffre ou Briguet.

    Fénelon. — Lettre à l'Académie (édition E. Gaumont)......   Poussielgue.

    Boileau. — Art poétique ....   Mame.

    M. Ragon ou ad libitum. — Morceaux choisis (cours supérieur)..   Poussielgue.

    Corneille. — (P. Sengler)............................   Lefort.

    Molière. — (P. Sengler).............................   Lefort.

    Racine. — (P. Sengler).............................   Lefort.

    Corneille. — Pièces détachées publiées par l'Alliance......   Poussielgue.

    Molière. — Pièces détachées publiées par l'Alliance........   Poussielgue.

    Racine. — Pièces détachées publiées par l'Alliance.........   Poussielgue.

    Racine. — Théâtre choisi (Lebidois)...................   Poussielgue.

    Blanlœil. — Histoire de la littérature grecque et latine.   Vitte ou Mazeau.

Langue latine. — Cicéron. — De amicitia...................   Poussielgue.

    Cicéron. — De Senectute (édition Lechatellier)............   Poussielgue.

    Cicéron. — Pro Archia (édition Ragon)..................   Poussielgue.

    Horace. — Odes et épodes...........................   Mame.

    Horatii opera (édition Lechatellier)......................   Poussielgue.

    Virgile...   Mame.

    Tite-Live. — Livres XXIII, XXIV, XXV et XXVI-XXX ou
        Narrationes....................................   Poussielgue.

    Tacite. — Vie d'Agricola............................   Poussielgue.

Langue grecque. — P. Sengler. — Grammaire grecque (Revision et dialectes)..   Lefort.

	LIBRAIRES
PLATON. — Apologie de Socrate ou Phédon	E. Belin ou Poussielgue.
HOMÈRE. — Iliade (édition Brach)	E. Belin.
HOMÈRE. — Odyssée (édition Brach)	E. Belin.
HÉRODOTE. — Extraits (édition Vérin)	Poussielgue.
PLUTARQUE. — Vie de Périclès (édition Perrin)	Poussielgue.
EURIPIDE. — Iphigénie à Aulis (édition Bousquet)	Poussielgue.
EURIPIDE. — Alceste (édition Quentier)	Poussielgue.
MAUNOURY. — Anthologie (3e livre commentaire)	Poussielgue.

Langue allemande (2 ou trois classes d'une heure par semaine).

A. PEY. — Grammaire (cours supérieur)	Delagrave.
A. PEY. — Enseignement grammatical et auteurs. 3e degré (classe de cinquième)	Delagrave.
STOFFEL. — Grammaire complète	Vitte.
STOFFEL. — Exercices et thèmes	Vitte.
DRESCH. — Traité de la formation des mots	Delalain.
DESPOIS. — Cours de thèmes	Delagrave.
A. LÉVY. — Méthode pratique de l'allemand	Le Soudier.
BOSSERT et BECK. — Les mots allemands	Hachette.
DRESCH. — Dialogues	Delalain.
COTTLER. — Morceaux choisis (prose et vers) (Cours moyen)	Belin.
SCHMITT. — Extraits de Guillaume Tell	Delagrave.
BOSSERT et BECK. — Exercices sur les mots allemands	Hachette.
MATHIS. — Choix de fables et de contes	Hachette.
BENEDIX. — Le procès	Hachette.
KLEIST. — Michael Kohlhaas	Delagrave.
GOETHE. — Hermann et Dorothée	Delagrave.
SCHILLER. — Extraits des œuvres historiques (Schmitt)	Delagrave.
DRESCH. — Dictionnaire français-allemand	Delalain.
DRESCH. — Dictionnaire allemand-français	Delalain.

(A choisir dans le programme les autres auteurs à expliquer).

Langue anglaise (2 ou trois classes d'une heure par semaine).

OLLENDORF. — Grammaire avec exercices	Croville-Morant.
ELWALL. — Cours théorique et pratique de langue anglaise	Delalain.
ELWALL. — Cours gradué de thèmes anglais	Delalain.
ELWALL. — Recueil de morceaux choisis (cours supérieur)	Delalain.
WALTER SCOTT	Delalain.

(A choisir dans le programme les autres auteurs à expliquer).

		LIBRAIRES
Elwall. — Dictionnaire français-anglais....................		Delalain.
Elwall. — Dictionnaire anglais-français....................		Delalain.
Clifton. — Dictionnaire.............................		Croville-Morant.

Histoire et géographie (2 classes d'une heure par semaine).

Gagnol. — Histoire de l'Europe et de la France (1270-1610).	Poussielgue.
Melin. — Histoire de l'Europe et de la France (1270-1610).	Bloud et Barral.
Drioux. — Atlas général....................................	Belin.
Dupont. — Europe...	Poussielgue.

Mathématiques (2 classes d'une heure par semaine. — Arithmétique.
Répétition et théories (mêmes auteurs qu'en quatrième et en troisième).
Algèbre. — Répétion (mêmes auteurs qu'en troisième).
Géométrie. — Les derniers livres (mêmes auteurs qu'en troisième).

Dictionnaires. — (Voir en troisième).

OUVRAGES RECOMMANDÉS AUX PROFESSEURS

P. Longhaye. — Théorie des belles lettres (2ᵉ édition)	Retaux.
P. Broeckaert. — Guide du jeune littérateur .... Bruxelles, Société de librairie.
Urbain et Jamey. — Études sur les auteurs classiques.....................	Lyon, Vitte.
A. Henry. — Cours critique et historique de littérature dans les trois langues....	E. Belin.
G. Lanson. — Conseils sur l'art d'écrire................................	Hachette.
G. Lanson. — Études pratiques de composition (sujets préparés et commentés)..	Hachette.
Ditandy. — Analyse explicative et raisonnée de 100 morceaux choisis	E. Belin.
Drioux. — Manuel de composition, d'analyses (Partie du maître)..............	E. Belin.
Jeanroy. — Éléments d'histoire littéraire..................................	Delaplane.
Chauvin et Le Bidois. — La littérature française par les critiques contemporains.	E. Belin.
PP. Bizeul et Boulay. — Tableau des littératures française, latine et grecque.	Poussielgue.
Labbé. — L'art de composer et d'écrire...............................	E. Belin.
Chauvin. — Lettres choisies du xviiiᵉ siècle............................	Poussielgue.
Taine. — Les Fables de La Fontaine.................................	Hachette.
Réaume. — Rabelais et Montaigne.................................	E. Belin.
Voltaire. — Extraits de prose (édition Gasté)...........................	E. Belin.
Jacquinet. — Lettres choisies du xviiᵉ siècle	E. Belin.
Bujadoux et Benne. — Recueil de narrations françaises...................	Poussielgue.
Maighot. — Narrations françaises...................................	Delalain.
Morlet et Lémonon. — Nouveau recueil de narrations françaises...........	Delagrave.
Filon. — Nouvelles narrations françaises	Hachette.
Dumas. Nouveau choix de narrations françaises	E. Belin.
Montagnon. — Morceaux choisis de J.-J. Rousseau.....................	Poussielgue.
Théâtre classique (Aderer, Aulard, Gidel, etc.).........................	E. Belin.
Racine. — (P. Sengler et Lebidois)............................. Lefort et Poussielgue.
Molière. — (P. Sengler)..	Lefort.
Corneille. — (P. Sengler)..	Lefort.
Lafaye. — Dictionnaire des synonymes..............................	Hachette.

	LIBRAIRES
VAPEREAU. — Dictionnaire des littératures.........	Hachette.
GARDIN-DUMESNIL. — Synonymes latins............	Delalain.
P. F. X. PASSARD. — Petit dictionnaire de locutions latines (2e édition)......	Briguet.
DELCOUR et MARCOU. — Matières et pièces de vers (Classes supérieures)......	Delalain.
LEBAIGUE. — Cours gradués de versions latines (Texte et traduction)........	E. Belin.
GIDEL. — Textes de versions latines (avec traduction) 2 volumes............	Garnier.
MASSICAULT. — Recueil gradué de versions latines (Textes et traduction).....	E. Belin.
L'abbé RENIEZ. La prose latine................	E. Belin.
MAGNIER. — Analyse critique et littéraire de l'Enéide................	Hachette.
TAINE. — Etude sur Tite-Live.................	Hachette.
COUAT. — Aristophane et la comédie ancienne........	Lecène et Oudin.
CHASSANG. — Textes de versions grecques (avec traduction) 2 volumes........	Garnier.
G. BENOIST. — Nouveaux exercices grecs (2e cours).......	Delalain.
RAGON. — Thèmes grecs sur la syntaxe (Livre du maître).......	Poussielgue.
L'abbé MOREAU. — Dictionnaire des racines grecques........	Sarlit.
SCAPULA. — Dictionnaire grec par racines et dérivés (Edit. corrigée)	Chez les bouquinistes.
COURTAUD-DIVERNERESSE. — Dictionnaire français grec........	Garnier.

RHÉTORIQUE

Langue française. — P. MESTRE. Principes de rhétorique...	Lyon, Briguet.
L'abbé JAMEY. — Rhétorique................	Lyon, Vitte.
GIRARD et MAUNOURY. — Préceptes de rhétorique......	Poussielgue.
MOUCHARD et BLANCHET. — Les auteurs français du baccalauréat.	Poussielgue.
P. MESTRE. — Analyse des auteurs du baccalauréat.......	Briguet.
P. CARRUEL. — Analyses................	Tours, Cattier.
René DOUMIC. — Histoire de la littérature française....	Paris, Delaplane.
René DOUMIC. — Eléments d'histoire littéraire........	Delaplane.
BLANLŒIL. — Histoire de la littérature française.......	Lyon, Vitte.
BOILEAU. — Œuvres poétiques.	Poussielgue, Mame, E. Belin ou Delagrave.
BOSSUET. — Oraisons funèbres................	Poussielgue.
BOSSUET. — Sermons choisis (édition Brunetière)..........	Delagrave.
CORNEILLE, MOLIÈRE, RACINE. — P. Sengler (ou théâtre classique de Belin)................	Lefort.
CORNEILLE, MOLIÈRE, RACINE, — Pièces détachées publiées par l'Alliance................	Poussielgue.
PASCAL. — Pensées et Provinciales (édition Vialard).......	Poussielgue.
MONTESQUIEU. — Grandeur et décadence des Romains.........	Delalain.
VOLTAIRE. — Siècle de Louis XIV (édition corrigée L. Grégoire ou Vernay)................	Belin, Poussielgue.

N. B. La Chanson de Roland, Montaigne, J.-J. Rousseau, Villehardouin, Joinville, Froissart et Commines seront vus dans l'histoire de la littérature. Les autres auteurs sont étudiés dans les classes précédentes. — Morceaux choisis de M. Ragon, comme en humanités.

Langue latine.

		L'LIBRAIRES
Cicéron. — Pro Milone. Pro Murena		Poussielgue.
Horace. — (Edition Lechatellier)		Poussielgue.
Tacite. — Œuvres (Edition Mame)	ou	Poussielgue.
Virgile. — (Edition Mame)	ou	Poussielgue.
Tite-Live. — Livres XXIII, XXIV, XXV, XXVI-XXX (édition Vauchelle)		Poussielgue.
Lucrèce. — Extraits (édition Ragon)		Poussielgue.

Langue grecque.

Démosthène. — Les sept Philippiques (édition Ragon)	Poussielgue.
Démosthène. — Discours sur la couronne (édition Boxler)	Poussielgue.
Sophocle. — Œdipe-roi (édition Tournier)	Hachette.
Sophocle. — Antigone (édition Bousquet)	Poussielgue.
Sophocle. — Œdipe à Colone (Edition Ragon)	Poussielgue.
Platon. — Phédon (édition Charpentier)	E. Belin.
Homère. — Morceaux choisis (édition Brach) (2 volumes)	E. Belin.

Langue allemande (3 classes d'une heure par semaine.

Stoffel. — Grammaire complète et exercices	Vitte.
A. Ply. — Grammaire (cours supérieur)	Delagrave.
Despois. — Cours de thèmes	Delagrave.
Bossert et Beck. — Exercices sur les mots allemands	Hachette.
A. Lévy. — Méthode pratique d'allemand	Le Soudier.
Dresch. — Traité de la formation des mots	Delagrave.
Dresch. — Dialogues	Delagrave.
Eichhoff. — Morceaux choisis (prose et vers)	Hachette.
Scherdlin. — Contes et morceaux choisis	Hachette.
Scherdlin. — Contes populaires de Grimm, etc.	Hachette.
Schmitt. — Extraits (poésies lyriques de Schiller, de Gœthe)	Delagrave.
Firmery. — Morceaux choisis	Cerf.
Kont. — Choix de ballades allemandes	Garnier.
Gœthe. — Campagne de France. Iphigénie en Tauride	Hachette.
Schiller. — Jeanne d'Arc et poésies lyriques	Delagrave.
Schiller. — Extraits de la guerre de Trente ans	Poussielgue.
Lessing. — Dramaturgie	Delalain.

Langue anglaise (2 classes d'une heure par semaine).

Siret-Elwall. — Grammaire anglaise	Delalain.
Elwall. — Cours théorique et pratique de langue anglaise	Delalain.
Elwall. — Cours de thèmes	Delalain.

PLAN D'ÉTUDES

LIBRAIRES

ELWALL. — Recueil de morceaux choisis (cours supérieur)...... Delalain.
EICHHOFF. — Morceaux choisis............................. Hachette.
(A choisir dans le programme les auteurs à expliquer).
ELWALL. — Dictionnaire français-anglais et anglais-français... Delalain.
CLIFTON. — Dictionnaire .... Croville-Morant.
SPIERS. — Dictionnaire anglais-français et français-anglais..... Hachette.

Histoire et géographie (3 classes d'une heure par semaine).
MELIN. — Histoire de l'Europe de 1610 à 1789.......... Blood et Barral.
GAGNOL. — Histoire de l'Europe de 1610 à 1789.......... Poussielgue.
GAZEAU-PRAMPAIN. — Histoire de l'Europe de 1610 à 1789. Province de Paris.
JOUSSET. — Atlas de la France......................... Poussielgue.
DUPONT. — France et colonies.......................... Poussielgue.
DRIOUX. — Atlas général................................ E. Belin.
MELIN. — Atlas n° 1.................................... Moulins, Paris.

Mathématiques (2 ou trois heures par semaine). — Arithmétique. —
Répétition. Mêmes auteurs qu'en humanités.
Algèbre. — Répétition. Mêmes auteurs qu'en humanités.
Géométrie. — Répétition. Mêmes auteurs qu'en humanités.
Cosmographie.—VAUTRÉ, CASTEIG, PICHOT, TOMBECK. Poussielgue et Hachette.
ANDRÉ, BRIOT, DUFAILLY............................... Delagrave.
COMBETTE, PORCHON.................................... Alcan.
PELLISSIER .... Lyon, Vitte.

Dictionnaires. — CHATELAIN. — Lexique latin-français (1)......... E. Belin.
(Voir en troisième).

OUVRAGES RECOMMANDÉS AUX PROFESSEURS

URBAIN et JAMEY. — Étude sur les auteurs français du programme.......... Lyon, Vitte.
P. CARUEL. — Tableaux synoptiques des littératures et des auteurs,....... Tours, Cattier.
G. MERLET. — Études littéraires sur les auteurs français du programme..... Hachette.
G. MERLET. — Études littéraires sur les grands classiques grecs et latins........ Hachette.
LABBÉ. — Cours critique et historique de littérature..................... E. Belin.
PETIT DE JULLEVILLE. — Leçons de littérature française .... Masson.
LARROUMET. — Histoire de la littérature française....................... Garnier.
PETIT DE JULLEVILLE. — Histoire de la littérature française .... Masson.
TAINE. — Essais de critique et d'histoire.............................. Hachette.
BRUNETIÈRE. — Histoire et littérature................................. Calmann-Lévy.

(1) Comme il est impossible que les élèves aient tous les classiques nécessaires à la préparation au baccalauréat, on choisira ceux qu'il est plus utile de leur mettre entre les mains. Les autres pourront être en nombre suffisant dans les bibliothèques des classes.

238 APPENDICES

	LIBRAIRES
BRUNETIÈRE. — Etudes critiques d'histoire et de littérature	Hachette.
BRUNETIÈRE. — Etudes critiques sur l'histoire de la littérature française	Hachette.
MARTHA. — Etudes morales sur l'antiquité. Les moralistes	Hachette.
PETIT DE JULLEVILLE. — Histoire du théâtre en France	Hachette.
P. ALBERT. — La poésie et la prose. Littérature au XVIe XVIIe XVIIIe et XIXe siècles.	Hachette.
GODEFROY. — Prosateurs et poètes	Gaume.
FAGUET. — Le XVIIe, le XVIIIe et le XIXe siècle	Lecène et Oudin.
MARTHA. — La délicatesse dans l'art	Hachette.
MARTHA. — Le poème de Lucrèce	Hachette.
PETIT DE JULLEVILLE. — Cinna, Horace, Le Cid, Nicomède, Polyeucte (Pièces détachées)	Hachette.
HÉMON. — Corneille et Molière	Delagrave.
PASCAL. — Les Provinciales (édition Vialard)	Poussielgue.
PETIT DE JULLEVILLE. — Le discours français et la dissertation française	E. Belin.
BOSSUET. — Oraisons funèbres (édition Jacquinet)	E. Belin.
BOSSUET. — Oraisons funèbres (édition Didier)	Delagrave.
LANSON. — Bossuet	Lecène et Oudin.
JACQUINET. — Des prédicateurs du XVIIe siècle avant Bossuet	E. Belin.
SAUCIÉ et GUILLEMOT. — Compositions françaises (corrigés)	Delagrave.
L'abbé CONDAMIN. — La composition française (Dernière édition)	Lyon, Vitte.
LAFAYE. — Dictionnaire des synonymes français	Hachette.
COLLIGNON. — Versions latines (Texte et traduction)	Garnier.
DELMONT. — Cours de versions latines (Textes et traduction, 2 volumes)	Briguet.
RAGON. — Cent-vingt versions latines (Textes et traductions, 2 vol.)	Poussielgue.
Ch. AUBERTIN. — Compositions littéraires françaises et latines	Delagrave.
ASSELIN. — Compositions françaises et latines	Hachette.
ASSELIN. — Choix de dissert. françaises et latines, version latine et thème grec.	Hachette.
CHASSANG. — Modèles de compositions latines	Hachette.
URI. — Recueil de versions latines (Textes et traduction)	Hachette.
PELLISSON. — Histoire de la littérature latine	Hachette.
L'abbé RENIEZ. — La prose latine	E. Belin.
GARDIN-DUMESNIL. — Synonymes latins	Delalain.
JACQUET. — Recueil gradué de versions grecques (Texte et traduction)	E. Belin.
CROISET. — Histoire de la littérature grecque	Masson.
BACHELET et DÉZOBRY. — Dictionnaire général des lettres et des arts	Hachette.
DÉZOBRY et BACHELET. — Dictionnaire général d'histoire et de géographie	Hachette.
VAPEREAU. — Dictionnaire des littératures	Hachette.

N. B. — Ce plan d'études n'a évidemment rien d'absolu, ni de définitif. Chaque année, il sera plus ou moins modifié par les Préfets des études, qui se tiennent au courant des nouvelles publications.

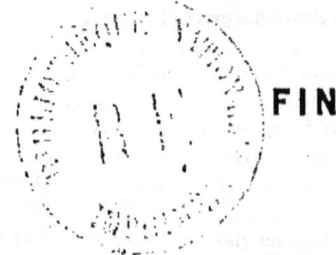

FIN

Paris. — Imp. DEVALOIS, avenue du Maine, 144.

LIBRAIRIE CH. POUSSIELGUE
Rue Cassette, 15, PARIS

PRINCIPALES PUBLICATIONS

OUVRAGES DE MGR D'HULST
RECTEUR DE L'INSTITUT CATHOLIQUE DE PARIS

CONFÉRENCES DE NOTRE-DAME

CARÊME de 1891. Les Fondements de la Moralité et Retraite de la Semaine Sainte. In-8° écu avec notes.. 5 fr.
CARÊME de 1892. Les Devoirs envers Dieu et Retraite de la Semaine Sainte. In-8° écu avec notes.. 5 fr.
CARÊME de 1893. Les Devoirs envers Dieu (suite.) In-8° écu avec notes.......... 5 fr.
CARÊME DE 1894. La Morale de la Famille et Retraite de la Semaine Sainte. In-8° écu avec notes.. 5 fr.
CARÊME de 1895. La Morale du Citoyen et Retraite de la Semaine Sainte. In-8° écu avec notes.. 5 fr.

MÉLANGES ORATOIRES	MÉLANGES PHILOSOPHIQUES
2 vol. in-8° écu. 8 fr.	Un vol. in-8° écu. 5 fr.

VIE DE JUST DE BRETENIÈRES
MISSIONNAIRE APOSTOLIQUE, MARTYRISÉ EN CORÉE (1866)

2° édition. In-18 jésus avec portrait et carte de Corée............. 3 fr.

VIE DE LA MÈRE MARIE-TÉRÈSE
FONDATRICE DES SŒURS DE L'ADORATION RÉPARATRICE

4° édition. In-18 jésus avec 2 portraits........................ 2 fr. 50

Une âme royale et chrétienne. Notes intimes sur le Comte de Paris, 4° édition. Brochure in-8° raisin.. 1 fr.
M. Renan, 4° édition. Brochure in-8° raisin.. 1 fr.
Le Droit chrétien et le Droit moderne. Etude sur l'Encyclique *Immortale Dei*, suivie du texte de l'Encyclique (latin-français). In-18 jésus................. 1 fr. 25

ŒUVRES DE MGR BOUGAUD
ÉVÊQUE DE LAVAL

Histoire de saint Vincent de Paul, fondateur de la congrégation des Prêtres de la Mission et des Filles de la Charité. 2 volumes in-8° avec 2 portraits............ 15 fr. »
— LA MÊME. 2° édition. 2 volumes in-18 jésus avec 2 portraits................. 6 fr. »
Discours, publiés par son frère et précédés d'une notice historique par Mgr LAGRANGE. 2° édition. In-8° avec portrait.............................. 7 fr. 50
— LES MÊMES, 3° édition. In-18 jésus avec portrait............................. 4 fr. »
Le Christianisme et les temps présents. 5 volumes in-8°................. 37 fr. 50
— LE MÊME OUVRAGE. 5 volumes in-18 jésus............................ 20 fr. »
Extraits de l'ouvrage « LE CHRISTIANISME ET LES TEMPS PRÉSENTS. »
Jésus-Christ. 2° édition. In-32. Texte encadré.......................... 1 fr. 25
De la Douleur. 4° édition. In-16, format carré.......................... 3 fr. 75
Histoire de sainte Monique. 10° édition. In-18 jésus................... 4 fr. »
Histoire de sainte Chantal et des origines de la Visitation. 10° édition. 2 volumes in-8° avec 2 portraits.. 15 fr. »
— LA MÊME, 12° édition. 2 volumes in-18 jésus avec 2 portraits................. 8 fr. »
Histoire de la bienheureuse Marguerite-Marie et des origines de la dévotion au Cœur de Jésus. Beau volume in-8°.................................. 7 fr. »
— LA MÊME. 8° édition. In-18 jésus.................................... 3 fr. 75

OUVRAGES DE Mgr F. LAGRANGE
ÉVÊQUE DE CHARTRES

Vie de Mgr Dupanloup, évêque d'Orléans, membre de l'Académie française. 4ᵉ édition. 3 volumes in-8°, avec 2 portraits.. 22 fr. 50
— LA MÊME. 7ᵉ édition. 3 volumes in-18 jésus............................. 10 fr. 50
Histoire de saint Paulin de Nole. 2ᵉ édition. 2 volumes in-18 jésus, avec gravure, plan et vue.. 6 fr. »
Histoire de sainte Paule. 5ᵉ édition. Beau vol. in-8° avec gravure........... 7 fr. 50
— LA MÊME. 6ᵉ édition. In-18 jésus... 4 fr. »
Lettres choisies de saint Jérôme. Nouvelle traduction française avec le texte en notes. 4ᵉ édition. In-18 jésus.. 4 fr. »

OUVRAGES DE Mgr BAUNARD
RECTEUR DES FACULTÉS CATHOLIQUES DE LILLE

Le Général de Sonis, d'après ses papiers et sa correspondance. 44ᵉ édition réimprimée avec de nouveaux caractères et augmentée d'appendices et de pièces justificatives sur les opérations militaires du 17ᵉ Corps de l'armée de la Loire durant le commandement du général de Sonis. In-8° écu avec portrait............................ 4 fr. »
Franco.. 4 fr. 80
Le Cardinal Lavigerie. Oraison funèbre prononcée à Lille en l'église Notre-Dame de la Treille, le 7 décembre 1892. In-8° écu.................................... 1 fr. »
Dieu dans l'Ecole.
  Tome I. *Le Collège Saint-Joseph de Lille* (1881-1888). Discours, notices et souvenirs. In-8° écu... 5 fr. »
  Tome II. *Le Collège chrétien.* Instructions dominicales : Les Autorités de l'Ecole. La Journée de l'Ecole. L'Ecole et la Famille. 2ᵉ édition. In-8° écu............. 5 fr. »
  Tome III. *Le Collège chrétien.* Instructions dominicales : L'Ame de l'Ecole. L'Œuvre de l'Ecole. La sortie de l'Ecole. In-8° écu............................ 5 fr. »
Espérance. Un réveil de l'idée religieuse en France. 2ᵉ édition revue et augmentée. In-18 jésus.. 2 fr. 50
Le Livre de la Première Communion et de la Persévérance. Edition de luxe, plié en portefeuille ou broché. Grand in-16 carré.......................... 8 fr. »
— LE MÊME OUVRAGE, édition ordinaire. 6ᵉ édition. Grand in-32 carré....... 3 fr. »
Le Doute et ses victimes dans le siècle présent. 8ᵉ édition. In-18 jésus.... 3 fr. 75
La Foi et ses victoires. Conférences sur les plus illustres convertis de ce siècle.
  Tome I. In-8°. 4ᵉ édition........ 6 fr. — In-18 jésus. 6ᵉ édition....... 3 fr. 75
  Tome II. In-8°................. 6 fr. — In-18 jésus. 4ᵉ édition....... 3 fr. 75
L'Apôtre saint Jean, 5ᵉ édition. In-18 jésus avec gravure................... 4 fr. »
Histoire de saint Ambroise. 2ᵉ édition. Beau volume in-8° avec portrait et plan de Milan au ivᵉ siècle.. 7 fr. 50
Histoire de la vénérable mère M.-S. Barat, fondatrice de la Société du Sacré-Cœur. 3ᵉ édition. 2 forts volumes in-8° avec portrait. *Prix net*................... 10 fr. 50
Franco... 12 fr. 50
— LE MÊME OUVRAGE, 6ᵉ édition. 2 volumes in-18 jésus..................... 5 fr. »
Histoire de Madame Duchesne, fondatrice de la Société des Religieuses du Sacré-Cœur en Amérique. In-8° avec autographe et carte........................ 6 fr. 25
— LE MÊME OUVRAGE. 2ᵉ édition. In-18 jésus................................ 3 fr. »
Le Vicomte Armand de Melun. 2ᵉ édition revue. In-8° écu avec portrait..... 4 fr. 50
Franco
Histoire du cardinal Pie. 5ᵉ édition. 2 volumes in-8° avec portrait......... 15 fr. »
Panégyrique de sainte Thérèse, prononcé le 15 octobre 1886. In-8°....... 75 c.

ŒUVRES COMPLÈTES DU R. P. LACORDAIRE
Précédées d'une notice sur sa vie
9 vol. in-8°. 50 fr. — Les mêmes, 9 vol. in-18 jésus. 30 fr.

On vend séparément :

Vie de saint Dominique. In-18 jésus avec portrait....................	3 fr. »
Conférences prêchées à Paris (1825-1851) et à Toulouse. 5 volumes in-18 jésus. (Tomes II à VI des Œuvres)..	20 fr. »
Œuvres philosophiques et politiques. In-18 jésus....................	3 fr. »
Notices et panégyriques. In-18 jésus................................	3 fr. »
Mélanges. In-18 jésus...	3 fr. »
Notice sur le P. Lacordaire. In-18 jésus............................	50 c.
Vie de saint Dominique, illustrée d'après le P. Besson. In-8° raisin.......	12 fr. 50
Lettres à un jeune homme. 9ᵉ édition. Joli volume in-32 encadré.........	1 fr. 25
Sainte Marie-Madeleine. 10ᵉ édition. Joli volume in-32 encadré.........	1 fr. 25

ŒUVRES POSTHUMES DU R. P. LACORDAIRE

Lettres à Madame la Baronne de Prailly. In-8°......................	7 fr. »
— LE MÊME OUVRAGE. In-18 jésus................................	3 fr. 75
Lettres à M. Th. Foisset. 2 volumes in-8°..........................	12 fr. 50
Lettres inédites. In-8°..	7 fr. »
Sermons, Instructions et Allocutions. Notices, Textes, Fragments, Analyses.	
— Tome I. *Sermons* (1825-1849). In-8°............................	7 fr. »
— Tome II. *Sermons* (1850-1856). *Instructions* données à l'École de Sorèze (1854-1861). In-8°...	7 fr. »
— Tome III. *Allocutions.* In-8°...................................	6 fr. »
— LE MÊME OUVRAGE. Tome I. 3ᵉ édition. In-18 jésus.................	3 fr. 75
— Tome II. 3ᵉ édition. In-18 jésus.................................	3 fr. 75
— Tome III. In-18 jésus..	3 fr. 50

CONFÉRENCES	ŒUVRES
DU	DE
R. P. DE RAVIGNAN	**M. AUGUSTE NICOLAS**
4ᵉ édition.	13 volumes in-8°....... 77 fr.
4 volumes in-18 jésus. 12 fr. 50	11 volumes in-18 jésus. 40 fr.

H. TAINE
PAR M. AMÉDÉE DE MARGERIE
DOYEN DE LA FACULTÉ CATHOLIQUE DES LETTRES DE LILLE
ANCIEN PROFESSEUR DE PHILOSOPHIE A LA FACULTÉ DES LETTRES DE NANCY

2ᵉ édition. In-8° écu.................. 5 fr.

Le Cardinal Lavigerie et ses Œuvres d'Afrique, par M. l'abbé Félix KLEIN, 3ᵉ édition revue et mise à jour. In-18 jésus................................ 3 fr. 50
Géographie de l'Afrique chrétienne, par Mgr TOULOTTE, de la Société des Pères Blancs, vicaire apostolique du Sahara. Proconsulaire. In-8° avec carte........ 4 fr.

HISTOIRE DE LA VIE ET DES OEUVRES
DE MGR DARBOY, ARCHEVÊQUE DE PARIS
Par S. Em. le Cardinal FOULON

In-8° avec portrait et autographe............ 7 fr. 50
Sur papier de Hollande.. 20 fr.

DISCOURS DU COMTE ALBERT DE MUN
DÉPUTÉ DU FINISTÈRE
ACCOMPAGNÉS DE NOTICES PAR CH. GEOFFROY DE GRANDMAISON

Tome I. **Questions sociales.** In-8°......... *Epuisé.* — In-18 jésus. 3° édition. 4 fr.
Tome II et III. **Discours politiques.** 2 vol. in-8°. 15 fr.. — 2 vol. in-18 jésus...... 8 fr.
Tome IV et V. **Discours et écrits divers.** 2 vol. in-8°........... 15 fr. — 2 vol. in-18 jésus.. 8 fr.

UN CURÉ D'AUTREFOIS
L'ABBÉ DE TALHOUET (1737-1802)
Par M. GEOFFROY DE GRANDMAISON
In-18 jésus...................... 3 fr. 50

VIE DE MGR A. JAQUEMET
ÉVÊQUE DE NANTES
PAR M. L'ABBÉ VICTOR MARTIN
PROFESSEUR AUX FACULTÉS CATHOLIQUES D'ANGERS
PRÉCÉDÉE DE LETTRES DE S. EM. LE CARDINAL RICHARD, ARCHEVÊQUE DE PARIS
ET DE LL. GG. MGR LECOQ, ÉVÊQUE DE NANTES ET MGR LABORDE, ÉVÊQUE DE BLOIS

In-8° avec portrait...... 7 fr. 50

LES QUATRE ÉVANGILES
Traduction de LEMAISTRE DE SACY, corrigée, avec introduction, notes, index, une carte de la Palestine, plans et gravures
PAR M. L'ABBÉ S. VERRET
PRÉFET DES ÉTUDES A L'INSTITUTION NOTRE-DAME DE CHARTRES

In-18 jésus broché. 3 fr. — Relié toile pleine, avec fers spéciaux dorés. 3 fr. 75

COURS D'INSTRUCTION RELIGIEUSE
Par Monseigneur E. CAULY, vicaire général de Reims
*Ouvrage honoré d'un bref de Sa Sainteté Léon XIII
Et approuvé par Son Em. le Cardinal Langénieux, Archevêque de Reims*

I. Le Catéchisme expliqué. 15° édition. In-18 jésus...................... 3 fr. »
II. Histoire de la Religion et de l'Eglise. 3° édit. In-18 jésus............ 3 fr. 50
III. Recherche de la vraie religion. 5° édition. In-18 jésus............... 2 fr. 75
IV. Apologétique chrétienne. 3° édition. In-18 jésus..................... 2 fr. 75

APOLOGIE SCIENTIFIQUE
DE LA FOI CHRÉTIENNE
Par le chanoine DUILHÉ DE-SAINT-PROJET
RECTEUR DE L'UNIVERSITÉ CATHOLIQUE DE TOULOUSE

3° édition, mise au niveau des derniers progrès de la science. In-12. 3 fr. 50

HISTOIRE DE M. ÉMERY ET DE L'ÉGLISE DE FRANCE
PENDANT LA RÉVOLUTION ET L'EMPIRE
Par Mgr MÉRIC
DOCTEUR EN PHILOSOPHIE ET LETTRES, PROFESSEUR A LA SORBONNE

5ᵉ édition. 2 vol. in-12 avec portrait.................. 5 fr.

LA SAINTE VIERGE
ÉTUDES ARCHÉOLOGIQUES ET ICONOGRAPHIQUES
PAR M. CH. ROHAULT DE FLEURY

Deux volumes in-4º, imprimés avec luxe sur très beau papier de Hollande, ornés de 157 planches gravées et de 600 sujets dans le texte......... 100 fr.

LES CARACTÉRISTIQUES DES SAINTS
DANS L'ART POPULAIRE
ENUMÉRÉES ET EXPLIQUÉES PAR LE P. CH. CAHIER, DE LA Cⁱᵉ DE JÉSUS

2 vol. gr. in-4º, ornés de nombreuses gravures sur bois. *Net.* 64 fr.

COURS D'ARCHÉOLOGIE RELIGIEUSE
PAR M. L'ABBÉ J. MALLET

Architecture. In-8º, 5ᵉ édition avec 255 figures dans le texte.................. 4 fr.
Le Mobilier. In-8º, 2ᵉ édition avec 130 figures dans le texte.................. 4 fr.

DIRECTOIRE DE L'ENSEIGNEMENT RELIGIEUX
DANS LES MAISONS D'ÉDUCATION
(Organisation; méthode; qualités du professeur; appendice bibliographique)
PAR M. L'ABBÉ DEMENTHON
PROFESSEUR AU SÉMINAIRE DE BROU
Ouvrage approuvé par Mgr l'Évêque de Belley

2ᵉ édition. Fort volume in-12............................... 4 fr.

AUX MAITRES CHRÉTIENS	DES MOYENS
—	DE DÉVELOPPER PAR L'ÉDUCATION
L'ÉDUCATEUR APOTRE	**LA DIGNITÉ**
SA PRÉPARATION	**ET LA FERMETÉ DU CARACTÈRE**
L'EXERCICE DE SON APOSTOLAT	Par M. le Chanoine G. GINON
PAR M. GUIBERT	ANCIEN SUPÉRIEUR
PRÊTRE DE SAINT-SULPICE	DU PETIT SÉMINAIRE DU RONDEAU
DIRECTEUR AU SÉMINAIRE D'ISSY	
4ᵉ édit. revue et augmentée. In-18 r. 2 fr.	3ᵉ édition. In-18 raisin......... 1 fr. 25

Centenaire célébré à l'église des Carmes en l'honneur des victimes de Septembre 1792. Compte rendu des cérémonies du Triduum : Discours prononcés par Mgr DE CABRIÈRES, évêque de Montpellier, M. l'abbé SICARD, du clergé de Paris et Mgr D'HULST, recteur de l'Institut catholique de Paris. In-8º............................... 1 fr. 50

La Maison des Carmes (1610-1875), par M. l'abbé PISANI, professeur à l'Institut catholique de Paris. Joli volume in-18 avec plan............................... 1 fr. 25

Les Apôtres ou Histoire de l'Église primitive, par Mgr DRIOUX, vicaire général, chanoine honoraire de Langres, docteur en théologie, etc. Ouvrage honoré de plusieurs approbations épiscopales. Fort volume in-8º............................... 7 fr. 50

VIE
DE LA VÉNÉRABLE MÈRE MARGUERITE-MARIE
PAR Mgr JEAN-JOSEPH LANGUET
NOUVELLE EDITION
Par M. l'abbé L. GAUTHEY, Vicaire général d'Autun
PRÉCÉDÉE D'UNE ÉPITRE DÉDICATOIRE A SA SAINTETÉ LÉON XIII
Par Mgr PERRAUD, évêque d'Autun

In-8° raisin, avec portrait et autographes........................... 10 fr.
Édition ordinaire, in-18 jésus....................................... 4 fr.

HISTOIRE DU P. CLAUDE DE LA COLOMBIÈRE
PAR LE P. E. SEGUIN
2° édition. In-18 jésus avec portrait....... 3 fr. 50

VIES DE QUATRE DES PREMIÈRES MÈRES DE LA VISITATION
PAR LA R. MÈRE DE CHAUGY
REPRODUCTION INTÉGRALE DE L'ÉDITION DE 1659, ENRICHIE D'EXTRAITS INÉDITS
DES MANUSCRITS ORIGINAUX
PUBLIEE PAR LES SOINS DES RELIGIEUSES DE LA VISITATION D'ANNECY
In-8° écu................................. 5 fr.

R. P. HENRI DE GRÉZES, capucin

VIE DU **R. P. BARRÉ** FONDATEUR DE L'INSTITUT DU S.-ENFANT-JÉSUS DIT DE SAINT-MAUR ORIGINE ET PROGRÈS DE CET INSTITUT (1602-1700) In-8° avec 2 portraits.......... 4 fr.	HISTOIRE DE **L'INSTITUT DU S.-ENFANT-JÉSUS DIT DE SAINT MAUR** DEPUIS 1700 JUSQU'A NOS JOURS ET **VIE DE LA R. MÈRE DE FAUDOAS** SUPÉRIEURE GÉNÉRALE (1837-1870) In-8° avec 3 portraits.......... 5 fr.
SAINT ANTOINE LE GRAND PATRIARCHE DES CÉNOBITES Par M. l'abbé VERGER In-8° écu................ 4 fr.	**SAINT GRÉGOIRE DE NAZIANZE** SA VIE, SES ŒUVRES ET SON ÉPOQUE Par M. l'abbé BENOIT 2° édition. 2 vol. in-18 jésus. 7 fr.

VIE DE SAINT PAUL
Par M. l'abbé VIX, docteur en théologie, du diocèse de Strasbourg
Un beau volume in-8° raisin............. 4 fr.

SAINTE MARCELLE LA VIE RELIGIEUSE CHEZ LES PATRICIENNES DE ROME AU IV° SIÈCLE Par M. l'abbé L. PAUTHE 2° édition. In-18 jésus...... 4 fr.	**SAINT HILAIRE** ÉVÊQUE DE POITIERS DOCTEUR ET PÈRE DE L'ÉGLISE Par M. l'abbé P. BARBIER du diocèse d'Orléans In-18 jésus............. 3 fr. 75

ELIZABETH SETON
ET LES COMMENCEMENTS DE L'ÉGLISE CATHOLIQUE AUX ETATS-UNIS
PAR MADAME DE BARBEREY
5ᵉ édition. 2 volumes in-18 jésus, avec portrait. 5 fr.

CHRISTOPHE COLOMB
D'APRÈS LES TRAVAUX HISTORIQUES
DU COMTE ROSELLY DE LORGUES
PAR M. L'ABBÉ LYONS
AUMONIER DES RELIGIEUSES DU S.-SACREMENT
A NICE
In-8° écu............. 4 fr.

GLORIFICATION RELIGIEUSE
DE
CHRISTOPHE COLOMB
PAR M. L'ABBÉ CASABIANCA
SECOND VICAIRE DE S.-FERDINAND-DES-TERNES
A PARIS
In-12............. 2 fr. 50

Sᵀᴱ JEANNE DE FRANCE
(1464-1505)
DUCHESSE D'ORLÉANS ET DE BERRY
PAR Mgr HÉBRARD
In-8° écu............. 5 fr.

Sᵀᴱ JEANNE DE VALOIS
ET
L'ORDRE DE L'ANNONCIADE
PAR Mgr HÉBRARD
In-12............. 4 fr.

HISTOIRE DE Mˡˡᴱ LE GRAS
FONDATRICE DES FILLES DE LA CHARITÉ
PAR MADAME LA COMTESSE DE RICHEMONT
PRÉCÉDÉE DE LETTRES DE S. E. LE Cᴬˡ MERMILLOD ET DU SUPÉRIEUR DES PRÊTRES DE LA MISSION
4ᵉ édition. In-18 jésus. 3 fr. 50. — In-8°.......... 7 fr. 50

HISTOIRE DE SAINTE ANGÈLE MÉRICI
ET DE TOUT L'ORDRE DES URSULINES, DEPUIS SA FONDATION JUSQU'A NOS JOURS
PAR M. L'ABBÉ V. POSTEL
2 beaux volumes in-8°, avec portrait.......... 15 fr.

HISTOIRE DE LA VÉNÉRABLE MÈRE MARIE DE L'INCARNATION
PREMIÈRE SUPÉRIEURE DU MONASTÈRE DES URSULINES DE QUÉBEC
D'APRÈS DOM CLAUDE MARTIN, SON FILS
Ouvrage entièrement remanié, complété à l'aide de plusieurs autres historiens
et de nouveaux documents
PRÉCÉDÉ D'UNE INTRODUCTION GÉNÉRALE PAR M. L'ABBÉ LÉON CHAPOT
AUMÔNIER DU MONASTÈRE DE SAINTE-URSULE DE NICE
2 vol. in-8° écu, avec 2 portraits................ 8 fr.

VIE DE M. LE PREVOST
FONDATEUR DE LA CONGRÉGATION DES FRÈRES DE SAINT-VINCENT DE PAUL
PRÉCÉDÉE D'UNE LETTRE DE Mgr GAY, ÉVÊQUE D'ANTHÉDON
In-8° orné de 3 portraits..... 6 fr.

VIE DE FRÉDÉRIC OZANAM
PAR SON FRÈRE C.-A. OZANAM
3ᵉ édition. In-18 jésus..................... 4 fr.

OUVRAGES DE M. LE VICOMTE DE MELUN
Vie de la Sœur Rosalie, fille de la charité. 8ᵉ édition. In-8° avec portrait... 6 fr.
10ᵉ édition. In-18 jésus avec portrait.............................. 1 fr. 50
Vie de Mademoiselle de Melun. In-8° avec portrait................... 6 fr.
La Marquise de Barol, sa vie et ses œuvres, suivi d'une notice sur Silvio Pellico. In-8°
avec portrait............ 6 fr. — In-18 jésus avec portrait............ 2 fr. 50

LE R. P. H.-D. LACORDAIRE
SA VIE INTIME ET RELIGIEUSE
Par le R. P. CHOCARNE, des Frères Prêcheurs

5ᵉ édit. 2 vol. in-8°, portrait. 10 fr. — 8ᵉ édit. 2 vol. in-18 jésus.... 5 fr.

VIE DU RÉVᴹᴱ PÈRE A.-V. JANDEL
SOIXANTE-TREIZIÈME MAITRE GÉNÉRAL DE L'ORDRE DES FRÈRES PRÊCHEURS
Par le R. P. CORMIER

2ᵉ édition revue. Beau volume in-8° avec portrait. 5 fr.

HISTOIRE DE SAINT ALPHONSE DE LIGUORI
Précédée d'une lettre de S. G. Mgr l'Évêque d'Orléans

2ᵉ édition. In-8° avec portrait............................... 7 fr. 50

R. P. LÉOPOLD de CHÉRANCÉ

S. FRANÇOIS D'ASSISE	S. ANTOINE DE PADOUE
	6ᵉ mille.
6ᵉ édit. In-18 jésus avec portrait. 2 fr. 50	In-12, gravure. 1 fr. 25 franco. 1 fr. 50

Marquis Anatole de SÉGUR

HISTOIRE POPULAIRE	LE POÈME DE S. FRANÇOIS
DE S. FRANÇOIS D'ASSISE	5ᵉ édition. In-18 raisin. 1 fr. 30
5ᵉ édition. In-18 raisin. 1 fr. 25	Edition de luxe, photographie. 2 fr. 50

VIE DE LA VÉNÉRABLE MÈRE AGNÈS DE JÉSUS
Par M. de LANTAGES
Edition revue et augmentée par M. l'abbé LUCOT

2 volumes in-8° avec portrait, gravures et autographe............. 12 fr. 50

VIE DU VÉNÉRABLE PÈRE LIBERMANN
PREMIER SUPÉRIEUR GÉNÉRAL DE LA CONGRÉGATION DU SAINT-ESPRIT
ET DU SAINT-CŒUR DE MARIE
Par S. Em. le Cardinal PITRA

3ᵉ édition. In-8°... 8 fr. — 4ᵉ édition. In-18 jésus. 4 fr.

LETTRES SPIRITUELLES	ÉCRITS SPIRITUELS
DU V. P. LIBERMANN	DU V. P. LIBERMANN
2ᵉ édit. 3 vol. in-12. 10 fr.	In-18 jésus.... 3 fr. 50

Vie de saint Philippe Néri, par S. E. le Cardinal Capecelatro, traduite sur la seconde édition par le P. P.-H. Bezin, prêtre de l'Oratoire. 2 vol. in-18 jésus. 8 fr.

La conversion d'un maréchal de France (Pages intimes). Précédée d'une préface de Mgr Fava, et suivie d'un discours de M. l'abbé J. Lémann. In-12 illustré..... 2 fr.

OUVRAGES DU R. P. TH. RATISBONNE

NOUVEAU MANUEL DES MÈRES CHRÉTIENNES
16ᵉ édition. In-18 raisin... 2 fr. 50

HISTOIRE DE SAINT BERNARD ET DE SON SIÈCLE
10ᵉ édition. 2 vol. in-18 jésus.................................. 6 fr.

LE MYSTICISME A LA RENAISSANCE
ou
MARIE DES VALLÉES
Dite : **LA SAINTE DE COUTANCES**
Par M. l'abbé J. L. ADAM, vicaire à Notre-Dame d'Alleaume
2ᵉ édition ornée de 42 gravures dans le texte. Petit in-8°............ 4 fr.

MONSIEUR FRÈRE ET FÉLIX DUPANLOUP PAR M. L'ABBÉ DAIX In-18 jésus............ 3 fr.	L'ABBÉ HETSCH PAR L'AUTEUR DES *Derniers jours de Mgr Dupanloup* In-8°................ 7 fr.

HISTOIRE DU P. DE CLORIVIÈRE
DE LA COMPAGNIE DE JÉSUS
Par le P. JACQUES TERRIEN, de la même Compagnie
In-8° écu, avec gravure......... 5 fr.

ALBÉRIC DE FORESTA
FONDATEUR DES ÉCOLES APOSTOLIQUES
SA VIE, SES VERTUS ET SON ŒUVRE
Par le R. P. DE CHAZOURNES
3ᵉ édit. In-18 jésus... 3 fr. — LE MÊME OUVRAGE, avec portrait... 3 fr. 50

LE GOUVERNEMENT DE L'ÉGLISE
Ou PRINCIPES DU DROIT ECCLÉSIASTIQUE
EXPOSÉS AUX GENS DU MONDE
Par M. L'ABBÉ P.-A. LAFARGE
Droit Public. In-8°... 7 fr. 50

Œuvres choisies de Mgr Rovérié de Cabrières, évêque de Montpellier. In-8°. 6 fr.
Vie du Vénérable Frère Jean de Saint-Samson, religieux carme, par le P. SERNIN MARIE DE SAINT-ANDRÉ, carme déchaussé. In-8° raisin, avec portrait........ 7 fr. 50
Vie de saint Vincent de Paul, par L. ABELLY, évêque de Rodez. Nouvelle édition. 2 volumes in-12 avec gravures................................. 6 fr. »
Castelli (Le vénérable serviteur de Dieu, François-Marie), Clerc profès barnabite, par le R. P. L. M. FERRARI. In-18 jésus avec portrait........................ 2 fr. »
Légende des trois Compagnons : La vie de saint François d'Assise racontée par les frères Léon, Ange et Rufin, ses disciples. Traduite pour la première fois du latin avec une introduction de M. l'abbé HUVELIN. In-18........................ 1 fr. »
Vie du P. Chérubin de Maurienne, de l'Ordre des Frères Mineurs Capucins, par M. l'abbé TRUCHET. In-8° raisin, avec portrait.......................... 6 fr. »
Vie intérieure du Frère Marie-Raphaël Meysson, diacre, de l'Ordre des FF. Prêcheurs, par le R. P. PIE BERNARD. 2ᵉ édition. In-12.................. 3 fr. »

VIE DE M. OLIER
FONDATEUR DE LA COMPAGNIE ET DU SÉMINAIRE SAINT-SULPICE
Par M. FAILLON, prêtre de la même Compagnie

3 volumes in-8° raisin. 4° édition, avec 30 gravures............... 22 fr. 50

ŒUVRES SPIRITUELLES DE M. OLIER

Catéchisme chrétien pour la vie intérieure. Edition conforme aux éditions primitives. In-32 raisin. .... 75 c.
Esprit d'un directeur des âmes (L'). In-32 raisin....................... 70 c.
Explication des cérémonies de la grand'messe de paroisse, selon l'usage romain. In-32 raisin....... 1 fr. 25

Introduction à la vie et aux vertus chrétiennes. Nouvelle édition. In-32 raisin........................ 1 fr. »
Journée chrétienne (La). Nouvelle édition corrigée et augmentée. In-32 raisin........................ 1 fr. »
Lettres spirituelles. Nouvelle édition. 2 volumes in-32 raisin.......... 2 fr. 50

VIE INTÉRIEURE DE LA TRÈS SAINTE VIERGE
OUVRAGE RECUEILLI DES ÉCRITS DE M. OLIER
Avec approbation de Son Em. le Cardinal Guibert, Archevêque de Paris
2° édition. In-12.......... 3 fr.

MÉDITATIONS SUR LES PRINCIPALES OBLIGATIONS
DE LA VIE CHRÉTIENNE ET ECCLÉSIASTIQUE
PAR M. L'ABBÉ CHENART
NOUVELLE ÉDITION REVUE PAR UN MEMBRE DE LA COMPAGNIE DE ST-SULPICE
2 volumes in-18................ 3 fr.

VIE DE M. DE COURSON	M. TEYSSEYRRE
12° SUPÉRIEUR DU SÉMINAIRE ET DE LA COMPAGNIE DE SAINT-SULPICE	FONDATEUR DE LA COMMUNAUTÉ DES CLERCS DE SAINT-SULPICE PAR M. L'ABBÉ PAGUELLE DE FOLLENAY
In-18 jésus avec portrait. 4 fr.	In-18 jésus avec portrait. 4 fr.

De la Crèche au Calvaire. Méditations d'après saint Bonaventure et saint Ignace, avec une introduction par Mgr d'Hulst. In-18 raisin....................... 3 fr. »
Résurrection (De la) à l'Ascension et du Cénacle à Rome. Méditations avec une introduction par Mgr d'Hulst. In-18 raisin................................ 4 fr. »
Le Chemin de Croix des Enfants, précédé d'une lettre de Mgr d'Hulst. 2° édition. In-18 avec gravures, relié toile de couleur, ornements en noir............... 25 c.
Le cent..Net..... 20 fr. »

OUVRAGES DE M. L'ABBÉ VERNIOLLES

LES RÉCITS BIBLIQUES	LES RÉCITS ÉVANGÉLIQUES
ET LEURS	ET LEURS
BEAUTÉS LITTÉRAIRES	BEAUTÉS LITTÉRAIRES
2° édition. In-12............. 3 fr.	In-12....................... 3 fr.

Notre Religion, par M. l'abbé H. Delor, curé de Saint-Pierre, à Limoges, approuvée par plusieurs Archevêques et Evêques. In-8°.................................. 4 fr.

LES FRÈRES DES ÉCOLES CHRÉTIENNES
Et l'Enseignement primaire après la Révolution (1797-1830)
PAR M. ALEXIS CHEVALIER
In-8°.................................... 6 fr.

VIE DU B. J.-B. DE LA SALLE PAR M. ABEL GAVEAU, prêtre 3° édition. In-8° illustré. 1 fr. 50	VIE DU B. J.-B. DE LA SALLE PAR M. LE CHANOINE BLAIN Fort volume in-8°...... 7 fr. 50

ENCYCLOPÉDIE POPULAIRE
PUBLIÉE SOUS LA DIRECTION DE M. PIERRE CONIL
2 volumes in-8° jésus formant ensemble plus de 2,300 pages à 2 colonnes
AVEC SUPPLÉMENT ALLANT JUSQU'AU 1er FÉVRIER 1894

Broché...................... 20 fr. Relié toile chagrinée, tr. jaspée.... 27 fr.	Relié demi chagrin, tranche jaspée................................ 30 fr.

MANUEL DES ŒUVRES
INSTITUTIONS RELIGIEUSES ET CHARITABLES DE PARIS
ET PRINCIPAUX ÉTABLISSEMENTS DES DÉPARTEMENTS
POUVANT RECEVOIR DES ORPHELINS, DES INDIGENTS ET DES MALADES DE PARIS
In-18 jésus........... 4 fr. — Relié en toile souple. 4 fr. 50

Mgr PERRAUD
ÉVÊQUE D'AUTUN, MEMBRE DE L'ACADÉMIE FRANÇAISE

LA DISCUSSION CONCORDATAIRE AU SÉNAT ET A LA CHAMBRE DES DÉPUTÉS **Les 9, 11 et 12 Décembre 1891** 2° édition. In-12..... 1 fr.	QUELQUES RÉFLEXIONS Au sujet de l'Encyclique du 16 Février 1892 ADRESSÉE A LA FRANCE PRÉCÉDÉES DU TEXTE DE L'ENCYCLIQUE In-12................ 1 fr.

ALLOCUTIONS ET DISCOURS
PAR M. L'ABBÉ PLANUS, VICAIRE GÉNÉRAL D'AUTUN
PRÉCÉDÉS D'UNE LETTRE DE Mgr PERRAUD
2° édition. In-18 jésus..................................... 3 fr. 50

Pensées choisies du R. P. Lacordaire, extraites de ses œuvres et publiées sous la direction du R. P. CHOCARNE. 8° édition. 2 vol. in-32 encadré............. 3 fr. »

Lectures pour chaque jour, extraites des écrits des saints et des bienheureux sous la direction du R. P. CHOCARNE, des FF. Prêcheurs. 2 vol. in-32 jésus.......... 5 fr. »

Essai sur les missions dans les pays catholiques. Leur histoire, leur utilité, les diverses méthodes à employer et les devoirs des Missionnaires, par le R. P. DELPEUCH. In-18 jésus... 1 fr. 50

Saint Luc, patron des anciennes Facultés de médecine, par le Docteur DAUCHEZ. In-8° Illustré... 1 fr. 50

Encyclique du 8 décembre 1864 et les principes de 1789 (L') ou l'Eglise, l'Etat et la Liberté, par M. Emile KELLER, député. 2° édition. In-18 jésus........... 3 fr. »

Eglise (L') et le Droit romain. Etudes historiques par M. G. DE MONLÉON. In-12. 3 fr. »

Esprit et vertus du B. Jean-Baptiste de La Salle. In-12........ 3 fr. 50

OUVRAGES DE M. L'ABBÉ RIBET

L'ASCÉTIQUE CHRÉTIENNE
Un volume in-8°..... 7 fr.

LA MYSTIQUE DIVINE
DISTINGUÉE DES CONTREFAÇONS DIABOLIQUES ET DES ANALOGIES HUMAINES
Tomes I et II. 2 vol. in-8° écu. (*Sous presse.*)
Tome III. In-8°................... 8 fr.

MARTYROLOGE ROMAIN
TRADUCTION DE L'ÉDITION LA PLUS RÉCENTE
APPROUVÉE PAR LA SACRÉE CONGRÉGATION DES RITES EN 1873
PUBLIÉE AVEC L'APPROBATION DE L'ORDINAIRE
Un beau volume in-8°.... 6 fr.

L'OUVERTURE DE CONSCIENCE
LES CONFESSIONS ET LES COMMUNIONS DANS LES COMMUNAUTÉS
Texte et commentaire du décret de la Sacrée Congrégation
des Évêques et Réguliers, du 17 décembre 1890
PAR LE P. PIE DE LANGOGNE, DES FRÈRES MINEURS CAPUCINS
3° édition revue et augmentée. In-18 raisin. 1 fr. 25

LES TRÉSORS DE CORNÉLIUS A LAPIDE
EXTRAITS DE SES COMMENTAIRES SUR L'ÉCRITURE SAINTE
PAR M. L'ABBÉ BARBIER
5° édition. 4 forts volumes in-8° raisin. 32 fr.

SOIRÉES D'AUTOMNE
OU LA RELIGION PROUVÉE AUX GENS DU MONDE
PAR M. L'ABBÉ MAUNOURY
3° édition. In-12.................... 1 fr. 80

DICTIONNAIRE UNIVERSEL
DES SCIENCES ECCLÉSIASTIQUES
PAR M. L'ABBÉ GLAIRE
2 forts volumes in-8° raisin à 2 colonnes. 32 fr.

LA SAINTE BIBLE
TRADUCTION DE L'ANCIEN TESTAMENT D'APRÈS LES SEPTANTE
PAR P. GIGUET. REVUE ET ANNOTÉE
4 volumes in-12................... ...... 15 fr.

Marie Jenna, sa vie, ses œuvres, par Jules LACOINTA. Étude suivie de lettres de Marie Jenna. 2° édition. In-18 jésus... 3 fr. 50
Élévations poétiques et religieuses, par Marie JENNA. 4° édition augmentée de pièces inédites. In-18 jésus... 3 fr. »
Pensées d'une croyante, par Marie JENNA. 2° édition encadrée. In-32 raisin.. 1 fr. »
Livre de Messe (Le premier), offert aux enfants, par Marie JENNA. In-32...... 1 fr. »
Clefs du Purgatoire (Les). Recueil de prières, par A. R., auteur de l'*Église à travers les siècles*. In-32 jésus avec gravure................................ 2 fr. »

IMITATION DE JÉSUS-CHRIST
TRADUCTION INÉDITE DU XVIIᵉ SIÈCLE
PUBLIÉE PAR AD. HATZFELD

Un volume in-8° raisin, papier glacé avec gravures...................... 20 fr.
Le même ouvrage, in-8° jésus, édition de luxe. 30 fr.
La même traduction, sans le texte latin, avec des réflexions tirées des œuvres de Bourdaloue. Gros in-32 raisin avec gravure. 1 fr. 50

DE LA BÉNÉDICTION A TRAVERS LES TEMPS
ÉLÉVATIONS SUR LES BIENFAITS DE DIEU
PAR MICHEL LOUENEAU

Ouvrage approuvé par S. Em. le Cardinal-Archevêque de Paris et NN. SS. les Évêques de Nantes et d'Anthédon
In-18 raisin............... 3 fr. 50

VIE CHRÉTIENNE D'UNE DAME DANS LE MONDE
Par le R. P. de RAVIGNAN
4ᵉ édition. In-12....................... 3 fr.

EXERCICES SPIRITUELS DE SAINT IGNACE
Traduits par le R. P. Pierre JENNESSEAUX, S. J.
13ᵉ édition. In-12.. 3 fr.

MÉDITATIONS
SELON LA MÉTHODE DE SAINT IGNACE
SUR LES PRINCIPAUX MYSTÈRES DE LA TRÈS SAINTE VIERGE
ET POUR LES FÊTES DES SAINTS
9ᵉ édition. In-12.................... 2 fr.

COURTES MÉDITATIONS
POUR TOUS LES JOURS DE L'ANNÉE
PAR LE P. PAUL GABRIEL ANTOINE, S. J.
Publiées par le P. AUBERT, de la même Compagnie
4ᵉ édition. In-18 raisin. 2 fr.

TRAITÉ DE L'AMOUR DE DIEU
DE SAINT FRANÇOIS DE SALES
Édition revue et publiée par le P. Marcel BOUIX
Très beau volume in-8° jésus, avec gravure.............................. 12 fr.

PAROLES DE N.-S. JÉSUS-CHRIST
D'APRÈS LA LETTRE DES SAINTS ÉVANGILES
MIS EN CONCORDANCE SUIVANT L'ORDRE DES FAITS AVEC DES NOTES DIVERSES
PAR E. PERROT DE CHEZELLES
In-18 jésus...................... 4 fr.

L'Ami du Prêtre. Entretiens sur la dignité, les devoirs et les consolations du Sacerdoce, par M. l'abbé Rouzaud, chanoine de Toulouse. In-18 jésus.............. 3 fr.

MÉDITATIONS SUR TOUS LES ÉVANGILES
DU CARÊME ET DE LA SEMAINE DE PAQUES
Par le R. P. PÉTETOT, supérieur général de l'Oratoire
Précédées d'une notice biographique sur l'auteur, par le P. LESCŒUR

Fort volume in-18 jésus.................... 4 fr.

ANNÉE FRANCISCAINE
OU COURTES MÉDITATIONS SUR L'ÉVANGILE
A l'usage des tertiaires de saint François

2 forts volumes in-12. 8 fr.

COURTES MÉDITATIONS ASCÉTIQUES
POUR TOUS LES JOURS DE L'ANNÉE
Par le R. P. JOSEPH DE DREUX, des Frères Mineurs Capucins
Ouvrage inédit du XVIIe siècle, revu et publié
PAR LE R. P. SALVATOR DE BOIS-HUBERT, CAPUCIN

In-18 jésus. 2 fr. 50

ŒUVRES COMPLÈTES
DU P. AMBROISE DE LOMBEZ
Recueillies et publiées par le P. FRANÇOIS DE BÉNÉJAC

Traité de la Paix intérieure. In-12 avec portrait...................... 1 fr. 50
Lettres spirituelles. In-12 avec gravure.................................... 1 fr. 50
Traité de la joie de l'âme chrétienne. In-12 avec gravure.............. 1 fr. 50

LES MÉDITATIONS DE LA VIE DU CHRIST
Par Saint BONAVENTURE
Traduites par M. H. DE RIANCEY

7e édition. In-18 raisin........................... 3 fr.

MÉDITATIONS POUR TOUS LES JOURS DE L'ANNÉE
Par M. l'abbé D. BOUIX, docteur en théologie

4 volumes in-12.... 10 fr.

Offices de l'Eglise, complets, expliqués et annotés, suivis de prières tirées des œuvres de saint Augustin, sainte Thérèse, saint François de Sales, Bossuet, Fénelon, etc., par Madame DE BARBEREY. 6e édition. Gros in-32 jésus................. 4 fr. »

Petits Offices en français, précédés d'une courte méthode pour entendre la sainte Messe les jours de communion : dédiés aux jeunes personnes pieuses. 35e édition encadrée sur papier teinté. In-32... 50 c.

Pensées et affections sur les mystères et sur les fêtes, par le R. P. Gaëtan-Marie DE BERGAME. 2 vol. in-18 raisin... 4 fr. »

Pensées et affections sur la Passion de Notre-Seigneur Jésus-Christ, par le R. P. Gaëtan-Marie DE BERGAME. 3 vol. in-18 raisin............................... 7 fr. 50

OUVRAGES DE M. L'ABBÉ CHEVOJON
CURÉ DE NOTRE-DAME DES VICTOIRES

Le Manuel de la jeune fille chrétienne, approuvé par Mgr l'archevêque de Paris.
9° édition. In-32 raisin encadré... 1 fr. 50
La Perfection des jeunes filles, approuvé par Mgr l'Archevêque de Paris. 11° édition.
In-32 raisin encadré.. 1 fr. 50
Le Souvenir des morts ou moyen de soulager les âmes du Purgatoire. Nouvelle édition
entièrement remaniée par l'auteur. In-32 raisin............................ 1 fr. 25

CHOIX DE LECTURES CHRÉTIENNES
2° édition augmentée. In-18 raisin.................... 3 fr.

LECTURES PIEUSES
Extraites des Pères et des principaux écrivains catholiques
PAR MADAME LA COMTESSE MAX DE BEAURECUEIL
PRÉCÉDÉES D'UNE LETTRE DE S. G. MGR LAGRANGE, ÉVÊQUE DE CHARTRES
In-18 raisin...... 2 fr. 50

PLANS D'INSTRUCTIONS
POUR UN CATÉCHISME DE PERSÉVÉRANCE
(PAROISSES ET INSTITUTIONS)
Par M. l'abbé LE REBOURS
DOGME — MORALE — CULTE — HISTOIRE DE L'ÉGLISE
Chaque brochure in-8°............... 50 c.
Les quatre années réunies, 2° édition revue et complétée. 2 fr.

OUVRAGES DE M. L'ABBÉ GAYRARD

CONSIDÉRATIONS POUR LA MÉDITATION QUOTIDIENNE
4 beaux volumes in-12.................. 12 fr.

EXPLICATION DU PATER
OUVRAGE SUIVI DE MÉDITATIONS
SUR LE SACRÉ-CŒUR DE JÉSUS ET LE SAINT CŒUR DE MARIE
In-18 jésus...... 2 fr. 50

GUIDE POUR L'EXPLICATION LITTÉRALE ET SOMMAIRE DU CATÉCHISME DE PARIS
7° édition. In-18. 1 fr. — Cartonné. 1 fr. 25

COMMENTAIRE LITTÉRAL DU CATÉCHISME DE PARIS
4° édition. In-18. 1 fr. 50 — Cartonné. 1 fr. 75

Manuel des Enfants de Marie Immaculée, à l'usage des réunions externes, dirigées
par les Filles de la Charité. Gros in-32 jésus avec gravure................ 1 fr. 75
Zèle de la perfection religieuse (Du), par le P. Joseph BAYMA, S. J. Traduit par le R. P.
OLIVAINT. 6° édition. In-32 raisin.. 75 c.
Rusbrock l'admirable. Œuvres choisies par Ernest HELLO. In-18........... 1 fr. 80
Philosophie et Athéisme, par E. HELLO (Œuvres posthumes). In-12........ 3 fr. 50
Guide du Pèlerin au Sanctuaire séculaire de l'Immaculée-Conception, actuellement sous
le vocable de Notre-Dame de Sainte-Espérance, dans l'église Saint-Séverin, à Paris,
par M. l'abbé DE MADAUNE, premier vicaire de Saint-Séverin. In-12........ 1 fr.

LE DOGME DE LA VIE FUTURE
ET LA LIBRE PENSÉE CONTEMPORAINE
Par le R. P. LESCŒUR, prêtre de l'Oratoire
In-18 jésus.................. 3 fr. 75

ABBÉ BOULAY
PROFESSEUR A L'UNIVERSITÉ CATHOLIQUE DE LILLE

L'Ancienneté de l'Homme, d'après les sciences naturelles. In-8°............ 1 fr. 50
Les Premiers Jours de la Genèse. In-8°................................. 75 c.
Les Sermons laïques de M. Huxley ou l'Agnoticisme. In-8°............. 1 fr. 50

OUVRAGES DE M. CH. SAINTE-FOI

Heures sérieuses d'un jeune homme. 12° édition. In-32 encadré.......... 1 fr. 25
Heures sérieuses d'une jeune personne. 9° édition. In-32 jésus encadré... 1 fr. 50
Heures sérieuses d'une jeune femme. 8° édition. In-18 raisin encadré..... 2 fr. »

DÉVOTION AU SACRÉ-CŒUR

Mois du Sacré-Cœur. Extrait des écrits de la Bienheureuse Marguerite-Marie. 7° édit. In-32 jésus........... 1 fr. 25
Mois du Sacré-Cœur de Jésus. A. M. D. G. 35° édit. In-32 raisin.............. 75 c.
Pratique de l'amour envers le Cœur de Jésus. 7° édition. In-32 raisin. 1 fr. 50
Mois (Petit) du Sacré-Cœur de Jésus, A. M. D. G., 4° édition. In-32 raisin............................. 50 c.

MOIS DE MARIE

Mois de Marie de Notre-Dame de Séez, par M. l'abbé COURVAL. 3° édition. In-18........................ 1 fr. 50
Mois de Marie de Notre-Dame du Très Saint Sacrement. Extraits des écrits du R. P. EYMARD. 5° édition. In-32 jésus................... 1 fr. 25
Mois de Marie du Clergé, par le P. CONSTANT, des Frères Prêcheurs. In-32 raisin........................ 1 fr. 50

MOIS DE SAINT JOSEPH

Le Mois de saint Joseph, d'après les docteurs et les saints, etc.; par Mlle NETTY DU BOYS. 4° édition. In-32 jésus. 1 fr. »
Mois de saint Joseph, le premier et le plus parfait des adorateurs, extrait des écrits du P. EYMARD. 4° édition. In-32 jésus. 90 c.

Ouvrages du R. P. Blot.
Bibliothèque dominicaine.
Bibliothèque du saint Rosaire.
Bibliothèque franciscaine.
Bibliothèque oratorienne.

Bibliothèque du Saint-Sacrement.
Musique religieuse.
Ouvrages classiques primaires.
Ouvrages classiques secondaires.
Publications liturgiques.

L'Enseignement chrétien, bulletin semi-mensuel d'enseignement secondaire, organe de l'Alliance des Maisons d'Education chrétienne. 14° année............ 10 fr. par an.
Bulletin de l'Institut Catholique de Paris, paraissant le 25 de chaque mois. 5° année.. 5 fr. par an.
Bulletin mensuel des œuvres de la jeunesse, publié sous la direction du Conseil général de l'œuvre des patronages. 12° année............................. 3 fr. par an.
Annales franciscaines. Les abonnements sont d'un an et commencent en septembre. Paraît une fois par mois. 33° année.................................... 3 fr. par an.
La Couronne de Marie, annales du Saint-Rosaire. Les abonnements sont d'un an et commencent en janvier. 35° année.................................. 2 fr. 50 par an.
Le XX° Siècle. Revue d'études sociales. Les abonnements sont d'un an et commencent en Janvier. 6° année... 10 fr. par an.

A LA MÊME LIBRAIRIE

Moyens de développer (Des), **par l'éducation, la dignité et la fermeté du caractère**, par M. le chanoine Ginon, curé de St-Joseph de Grenoble, ancien supérieur du Petit Séminaire du Rondeau, à Grenoble. Ouvrage qui a remporté le premier prix (Médaille d'or), au concours de la Société d'éducation de Lyon en 1871. 3ᵉ édition. In-18 jésus broché. 1 fr. 25

Abrégé de pédagogie ou conseils aux jeunes maîtres de l'enseignement secondaire, par M. J.-H. Vérin, docteur ès lettres, professeur au collège de Pontlevoy. In-12 .... 1 fr. 25

Directoire des maîtres. Grand in-18 broché.
OBLIGATIONS COMMUNES .... 30 c.

Directoire de l'enseignement religieux dans les maisons d'Éducation : Organisation; Méthode; Qualités du professeur, par M. l'abbé Ch. Dementhon, professeur de philosophie, ancien élève des Facultés catholiques de Lyon. Ouvrage approuvé par Mgr l'Évêque de Belley. In-18 jésus .... 4 fr.

Éducateur apôtre (L'). Aux maîtres chrétiens : Sa préparation, l'exercice de son apostolat, par M. J. Guibert, prêtre de Saint-Sulpice, directeur au Séminaire d'Issy. 4ᵉ édition. In-18 raisin broché .... 2 fr.

Musique et le Dessin (La) considérés comme moyens d'éducation, suivis de quelques lettres sur la musique classique, par M. Gustave Desfpas, docteur ès lettres, agrégé de philosophie. In-8° .... 1 fr. 50

Souvenirs oratoires (A l'École de Jésus-Christ), par M. l'abbé Bruzat, licencié ès lettres, supérieur de l'Institution Saint-Joseph, à Périgueux. Fort volume in-8° .... 6 fr.

Dieu dans l'école, par Mgr Baunard, recteur des Facultés catholiques de Lille. In-8° écu.
LE COLLÈGE SAINT-JOSEPH DE LILLE (1881-1888). Discours, notices et souvenirs .... 5 fr.
LE COLLÈGE CHRÉTIEN. Tome I. Instructions dominicales : Les Autorités de l'École. — La journée de l'École. — L'École et la Famille. 2ᵉ édition. 5 fr.
LE COLLÈGE CHRÉTIEN. Tome II. Instructions dominicales : L'Âme de l'École. — L'Œuvre de l'École. — La Sortie de l'École .... 5 fr.

Vie de N.-S. Jésus-Christ, à l'usage des classes de l'enseignement secondaire et des pensionnats de jeunes filles, par M. l'abbé Puiseux, aumônier du collège de Châlons-sur-Marne. In-18 jésus avec 9 gravures et une carte de Palestine. Broché .... 1 fr. 50
Relié toile pleine .... 1 fr. 80

Évangiles (Les Quatre), Traduction de Lemaistre de Sacy, corrigée, avec introduction, notes et index des noms propres, enrichie de cartes, plans et gravures, par M. l'abbé S. Verret, préfet des études à l'Institution Notre-Dame de Chartres, avec l'imprimatur de S. E. le cardinal Meignan, archevêque de Tours, et une lettre approbative de S. G. Mgr Lagrange, évêque de Chartres. In-18 jésus broché .... 3 fr.
Relié toile pleine avec fers spéciaux dorés .... 3 fr. 75

Instruction religieuse (Cours d') à l'usage des catéchismes de persévérance, des maisons d'éducation et des personnes du monde, par Mgr Cauly, vicaire général de Reims. Ouvrage honoré d'un bref de Sa Sainteté Léon XIII et approuvé par S. E. le cardinal Langénieux.
I. LE CATÉCHISME EXPLIQUÉ. Dogme, Morale, Sacrements, Culte. 16ᵉ édition. In-18 jésus broché .... 3 fr.
II. HISTOIRE DE LA RELIGION ET DE L'ÉGLISE. 3ᵉ édition. In-18 jésus broché. 3 fr. 50
III. RECHERCHE DE LA VRAIE RELIGION. Religion en général, Religion révélée; Judaïsme, Christianisme, Église catholique. 5ᵉ édition. In-18 jésus broché .... 2 fr. 75
IV. APOLOGÉTIQUE CHRÉTIENNE. Les mystères en face de la raison. Accord des sciences et de la foi. Questions historiques. 3ᵉ édition. In-18 jésus broché .... 2 fr. 75

Paris. — Imp. Devalois, avenue du Maine, 111.